汇添富基金·世界资本经典译丛

市场疯狂
——石油恐慌、危机与市场崩溃的世纪

布莱克·C. 克莱顿
(Blake C. Clayton)　著

杨培雷 等　译

上海财经大学出版社

图书在版编目(CIP)数据

市场疯狂:石油恐慌、危机与市场崩溃的世纪/(美)布莱克·C. 克莱顿(Blake C. Clayton)著;杨培雷等译. 一上海:上海财经大学出版社,2017.09
(汇添富基金·世界资本经典译丛)
书名原文:Market Madness
ISBN 978-7-5642-2835-4/F·2835

Ⅰ.①市… Ⅱ.①布… ②杨… Ⅲ.①股票市场 Ⅳ.①F830.91

中国版本图书馆 CIP 数据核字(2017)第 240899 号

□ 责任编辑　李成军
□ 封面设计　张克瑶

SHICHANG FENGKUANG
市 场 疯 狂
——石油恐慌、危机与市场崩溃的世纪

布莱克·C. 克莱顿　　著
(Blake C. Clayton)

杨培雷等　　译

上海财经大学出版社出版发行
(上海市中山北一路 369 号　邮编 200083)
网　　址:http://www.sufep.com
电子邮箱:webmaster @ sufep.com
全国新华书店经销
上海华业装潢印刷厂印刷装订
2017 年 9 月第 1 版　2017 年 9 月第 1 次印刷

787mm×1092mm　1/16　14 印张(插页:8)　228 千字
印数:0 001—3 000　定价:43.00 元

拨动琴弦

唱一首经典

资本脉络

在伦巴第和华尔街坚冷的墙体间，仍然

依稀可见

千百年后

人们依然会穿过泛黄的书架

取下

这些书简

就像我们今天，怀念

秦关汉月

大漠孤烟

……

图字:09-2017-671 号

总 序

"世有非常之功,必待非常之人。"中国正在经历一个前所未有的投资大时代,无数投资人渴望着有机会感悟和学习顶尖投资大师的智慧。

有史以来最伟大的投资家、素有"股神"之称的巴菲特有句名言:成功的捷径是与成功者为伍!(It's simple to be a winner, work with winners.)

向成功者学习是成功的捷径,向投资大师学习则是投资成功的捷径。

巴菲特原来做了十年股票,当初的他也曾经到处打听消息,进行技术分析,买进卖出做短线,可结果却业绩平平。后来他学习了格雷厄姆的价值投资策略,投资业绩很快有了明显改善,他由衷地感叹道:"在大师门下学习几个小时的效果远远胜过我自己过去十年里自以为是的天真思考。"

巴菲特不但学习了格雷厄姆的投资策略,还进一步吸收了费雪的投资策略,将二者完美地融合在一起。他称自己是"85%的格雷厄姆和15%的费雪";他认为这正是自己成功的原因:"如果我只学习格雷厄姆一个人的思想,就不会像今天这么富有。"

可见,要想投资成功很简单,那就是:向成功的投资人学投资,而且要向尽可能多的杰出投资专家学投资。

源于这个想法,汇添富基金管理股份有限公司携手上海财经大学出版社,共同推出这套"汇添富基金·世界资本经典译丛"。开卷有益,本套丛书上及1873年的伦巴第街,下至20世纪华尔街顶级基金经理人和当代"股神"巴菲特,时间跨度长达百余年。汇添富基金希望能够借此套丛书,向您展示投资专家的大师风采,让您领略投资世界中的卓绝风景。

在本套丛书的第一到第十三辑里,我们先后为您奉献了《伦巴第街》《攻守兼备》《价值平均策略》《浮华时代》《忠告》《尖峰时刻》《战胜标准普尔》《伟大的事业》《投资存亡战》《黄金简史》《华尔街的扑克牌》《标准普尔选股策略》《华尔街50年》《先知先觉》《共同基金必胜法则》《华尔街传奇》《大熊市》《证券分析》《股票估值实用指南》《货币简史》《货币与投资》《黄金岁月》《英美中央银行史》《大牛市(1982~2004)》《从平凡人到百万富翁》《像欧奈尔信徒一样交易》《美国国债市场的诞生》《安东尼·波顿教你选股》《恐惧与贪婪》《至高无上》等 77 本讲述国外金融市场历史风云与投资大师深邃睿智的经典之作。而在此次推出的第十四辑中,我们将继续一如既往地向您推荐六本具有同样震撼阅读效应的经典投资著作。

即使是华尔街最好的投资者也会犯错误。无论多么精明或者富有经验,所有金融从业人员最终都会让偏差、过度自信和情绪影响他们的判断并扰乱他们的行为。然而,大多数金融决策模型都不能反映人类行为的这些基本方面。在《超越恐惧和贪婪》这本分析实际影响决策过程因素的权威指南中,行为金融大师赫什·舍夫林(Hersh Shefrin)运用最新的心理学研究来帮助我们理解那些影响股票选择、金融服务和公司财务决策的人类行为。

在当今动荡不安的经济环境里,不良资产投资提供了一些诱人的机会。由第三大道管理公司的传奇创始人、不良资产市场先驱马丁·J.惠特曼(Martin J. Whitman)与不良资产投资专家费尔南多·迪茨(Fernando Diz)博士合著的《不良资产投资》,将帮助您更好地理解不良资产投资的基本原理和方法,并且向您展示如何在现实世界中有效运用这些基本原理和方法。

每次国际原油价格大幅波动总会吸引人们和专业媒体的眼球。当石油价格由于供不应求上涨时,人们的反应几乎总是感觉大难临头。关于石油末日的预测能够引起华尔街和华盛顿的焦虑,害怕石油产量已经到顶,石油价格将永远上涨。华尔街证券分析师布莱克·克莱顿(Blake Clayton)所著的《市场疯狂》是第一个使用诺贝尔经济学奖获得者罗伯特·席勒的"新时代经济学"(New Era Economics)理论对石油市场进行研究的案例;过去 100 年中美国人关于石油储备末日焦虑的四个周期的跟踪研究,可以让投资者更好地理解商品市场上的投机泡沫与非理性。

天下没有免费的午餐,投资亦如是:高收益总是伴随着高风险。然而,数以千计的货币基金经理、投资组合经理及其他资产管理专业人员总是试图通过股票选择、资产配置、技术分析、对冲等手段获取更高的长期风险调整收益。对他们而言,比他们的对手(或是市场平均)获取更高的风险调整收益的策略像圣杯般吸引着他们。许多专业机构和个人相信备兑认购策略就是他们的圣杯。备兑认购策略就是指持有股票,并卖掉相应的认购期权。实施该策略既没有巨额的最低资金要求,也不需要保证金账户或者高级的理论分析,同时还能为股票投资者提供下行保护。由两位期权策略专家理查德·莱曼(Richard Lehman)和劳伦斯·G.麦克米兰(Lawrence G. McMillan)所著的《备兑认购的新洞见:股票投资中提高收益降低风险的强有力手段》通俗易懂,为我们提供了实施备兑认购期权的方法及细则,堪称入门经典。

投资是一门充满神奇诱惑的艺术,顶级交易员的成长历程和内心世界总是会引发我们的无限感慨和好奇探究。著名交易培训师阿里·基辅所著《交易制胜:掌控市场的心理学》一书从多角度、多层次分析了如何才能成长为一名顶级交易员,在收获高回报的同时,升华交易员的内心世界。该书理论完备、案例丰富贴切,力图让每一名在交易界摸爬滚打、渴望提升的交易员找到捷径,同时又让许多有兴趣从事这一行业的读者打开适合自己的那扇门。

价值投资历来为投资者所称道,但是其间也夹杂了不少的误解、批评,甚至是批判。价值投资之父本杰明·格雷厄姆的门徒、布兰德斯投资合伙公司的创始人和主席、哥伦比亚大学商学院教授查尔斯·布兰德斯所著的《布兰德斯的价值投资》,解释了何为价值投资、为什么价值投资选股策略永远不会过时;分享了他历经多个经济周期的价值投资经验,以及风险分析、全球化思维、主动投资、被动投资等热点投资策略问题。在经济形势波动的当下,价值投资先驱格雷厄姆的价值理论仍然熠熠生辉,价值投资这个基于 20 世纪 30 年代的投资纪律比以往任何时候都更加重要。

投资者也许会问:我们向投资大师、投资历史学习投资真知后,如何在中国股市实践应用大师们的价值投资理念?

事实永远胜于雄辩。中国基金行业从创立至今始终坚持和实践价值投资与有效风险控制策略,相信我们十多年来的追求探索已经在一定程度上回答了这个问题:

首先,中国基金行业成立以来的投资业绩充分表明,在中国股市运用长期价值投资策略同样是非常有效的,同样能够显著地战胜市场。公司成立以来我们旗下基金的优秀业绩,就是最好的证明之一。价值投资最基本的安全边际原则是永恒不变的,坚守基于深入基本面分析的长期价值投资,必定会有良好的长期回报。

其次,我们的经历还表明,在中国股市运用价值投资策略,必须结合中国股市以及中国上市公司的实际情况,做到理论与实践相结合,勇于创新。事实上,作为价值型基金经理人典范,彼得·林奇也是在总结和反思传统价值投资分析方法的基础上,推陈出新,取得了前无古人的共同基金业绩。

最后,需要强调的是,我们比巴菲特、彼得·林奇等人更加幸运,中国有持续快速稳定增长的经济环境,有一个健康有序、不断发展完善的证券市场,有一批快速成长、治理结构优良的优秀上市公司,这一切将使我们拥有更多、更好的投资机会。

我们有理由坚信,只要坚持深入基本面分析的价值投资理念,不断积累经验和总结教训,不断完善和提高自己,中国基金行业必将能为投资者创造长期稳定的较好投资回报。

"他山之石,可以攻玉。"二十多年前,当我在上海财经大学读书的时候,也曾经阅读过大量海外经典投资书籍;我的投资理念的形成、投资方法和体系的构建源于当初阅读的积累与投资实践的总结。今天,我们和上海财经大学出版社一起,精挑细选了上述这些书籍,力求使投资人能够对一个多世纪的西方资本市场发展窥斑见豹,有所感悟;而其中的正反两方面的经验与教训,亦可为我们所鉴,或成为成功投资的指南,或成为风险教育的反面教材。

"辉煌源于价值,艰巨在于漫长",对于投资者来说,注重投资内在价值,精心挑选稳健的投资品种,进行长期投资,将会比你花心思去预测市场走向、揣测指数高低更为务实和有意义得多。当今中国正处在一个稳健发展和经济转型相结合的黄金时期,站在东方大国崛起的高度,不妨看淡指数,让你的心态从容超越股市指数的短期涨跌,让我们一起从容分享中国资本市场的美好未来。在此,汇添富基金期待着与广大投资者一起,伴随着中国证券市场和中国基金业的不断发展,迎来更加辉煌灿烂的明天!

张 晖

汇添富基金管理股份有限公司总经理

2017 年 8 月

从"石油"看"危机"的一部佳作
——译者的话

《市场疯狂——石油恐慌、危机与市场崩溃的世纪》一书的作者布莱克·C. 克莱顿于 2010 年便开始了石油和天然气行业的研究。在本书的形成期间,作者不仅得到了外交关系委员会(CFR)、花旗集团与阿尔弗雷德·P. 斯劳恩基金会(外交关系委员会能源与国家安全项目的一个有机组成部分)等机构的支持,更主要的是作者还得到了迈克尔·莱维、杰森·鲍道夫、查尔斯·埃宾格尔、戴维·戈德温、费塞尔·卡恩、詹姆士·M. 林赛、鲍勃·麦克奈里、肯尼斯·麦德洛克、爱德华·莫尔斯、艾米·迈耶斯·杰夫、亚当·塞明斯基等一批能源方面的专家指导和建议。本书基于 20 世纪大量的史料,深入解析了 20 世纪发生的历次石油恐慌,剖析了"石油问题"导致的"市场问题"和经济问题,是一部不可多得的从"石油"看"危机"的佳作。

在某种意义上,20 世纪的美国问题也是世界问题。本书对 20 世纪美国石油繁荣与石油恐慌的历史交替进行了详细的描述,准确把握了美国石油产业和石油市场的重要历史阶段,正如本书的主体章节标题,分别是"1909~1927:'一级国家危机'——美国需求旺盛时代的地质勘探";"1940~1949:'稀缺与价格高企的新时代'——战时需求与美国石油自给的终结";"1970~1986:'历史上前所未有的问题'——欧佩克(OPEC)时代的美国焦虑":"1998~2013:'石油价格持久而又剧烈上升'——华尔街上的石油股票价格从高点向下跌落"。本书的具体内容生动而又细致,值得读者仔细研读,可以从具体的细节中体会和感悟石油市场波动及其影响经济波动的内在逻辑联系。

　　本书的翻译是集体合作的成果,具体分工如下:杨培雷翻译目录、前言与致谢;刘美茜翻译第一章;成歆悦、杨培雷翻译第二章;李霁、杨培雷翻译第三章;刘润佳、杨培雷翻译第五章;李铭钰、杨培雷翻译第五章;刘美茜、杨培雷翻译第六章。最后,杨培雷统稿。上海财经大学出版社编辑李成军先生全程参与了本书的翻译过程,并对最终翻译稿进行了大量的校正和修订,付出了大量的劳动,对李成军先生的付出表示衷心感谢。同时,感谢上海财经大学出版社对本书翻译出版所给予的关心与支持。

　　最后,由于译者学力所限,本书翻译中的缺点、不足乃至误译或错译难免,敬请读者批评指正。

杨培雷

2017 年 8 月 1 日

前　言

　　本书是关于被你或许称之为非理性繁荣的另一面——或许恰当的术语是"非理性焦虑",也或许是"非理性悲观主义"。1996 年美联储主席艾伦·格林斯潘(Alan Greenspan)使用"非理性繁荣"一词来描述过热的美国股票市场,非理性焦虑也是指某种类型的流行性狂热,它与牛市相伴。但是,这里所说的牛市是指石油市场,而非股票市场。

　　与股票市场价格上升和经济增长的乐观景象相关联不同,石油市场的繁荣时期常常表现为石油耗竭来临的各种可怕预期的交响曲。市场氛围似世界末日,而不是乐观的。世界即将用尽石油,一些危言耸听者为此而哭泣。这个地球不再有石油可以开采,从现在开始,由于可开采石油的地域缩小,石油产量已经下降,从而导致价格上升,正如我们所看到的,从石油中提取的商品变得越来越昂贵。石油市场与绝大多数其他类型的市场不同,坚定的悲观主义伴之以对石油需求快速增长的预期,最终形成牛市的论断。对于石油未来的焦虑成为买入的根本原因,于是,成就了极端繁荣时代的故事。然而,这种情况总被证明是错误的。真实的情况是,在某些时间段里,石油价格提高了。然而,全球石油产量从未遇到瓶颈,卡珊德拉(吉凶预言者。——译者注)的诅咒没有出现,石油牛市也没有让位于熊市。

　　本书讲述美国关于石油产量即将且不可逆转的崩溃预言导致普遍恐慌的故事,一些著名人物发出可怕的声音导致更长时期里石油价格上升,也许会导致无限期的价格上升,或者,至少是在石油需求下降前的价格上升。从纯粹的学术观点来看,这些恐慌总是非理性的。它们常常是关于世界石油储备的有限信息造成的,最终,关于世界石油储备的估计过于保守了,同时,(政府)驾驭市场力量的能力乏善可陈,况且技术进步将改变石油储备的核算。这样说吧,历史事实表明,分析者中存在一种固执的偏见,即用今日之价格水平推断遥远的未来价格水平,将不断提高的价格水平解释为石油耗竭的证据,过度忽视了高价格水平在较长时期内刺激增大石油产量的可能性。

在过去的十年里,"石油枯竭"的谣言成为关于能源问题争论的标志性话题。2008 年,当石油价格超过每桶 100 美元时,每个打开美国全球性财经有线电视卫星新闻台消费者新闻与商业频道(Consumer News and Business Channel)、拿起一份报纸或瞄一眼关于能源未来博客的人,几乎注定被传达着一个观念,即世界石油供给正在枯竭,也许还辅之以买入石油直到遥远的未来的建议,在这个遥远未来的某一天,如果我们是幸运的,人类有可能发现足够的替代能源,从而使能源价格不再逐年提高。这样的预期在五年前就上了媒体的头版头条,当2008 年夏每桶石油价格逼近 150 美元这一不可思议的峰值时,这样的预言不再被人们重视。公众意见调查显示,绝大多数美国人相信,这个世界注定耗尽石油。分布在这个国家每一个街角的加油站的汽油价格持续提高似乎印证了这种观点,还有无法计数的档案、书籍、文章以及网站描写,配以骇人听闻的标题,比如《汽油耗竭:石油时代的终结》(2004)、《最后的能源危机》(2005)、《每秒消耗千桶石油:即将到来的石油拐点》(2006)、《石油末日来临了吗?》(2008),最激进的预测是《每加仑 20 美元:汽油价格提高将如何彻底改变我们的生活》(2009),文中提出商品市场繁荣,道指达到36 000点,似乎颠覆了悲观主义的观点。

根据这个惊人的大合唱,世界将耗竭生产出来的石油,从而价格不可逆转地向着一个方向变化——更高的价格,这是无情的地理条件以及高涨的全球能源需求欲望的恶果。石油市场的繁荣将终结所有领域的繁荣(按照某些当代失去希望的占卜师的预言,甚至文明本身或许也会终结)。

然而,事情没有按照那样的路径发展。石油生产并没有进入停滞期,更不用说骤然下降了。相反,自 2008 年以来,几乎每年石油产量都在节节攀升。诚然,在 21 世纪前十年的大多数年份里,石油价格提高了,不断创出令人眩晕的新高。但是,2008 年下半年石油市场的崩溃也同样令人吃惊。在这次令人震惊的逆转中,石油价格一跌到底,几乎触及每桶 30 美元。那些赌一赌搭乘牛市便车、早些退休享受夕阳红的人们最终还是没有离开石油开采场。仅仅两年后,世界石油价格又重新复苏,反弹到3倍的价格区间。无论是在名义价格条件下,还是针对通货膨胀调整的价格条件下,2012年的平均价格水平都达到了最高点,这是自大约150年前现代石油产业建立以来石油所达到的最高价格水平。

如此高的价格水平在很大程度上是供给约束导致的结果。地球资源存在各种局限。然而,当今的价格水平是受非地质因素,即地面上的因素驱动的(一批富有石油储备的国家——无论是否OPEC国家——投资新产能的意愿不足,即使其拥有最大的世界供给份额,更不要说重要的石油生产国如利比亚、伊朗和伊拉克,其产能存在着不稳定性)。有理由怀疑过去5年里被记录下来的高价格水平将无限期地持续下去。世界范围的原油产量创新高,这种情况是过去从未有过的,由北美油田发起的石油浪潮令最富有经验的石油专家都感到吃惊。石油依然维持高价,然而,长久预言的全球石油产能极限已经不像以往那样引起人们的关注,预想的过去10年价格将无休止提高,但事实并非如此。所以,至少在本书即将付印时,西方文明仍完好无损。

诺贝尔奖获得者、耶鲁大学经济学家罗伯特·席勒(Robert Shiller)在他的《非理性繁荣》(*Irrational Exuberance*)一书中回顾了20世纪90年代后期的互联网泡沫(并在第二版中回顾了2005年的房产市场泡沫),他指出,过去一个世纪的股票市场每一次大繁荣都伴随着所谓的"新时代经济思维"。新时代经济思维是"一种流行的看法",即"将来与过去相比,具有更加光明的前景,或者说,具有更小的不确定性"。它表现为一种普遍的信仰,即由于某些根本性的变化将导致在可预见的将来资产价格继续且或许会持续强劲上涨,经济已经或正在进入一个新时代。各种重大技术突破,比如电视或互联网广泛导入经济生活,常常触发各种新时代的理论。但是,人们往往随波逐流。

当新时代经济思维站稳阵地时,投资者开始相信事物发展进程将证明没有终结点的市场收益惊人的见解。相关事实证明了不断攀升的价格水平之后,专家们摇旗呐喊,同时,不断攀升的价格水平自身以令人信服的证据昭示公众,表明这样的理论是正确的。人们被新时代理论所俘获,从而无法弄明白最近的理论与过去曾占据主导地位的理论的基本相似性。在他们看来,尽管金融引力场标准法则不再被使用,但是,这次真的不同了。然而,不可避免的是,繁荣终结,价格停止上涨,甚或崩溃。当这一切发生时,数月前还是鸡尾酒会上令人着迷话题的新时代理论显得相当愚蠢。

可是,新时代经济思维并不仅限于股票市场和房地产市场,也是伴随着美国石油市场繁荣与破灭历史的一个现象。膨胀的石油需求和不断提高的价格驱动了关于石油供给不足的新时代预测。有些专家则宣称石油的惊人短缺将是永久性的或接近永久性的。他们探究着今日之石油产量能否增加,或者世界储备是否已经超过了临界点,逼近耗竭。有些分析者做更远期的预测,甚至预言石油将彻底耗竭。通常,这样的预测与未来石油价格将更高的预测相伴,除非消费下降,否则石油价格注定提高,他们确信低价格时代已经一去不复返了。

重要官员们和能源专家们对于流行的"灰暗时代观"不具有免疫力,新闻媒体照搬他们的观点从而有了诱人的头版头条。通常,石油产业的经理们明确反对这些观点,放弃针对不可证实的(石油)短缺的投机行为,但是,关于(石油)产业的公众悲观主义意味着他们的抗辩只是耳旁风而已。在众多美国人关心石油作为能源的可持续性问题时期,关于(石油)新时代的论述不一而足。当汽油价格处于高位并不断提高时,石油依赖型经济体就会出现普遍的焦虑,这种情况还伴随着新闻媒体的炒作,新闻媒体认为石油供给很快就会达到极限,必将被其他类型的清洁能源所替代。

然而,新时代思维并不仅限于没完没了的短缺预测。它还被那些看到无尽丰裕的玫瑰色远景的人们所采用。当石油产量提高、存货上升以及价格下跌时会出现这样的预测,即未来(石油)会持续存在的预测,并成为市场分析师几乎普遍的共识。几年来的石油低价位——眼见为实的低价格——足以激发起廉价石油新世界的错误判断。然而,历史事实表明,这种无所畏惧的乐观主义与其悲观主义的对立面是同样危险的。

也许可以说,这种新时代的乐观主义表现在任何时候都比不上 20 世纪 90 年代后期亚洲金融危机发生的时候。1998 年底一些等级的原油每桶售价低于 10 美元,媒体评论员对导致低油价新时代的信息技术的未来走势和其他导致市场变化的因素着了迷。"自前期冲击似乎预示着更高的价格水平以来,(石油)产业基本面已经发生了变化,"1998 年 4 月两名分析师告诉《时代》杂志说,"如果你放眼长远并预期每加仑 2.50 美元的汽油价格,那么,不要太认真。"[1]可是,仅仅四年后,石油价格开始了自现代石油产业建立以来的剧烈上升趋势。到 2005 年夏季,美国的汽油价格达到了每加仑 2.50 美元,这与前面的预期完全相反。

自那时起,汽油价格从没有低于这个价格水平。

(石油)严重短缺和价格上升的预期引起了公众在美国历史上前所未有的关注,也许他们更倾向于报纸的报道,而他们的乐观主义(尽管依然信心满满)的对手仅生活在梦想之中。本书讲述了在过去100年里席卷美国的关于石油的储备即将终结的新时代焦虑的四次浪潮,每一次焦虑浪潮都提升了石油的价格水平。第一次浪潮大约从1909年到1927年,美国地质调查局发布了国内石油资源不乐观的评估报告,加之,美国燃油消费上升,从而激起了此轮变化。最高层的美国官员和地质专家毫无遮掩地警告公众说整个国家的(石油)储备很快就会耗竭。关于即将崩溃的石油产业的新时代理论和持久性石油价格上涨的第二次浪潮是1940~1949年之间。对于许多美国官员来说,第二次世界大战期间难以抑制的石油需求预示着一个永久性石油短缺新时代的到来,从而导致了华盛顿公开声称未来几年国内石油储备将耗竭。二十多年后,即20世纪70年代,相似的极其恐慌的局面再次出现,70年代的两次石油危机催生了恐慌局面,第一次石油危机是1973~1974年的石油危机,第二次石油危机是1979~1980年的石油危机。这是第三次浪潮,以美国总统办公室和公众担忧石油价格无休止提高以及石油产量出现灾难性崩溃为特征。在美国文化悲观主义的历史上,这样的担忧成为那个时代的新闻头条和一股强大的力量。

21世纪开始之际,(石油)新纪元的故事又重新复活,当前处于第四次故事的翻版时期,起因于主要的OPEC石油供应国中断石油供给以及像中国那样的发展中国家需求量的惊人提高,从而导致了市场极其紧张。随着价格提高,许多观察家日益不安,他们担心全球石油产量持久下降,并且随着产量下降,石油价格将无休止地提高。他们认为,这种情况已经到来(或很快就会到来)。众所周知的"石油峰值论"学派助推了这种观点的普遍化。石油峰值论的鼓吹者宣称,全球石油产量已经达到了最高限度,在消费需求下降之前,价格注定会提高。石油峰值论者认为,由于石油世界正在接近增长的极限,石油驱动的工业社会命悬一线。但是,当2008年石油价格出现急剧下跌时,石油峰值论者的观点不再那么流行。到2013年,受美国石油产量显著复苏的驱动,全球石油产量持续攀升,石油峰值论的老观念的捍卫者几乎寻不到踪迹了。

"短缺新纪元"的恐慌不再能够存在,较高的石油价格扩大了地下石油开采量,而且能够获得可观利润,因而刺激了超额产能。同时,这样的情况还为风险投资者在新的地区、用新的方式勘探石油提供了所期望的回报。技术的改进有助于公司定位新的石油资源，并且，精炼石油也更加廉价。高石油价格也弱化了石油需求，导致人们少消费石油，尽可能地使用替代能源。人们发现了更有效利用石油的方法。当石油产量达到新高时，价格必然下降，一旦这样的声音组成的大合唱占据了上风，鼓吹更高的石油价格和长期石油短缺的声音就会销声匿迹，正如最近股市疯狂的鼓吹者那样，情况恰恰是南辕北辙。诚如是，当石油价格提高时，成为流行观点的是世界正面临严峻的石油长期短缺，甚至石油正在被彻底耗竭；当石油价格下降时，短缺论就会被驱逐出主流话语。曾经宣称长期短缺新纪元的同一家报纸对这样的论题也会保持沉默，或者索性用它的封面文章重新关注正在进行中的石油生产新繁荣！

石油世界的石油枯竭观点的流行性与原油价格变化紧密相关。当价格攀升到前期高度时，人们就会重新拾起"石油耗竭"的话题。当价格最终跌落时，这种观点就会不再流行。这种显著的关联性绝不是传说，而是有依据的。根据由谷歌图书提供的被称为书籍词频统计学（Ngram Viewer）的系统，可以得出大致的量化关联，系统会显示在硅谷巨人数字化的书籍、政府记录和公报以及其他报告中呈现的特定时期的相关性程度。[2] 在图 I.1 中，粗黑线显示了根据能源公司——英国石油公司——的数据，1900～2008 年通货膨胀调整后的世界基准原油价格。[3] 浅黑的虚线显示了五个阶段里"石油耗竭"或"汽油耗竭"语汇在英文谷歌电子书目中出现的频次。[4]

特别是自 20 世纪 70 年代以来，纸质媒体中出现"石油耗竭"和"汽油耗竭"的次数与石油价格的紧密关联是显著的。在 20 世纪绝大多数时间里，尤其是在后 50 年里，石油价格与公众对"石油耗竭"观念的关注度存在高度相关性。本书记述的四次石油恐慌中的三次恐慌都与石油价格攀升相伴而生。四次恐慌分别是第一次世界大战期间与浮华的 20 年代、第二次世界大战期间与战后、20 世纪 70 年代的石油危机以及 21 世纪初的极端石油疯狂。其中，仅有第二次世界大战时期的石油恐慌没有伴随价格飙升，很有可能是因为美国政府实施了严格的价格控制。正如当时的报纸和期刊通俗表达的那样，短缺流感到处蔓延。对于这种情况，使用谷歌统计语言模型更有说服力，它凸显了这样的事实：石油价格与关于石油耗竭的故事是手拉手出现的。

让我们看一看第二个数据资源对这一特征的印证。图 I.2 描绘了标准原油

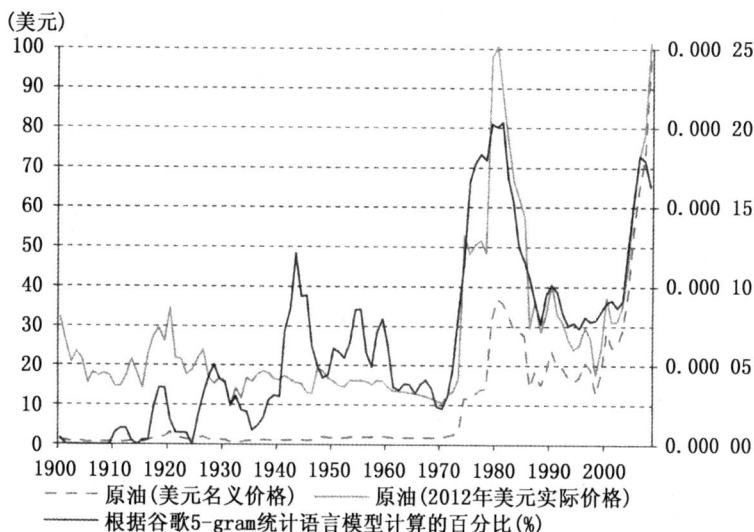

(美元)

图 I.1　1900～2008 年标准原油价格与提及"石油/汽油耗竭"的频次

价格与提及"石油耗竭"或"汽油耗竭"的频次的关联性。不是采自谷歌电子图书的文献资源，而是来自世界主要的英文报纸、杂志和贸易期刊。这些数据资源从《纽约时报》到《汽车杂志》(Motor)，从《石油与天然气杂志》(Oil and Gas Journal)到《新德里时报》(Times of New Delhi)。由于前半个世纪的文献资源稀少，数据显示的是 1940 年以后到 2012 年的情况。也许这样会比谷歌数字图书馆的资源更好，因为，报纸和杂志给出了那个时代英语世界受到正规教育的人们所想所言的很好的公约数。图 I.2 中显示的特征值与图 I.1 中的特征值非常相似。在石油价格提高的时期，关于"石油耗竭"的言论就会泛滥。当石油价格下跌时，这样的言论就会消失。显然，石油不再"耗竭"，事实上，人们更多地谈论石油开采越来越多，并且石油消费越来越多。[5]

　　推断近来石油产量停滞和不久的将来石油价格提高，石油短缺恐慌言论将会兴起。虽然这种简单的预测从未成为现实，但是，却能够迷惑一个时期的广大受众。自德里克(Drake)上校于 1859 年在美国打出第一口商业油井以来，一旦出现通货膨胀，价格就会疯涨。诚然，长期内甚至数十年里价格提高了，但是，在所谓石油耗竭的时代，悲观主义者的价格水平不断提高的预测从未成为现实。永久性短缺的宣言总是被证明为错误的判断。正如，价格水平从未直线攀升，尽管石油被加速"消耗"，这一点是事实。

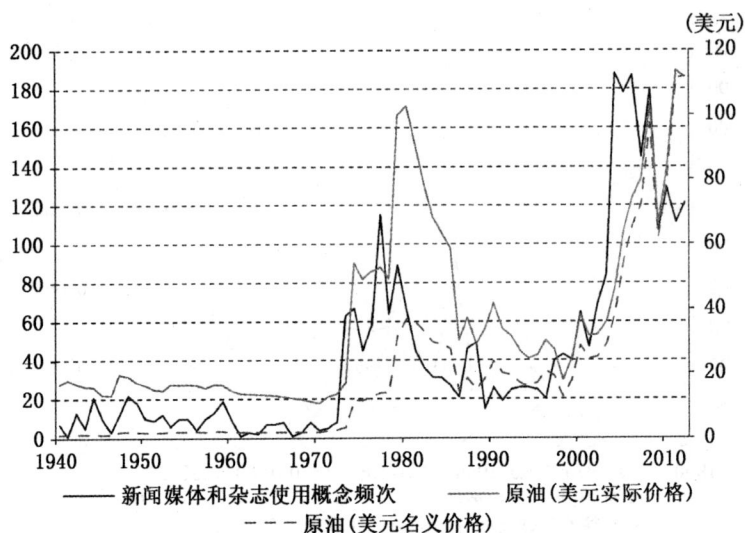

图 I.2 1940～2012 年标准原油价格与报纸、杂志提及"石油耗竭"的频次

　　讲了这么多,并非说 20 世纪石油市场没有发生对价格和生产特征产生重要影响的重大结构性变化。在现代石油产业的发展过程中,市场结构发生了实实在在的根本性变化,市场结构变化引致了价格动态变化的新时代。20 世纪 30 年代得克萨斯铁路委员会(Texas Railroad Commission)实施的强制性产品配给制以及后来的 OPEC 的崛起,成为 20 世纪 60 年代和 70 年代在世界更大范围内限制石油开发的两个例证。至于石油价格水平,这两件事是造成石油市场新反响的前兆。从这一方面来说,石油供给和价格的长期历史不同于诸多其他资产的供给和价格的长期历史。例如,在过去的一个世纪里,(其他资产市场)没有经历类似的结构性转换。然而,全球石油市场经历了石油定价的重大转变——当今在公开市场上交易的蛛网般复杂的金融合约价格成为物理性石油交易的参照价格,只是最新的版本。[6]在过去的一个半世纪里,主要的(石油)生产和消费国之间政治势力的涨消、世界石油产业的组织和力量平衡,以及地质拐点都是导致世界石油市场结构和定价机制重大转变的因素。在这个意义上,自 19 世纪中期以来,石油市场的新纪元来了又去了。

　　然而,主张新纪元的理论家在解释历史转折点时一而再地犯了两个严重错误。第一个错误是过度识别。换句话说,他们宣称看到了市场结构性转变,而市场中没有出现结构性转变。21 世纪前十年中期的石油峰值理论家就犯了第一个错误。用这个理论建立者的话说,"大约可得石油总量的一半已经被开采出来",因此,在世界即将达到产量峰值的意念基础上,他们建立了自己的分析范式。[7]石油峰值论意在表明,一个不可逆的地质变迁已经发生,人类已经跨越了界限,仅剩49％的石油资源,无法回旋,在此转折点之后石油不断被耗竭。[8]然而,不存在这样的界限,不存在曾经被跨越的"耗竭中间点"。尽管新纪元思想家们言之凿凿,炮制了这样一个不可逆转的分水岭,但这个世界继续生产并消费比以往更多的石油。

第二个新纪元论的错误是定义了一个合情合理的结构转变,并错误地认为这个变化意味着石油价格即将大涨,或许永久上涨。20世纪70年代石油新纪元论的热炒就是一个很好的例子。当OPEC垄断了20世纪70年代早期的(石油)市场时,标志着世界石油供给特征的结构性转变,也是石油价格特征的结构性转变。自1973年之后,平均每桶石油的价格比此前40年更高且更具有波动性。[9]有些观察家,比如吉米·卡特总统看得很正确,即世界石油贸易正在经历着一场重要的变革。但是,长期来说,这场变革对于石油市场意味着什么,立即被分析家放大并过度解读,尤其是被新纪元的狂热者放大并过度解读。现在看来,在1977年卡特总统与美国人民"不愉快的谈话"中,他表达了一种信念,即"在未来的几年里",石油危机不可能避免,"甚至,在本世纪余下的时光里,石油危机可能进一步加剧"(引号是作者加的)。在数学意义上,石油产量攀升到更高的水平是不可能的。"只要保持(消费)不发生变化,"总统探究道,"我们就每年需要一个新得克萨斯州的产能,阿拉斯加北坡(Alaskan North Slope)9个月的产能,或者一个新沙特阿拉伯每三年的产能。显然,这是不可持续的。"

然而,此后的几年里发生了什么呢?世界石油产量飙升到更高的水平。石油名义价格在1970～1980年之间从每桶1.80美元上升到每桶36.83美元,然后呈俯冲式下跌。接下来的几年里,价格每一年均下降,1986年跌至每桶14.43美元。而且,并没有就此停止下跌。石油真实价格在整个20世纪90年代持续下降,从1990年的每桶40.83美元(以2011年美元价格计算)下跌至1998年的每桶17.55美元。在卡特可怕的预言之后的十年,OPEC仍开采着石油,显然,持续存在的现象绝不意味着石油存在致命的短缺,也不意味着石油价格向上飞涨,不像新纪元思想家们在20世纪70年代后期所预见的那样。石油耗竭的预言再次被证明不可理喻。

这次真的不同吗？

基于四个历史案例的研究，本书揭示了重大的、长期持续的石油短缺预期产生、流行以及消退的背后条件。本书记录了重复发生的关于未来供给和价格水平的悲观主义论调，这种情况在过去一个世纪的石油市场是明显的。然而，这些普遍的关于石油短缺即将发生的错误取向，能够导致价格水平的无限上升，这个特点在历史上关于美国能源政策和能源市场的讨论中表现了出来。通过讲述这些目光短浅的恐慌，本书对今天仍然存在的关于未来能源供给的极端预期提出质疑，问究"这次真的不同吗？"将（石油）供给持久下降和价格更高弄成 21 世纪多数时间头版头条的预言家们必将再一次被证明是错误的吗？

本书所传递的信息与卡门·莱茵哈特（Carmen Reinhart）和肯尼斯·罗杰夫（Kenneth Rogoff）在《这次不同了》（*This Time is Different*）一书中传递的信息是相似的。在那本书中，两位哈佛经济学家提取了 8 个世纪的金融危机数据，从而得出了一个基本观点："我们得到的基本信息如此简单，即我们过去有同样的处境。无论最近的金融疯狂或危机呈现出怎样的不同，而它与过去所经历的常常具有显著的相似性……关注到这些相似之处和先例，是我们改善全球金融体系的重要步骤。"[10] 同样的智慧可以运用到能源领域，尤其是石油领域。在历史上，不存在两段相同的历史，然而，弄清过去历史阶段的特征是弄清真实历史转折点所发出的错误警报的重要起点。

本书并不是要预测未来。在将来的数年里，不能保证全球石油产量注定会继续上升。更有可能的情形是，石油高价格的历史时期延长，最终将迫使人们寻求其他能源资源，进而导致寻求新的、更佳的提炼原油的方式的竞技热情越来越减弱。在世界油井采干之前，石油将长期以原来的情况而存在着。如果说长期的石油历史教育了我们什么，那就是石油市场的分裂和不连续，从而证明了急于预见未来几年的情况是错误的。然而，将过去的趋势推演到未来是愚蠢的，同样，在理解今日市场势力方面，漠视历史的相似性和先例，同样是不明智的，而且注定会误断明日之趋势。人类的遗忘是金融荒唐剧的根源。

与席勒关于美国证券和房地产市场的非理性疯狂的著作中的观点不同，本书并不认为石油价格正在经历着一场泡沫。尽管按照历史标准，价格格外高，但是,按照供求基本面,(本书完稿时的)石油价格还是合理的。绝大多数计量经济学的研究表明,2003～2007 年间,受市场基本面决定的价格水平是相当合理的,尽管石油价格是上涨的。如果说有一段时期世界"泡沫"论可以运用于石油市场,那就是 2008 年的一段时间,正如在本书的第一章中所讨论的那样。[11]无论如何,由于世界市场石油流量的综合性的、高质量数据的缺乏,很难确定在特定时点价格水平对公允市场价值的偏离,这要比大多数人认为的情况难得多。在经济异常波动时期,这是特别正确的,比如 2007 年的下半年和 2008 年。

关于像石油这样的有限资源的未来的普遍讨论往往仅限于令人生厌的稀缺性和充足性的辩论,这样的情况太常见了。虽然有一些历史学家已经指出即将发生短缺的误导性预期点缀着整个石油历史,他们常常引用这样的观点,只是为了质疑今日之相似的预测。事实上,这样的预测在历史上是错误的,并不意味着今日之相似的预测就必然是错误的。然而,关于今日预言家比过去失败的预言家更成功以及前一个时代被证明不合适的方法在当代能够得出更准确的结果,要有合理的怀疑。

在本书写作的时候,尽管 2014 年原油价格快速下跌至低于三位数的水平,但是,供求基本力量保持着相对均衡,世界已经适应了这样的变化。然而,按照历史标准,价格水平仍处于高位。新兴经济体中国拉动的需求增长冲击着全球的生产能力。世界主要石油储备国家通过财政和管制措施限制了投资,或者因为地质条件的限制,导致了产量大大低于生产能力,从而维持石油价格飙升。对于市场上这种根深蒂固的社会限制措施,而不是地质条件的限制,不存在快速解决方案。除了大萧条时期,世界石油需求增长一直保持着相当强劲的势头。另外,在 OPEC 之外,增加石油产量的成本比过去任何时期都要高,而美国能够以今日价格水平的几分之一生产足以满足自己需求且有余的石油。

世界石油市场的转型正在进行,最终结果将呈现出来,随着时代变迁,今日之恐慌者将显得那样愚蠢。历史上不断重复的摇摆特征——价格的大幅上涨导致广泛的新纪元论的短缺恐慌,而当石油产量最终提高且价格走向平稳时,恐慌终究烟消云散——由于 2008～2009 年价格暴涨和价格暴跌,也再一次呈现出来。这些年出现了每桶石油 147 美元的高价后,人们普遍认为美国石油生产即将终结。但是,相反的观点也出现了:从那时起美国石油产量提高了 70%,据国际能源机构——西方能源观察机构——估计,到 21 世纪第一个十年末,石油产量还将再增加 30%。石油供给是过去所始料未及的,这就种下了世界石油生产安全转型的种子。

展望未来,变化的背后存在哪些因素呢? 高价格刺激着技术突破,比如水力压裂与水平掘进相结合的技术突破,同时,在过去视为不经济的可行性方案成为可以执行的方案。这些技术进步激发了美国天然气生产领域的革命,使美国超越俄罗斯而成为世界上最大的天然气生产国。新技术还被成功地运用到所谓的致密页岩油生产领域,即从紧密的岩石中采集液体石油。世界其他地区要复制这些技术成果注定缓慢。然而,长期内,极大的经济激励注定北美之外的其他国家对这些技术不可抗拒,一定会效仿这些技术,而且新的油田将继续被开采,从而有助于弥补一些地区产量的下降。同时,自大萧条以来,由于加油站的汽油高价格、人口结构转变以及对汽车和卡车燃油经济标准的严格限制,美国和欧洲的石油消费已经出现停滞,甚或下降。[12]

像其他商品市场一样,世界石油市场周期变化的特征在当前与一个半世纪的历史上的任何时期一样,明显地呈现出来。时间将告诉我们,石油价格是否会继续在 2014 年秋季每桶 85 美元的水平上徘徊,是否会因为中东地缘政治关系的持续恶化而变得更高,是否会由于美国和加拿大石油和天然气产量不断增长的趋势延续而标志着一个新的熊市的开始,或者,是否会由于历史上的各种压力共同作用走向一个完全不同的变化方向。

致　谢

在写作本书时,我获得一个不能再好的职业背景,那就是理查德·N. 哈斯 (Richard N. Haass)和詹姆士·M. 林赛(James M. Lindsay)在外交关系委员会 (Conncil on Foreign Relations,CFR)为我提供的职位。本书的写作开始于我在 牛津大学的学位论文,在任职于外交关系委员会期间进一步完善。外交关系委 员会为我提供了资料和时间去写作和修改本书。作为第一次从事写作的人,个 人的自主性和他们提出的指导意见都是极其宝贵的。还要特别感谢迈克尔·莱 维(Michael Levi),他所具有的广博的能源方面的专业知识以及学术研究方面的 洞察力,帮助我优化了思考路径。

杰森·鲍道夫(Jason Bordoff)、查尔斯·埃宾格尔(Charles Ebinger)、戴 维·戈德温(David Goldwyn)、费塞尔·卡恩(Faisel Khan)、迈克尔·莱维、詹姆 士·林赛、鲍勃·麦克奈里(Bob McNally)、肯尼斯·麦德洛克(Kenneth Med-lock)、爱德华·莫尔斯(Edward Morse)、艾米·迈耶斯·杰夫(Amy Myers Jeff)、亚当·塞明斯基(Adam Sieminski)以及丹尼尔·耶尔金(Daniel Yergin)都 阅读了初稿并毫无保留地提出了他们的真知灼见。我还要感谢外交关系委员会 的其他同事们,我接受了他们的建议,他们是艾米·贝克尔(Amy Baker)、马克 斯·布特(Max Boot)、帕特丽夏·多尔夫(Patricia Dorff)、伊丽莎白·伊科诺米 (Elizabeth Economy)、罗伯特·卡恩(Robert Kahn)、塞巴斯蒂安·马拉比(Se-bastian Mallaby)、香农·奥尼尔(Shannon O'neil)、亚当·塞加尔(Adam Segal) 以及本·斯塔尔(Ben Steil)。亚历山大·梅勒—豪格(Alexandra Mahler-Haug)

为我提供了特别的研究支持。

自我于 2013 年加入花旗集团以来，鉴于我的研究项目，花旗集团是那样的宽容和包容。我要特别感谢乔纳森·罗森斯维格（Jonathan Rosenzweig）、琼·罗杰斯（Jon Rogers）以及迈克尔·阿尔图拉（Michael Artura）对我的支持。我还要感谢费塞尔·卡恩的鼓励和意见反馈。他丰富的产业知识和资本市场专业知识对我有着至关重要的帮助。爱德华·莫尔斯亦师亦友，还提供了一些重要的见解，他关于石油产业的见解是独到的。

本书的写作还得益于过去我在牛津大学同事们的指导，在本书写作的早期阶段，在完成初稿过程中，他们提供了帮助。我的博士生导师大卫·巴伦（David Barron）向我提供了具有思想性的反馈意见，并对研究和写作过程提出了有益的观点。公司声誉研究中心（The Centre for Corporate Reputation）为我攻读学位博士期间的研究工作提供了慷慨支持，为此，我要特别感谢研究中心创立者兼主任鲁伯特·扬格（Rupert Younger）先生。戴纳·布朗（Dana Brown）、瑞伊·拉夫瑞琪（Ray Loveridge）、保罗·斯蒂芬斯（Paul Stevens）、艾瑞克·萨恩（Eric Thun）以及麦克·万特力斯卡（Marc Ventresca）帮助我推敲初稿，保证了写作的正确方向。还要感谢巴萨姆·费陶（Bassam Fattouh）和牛津能源研究院（Oxford Institute for Energy Studies）。

我的经纪人李莎·亚当斯（Lisa Adams）自始至终都是值得信赖的建议者。我还要感谢牛津大学出版社的编辑斯科特·派瑞斯（Scott Parris），她从第一天起一直对本书的写作提供支持。凯瑟琳·沃尔曼（Cathryn Vaulman）富有耐心并具有熟练的专业技能，一直关注本书的出版进程。

有两个人值得特别提及。第一位是马修·西蒙斯（Matthew Simmons），2010 年在缅因州和休斯敦同他一起研究个人证券投资问题时，他将我引进了石油和天然气行业的研究。很遗憾，马修已经于那年的夏天去世了，所以，我们在一起的时间相当短暂。但是，他对石油市场的热情以及他热爱辩论的性格指引本书的完成。最重要的，我要感谢我的妻子艾米（Amy），在我攻读博士学位的生活起伏中、跨国（和大西洋）迁徙过程中、赴任外交关系委员会和花旗集团的职业转换过程中以及本书的写作过程中，她都给予我毫不动摇的支持，她无论作为个人还是朋友，都是那样的出类拔萃。

本书的出版之所以能够成为现实，与阿尔弗雷德·P. 斯隆基金会（Alfred

P. Sloan Foundation)的慷慨支持分不开。阿尔弗雷德·P. 斯隆基金会是外交关系委员会能源与国家安全项目的一个有机组成部分。至于本书的内容,完全由我个人负责。

目　录

第一章 导 论

"如果故事本身就足以撼动市场呢？如果这些所谓过度解读的故事有真实的效用呢？或者如果它们本身就真实地部分地解释了经济如何运转……那么这些故事就不仅仅解释了事实，它们就是事实。"

——阿克洛夫与席勒（Akerlof and Shiller）

《动物精神》（*Animal Spirits*）第 54 页

1863 年，宾夕法尼亚石油行业出现了大繁荣，区域内显而易见的投机氛围也陆续带动了这个新兴行业突飞猛进，本地报纸称赞它为美国的"黄金市场"。如此丰富的原油资源是一个困扰，也是一种恩赐。污染井水，在河水上层留下薄薄的蓝色油膜，然而在淘金者眼里却是一幅富足充裕的景象。这种新石油更廉价、更充足，与其他能源相比更清洁，也是完美的照明源。自此诞生了世界上最强大、利润最丰厚的产业之一——石油产业。[1]

一位有魄力的苏格兰移民，安德鲁·卡内基（Andrew Carnegie）也想进入这个行业，他最后成为那时美国首富之一，净资产据估算相当于现在的近 3 000 亿美元。但目前来看，他的地位就不如以往那么高了。作为费城铁路运营段的段长，卡内基有不少额外的资金去投资和接近费城声名显赫、财力雄厚的企业家。他的一个生意合伙人，威廉·科尔曼（William Coleman），已经在 1859 年购买了位于宾州石油溪(Oil Creek)的大片油田,这片油田距离美国当年钻出的第一口油井并不远。科尔曼由此成立了哥伦比亚石油公司(Columbia Oil Company),在这片油田上钻油,并邀请卡内基一同在这个新兴行业中抢占先机。[2]

卡内基想要在投资前进一步了解这个颇具风险的生意,他表示自己有兴趣参与投资,但是要去考察一下油溪。呈现在眼前的景象彻底震惊了他,当地的场景可以说是异常混乱:临时井架铺满地面,每个仅距数尺。探矿人员——至少是那些有屋顶遮蔽的幸运儿们——互相拥挤在小木屋里。大部分钻井设备和粗糙住宅都因为猖獗的油料火灾而乱得一团糟。尽管发生了不同程度的破坏,但财富的魅力还是巨大的,显然这就足以使油溪得以持续存在和被开发。"最让我震惊的,"卡内基后来回想道,"是这里随处可见的幽默感。这就像一场充满有趣事件的野餐会,大家都很愉悦,财富触手可及,一切都在蓬勃发展。"[3]

卡内基决定投资,他的新生意伙伴对此表示很兴奋。但是他们不会像其他人那样采取玩命开采的策略。不像其他参与者会用极快速度开采,他们用了完全相反的策略。他们能分辨出投机的狂热从而保持冷静。当真正的投资机会来临,他们就实施和别人不同的反向策略,这样他们取得了可观的投资收益。

作为现实主义者,卡内基和克尔曼知道迎接他们的是什么:总有一天世界上的石油会全部被开采完。"为什么现在就要急着开发呢?"他们思考道,"等到大家都弹尽粮绝的时候再拿出我们的库存,岂不是能大赚一笔?"等待那个"不远的将来的一天"才是制胜关键。用他们的话来说,就是"石油供给总会枯竭"。他们可以慢慢开发,持续囤积原油直到世界范围内的石油短缺问题爆发。这一天应该也不远了,因为周围能有储存原油以待日后销售意识的人不多。毕竟这些油田不可能永存下去。

现在他们唯一缺少的就是可以储存原油的地方。他们决定挖一个可以容纳100 000桶石油的巨型深洞。他们俩想到就立即付诸行动。很快,在大量的雇用人手帮助下,"石油湖"初具规模。两位创始人迅速往里面填充了新买油井的产量——差不多100 000桶石油的产量。守着他们储藏的大量原油,卡内基和克尔曼静待市场上原油供给萎缩而价格疯涨的时机。

这似乎是个很明智的计划。他们会获得市场关注并且成为"石油之王"。科尔曼推测道:"当石油供给枯竭的时候,1桶价格就上升到10美元,那么我们就相当于储存了上百万美元价值的石油了。"100万美元到时候就信手拈来了,现在他们唯一需要做的就是等待。显然他们没有把可能在其他地方发现石油资源的风险考虑在内。所以他们等啊等,但是并没有等来预想中的短缺,却等来了意料之外的石油蒸发损耗,这让"石油湖"表面的浮油越来越多。"等待中我们损失了成千上万桶石油……所以我们放弃了继续储存。"他们卖空了湖中剩余的石油并且退出了囤积生意。

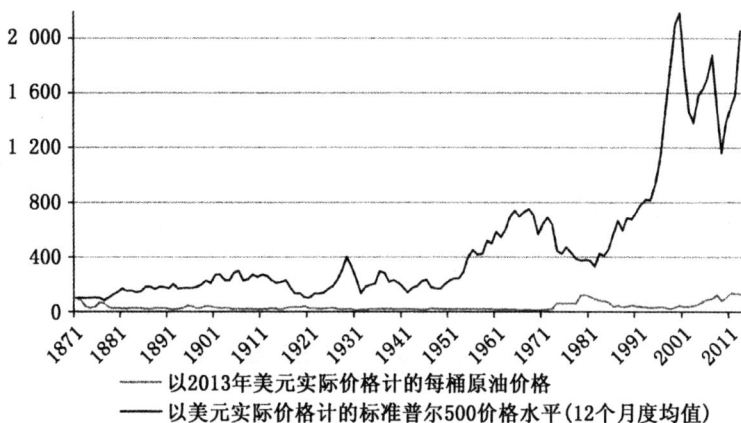

以2013年美元实际价格计的每桶原油价格
以美元实际价格计的标准普尔500价格水平(12个月度均值)

资料来源:《BP 世界能源统计报告 2013》(*BP Statistical Review of World Energy*);席勒,历史标准普尔 500 指数及美国通货膨胀数据(http://www.econ.yale.edu/~shiller/data.htm)。

图 1.1　1871~2013 年基准原油价格 vs. 标准普尔 500 指数

(已经根据通货膨胀做了调整,且设定 1871 年初始值为 100)

整整 57 年之后,1920 年卡内基开始撰写回忆录,他自我揶揄他和科尔曼等待的石油短缺日还是"没有到来"。经过反思,他把自己的那次受挫归结为自己的误判:"我们没有想到由于自然的馈赠还是会每天源源不断地产出几千桶石油,根本没有一点枯竭的迹象。"[4]

如果从现在三位数油价的角度回溯当年的计划,可以得出卡内基唯一的错误就在于他过早地清空了自己石油湖的库存。如果他过几百年再脱手(应该是他的曾孙来完成),他的投资将会得到巨额收益。这样就证明了他是正确的,但可惜事实并不是这样。

但是,即使卡内基和科尔曼逃过一劫,并在 2014 年成功脱手了他们的石油库存,他们的投资收益可能仍不理想,即使盈亏平衡也不太实际。一旦考虑进通货膨胀因素,石油早已不像他们经历的石油牛市那时候值钱了。在大概 1864 年卡内基开始钻井的时候,美国平均原油价格是每标准桶 119 美元。到了 2013 年,基准西得克萨斯中质油平均 98 美元,布伦特原油 109 美元。卡内基时代的原油市场还是非常多变的,所以可能油价更低(按照现在的计价标准折合下来 1863 年平均油价为 59 美元)。无论如何,一旦将储存成本考虑进计算等式,他铁定没有可能实现盈亏平衡,更别提大赚一笔了。如果他们追求的是长期收益,那他的收益一定会更好,至少比把钱放在其他地方更赚钱,比如股市。如图 1.1 所示,相当于 1871 年 100 美元标准普尔 500 指数价值的一揽子股票今天已经升到 21 倍的价值了,初始的 100 美元投资可能在考虑通货膨胀因素之后涨到 2 056 美元。而原本投资在原油生意的 100 美元到今天还不值 130 美元。等了 142 年,这可不是一笔划算的生意。道理很简单,但是却和直觉不一样:卡内基时代的 1 桶石油和现在的 1 桶石油价值其实差不多(通货膨胀考虑在内),尽管从那时开始,大量的原油已经开始源源不断地被开采出来了。[5]

等待石油的枯竭

可能现在很容易嘲笑安德鲁·卡内基想要抓住市场先机而在宾夕法尼亚州挖洞贮存原油的失败计划,但石油行业确实作为美国市场未来的巨头崛起了。事实上,这也正是这个故事那么著名的原因:故事里有世界上具有最伟大的实业思想的投资者,不是普通的投资者,而是拥有仔细部署的计划、看似合理的投资策略以及详尽方法去实施的投资者。可惜事后看来,他犯了可笑的误判。150 多年后,他和他的同事所寄希望的石油业的崩溃并没有发生。

使得卡内基早期误判如此耐人寻味的原因在于他不是纵观美国历史中唯一一个信誓旦旦宣称石油资源将会枯竭、油价将会疯涨的人,事实证明恰恰相反。对于石油资源的悲观预期几乎就和这个行业一样古老。卡内基和许多其他人一样拥有相似的悲观预期,包括很多后人们也是如此。使他思考挖"石油湖"储存资源的可能性的资源枯竭预言也被现在很多人认同,他们认为人类注定要遭受这样的消极后果。那些认为世界面临着永久性石油短缺,或者甚至是一段时期的飙高油价的,也只是一首悠久美国诗歌的最新解释:"石油不可能永在,它可能明天就会被耗尽。"诗歌这样说道。可见这是一个历史悠久的预言。

时间来到 2008 年夏天,油价飙升。对于美国 SUV 车主们来说,石油市场就像是一个反乌托邦的赌场,每个有需求购买石油的人都害怕第二天在商品交易所的交易会带来什么。带来的影响可能严重到你完全无法忽略:1 月的布伦特原油价格是每桶 87 美元,到了 2 月就是 100 美元,3 月变成 109 美元,4 月为 115 美元,到了 5 月就是 129 美元。这些数字可能在今天不会听起来是一个很高的数字(这也是一个令人不安的想法),但是 2006 年之前油价从来不会超过 80 美元每桶。但是到了 2008 年 7 月油价已经冲高到 147 美元每桶了。

但是油价上涨并不是市场上发生的最奇怪的事情,而是专家对于油价上涨原因的解释。金融、能源乃至政治领域的专家——从对冲基金,投行从业者,石油专家到 OPEC 部长,白宫和美联储,无一例外都被问过这个问题。他们对于原因和油价日后走向都各执一词。听听他们的观点就能知道,他们对于石油市场最基本的方面的理解各不相同。这些都是正确的,无论问题的关键在于世界范围的石油产量是多少,还是石油生产能力是多少,还是油价是否能回到历史低点,是否华尔街要为操纵油价上涨负责,又或是最基本的,石油市场公开数据是否可信。

接下来就是最关键的问题了:这是否是石油时代的结束——假如廉价石油已经彻底耗尽,使得 150 美元一桶的石油价格成为新常态。[6] 在这个问题上,两位被广为引用的石油专家——丹尼尔·尤金(Daniel Yergin)和马修·西蒙斯——持有不同观点。两位专家都是业内杰出人物,经验非常丰富。尤金是普利策奖得主的历史学家,是剑桥能源研究会[Cambridge Energy Research Associates,现为剑桥能源咨询公司(IHS CERA)]——世界领先的能源咨询公司——的主席和创立者。西蒙斯是石油行业最受尊敬的金融家之一,同时也是西蒙斯国际公司(Simmons & Co. International)这家油气投行的联合创立者和荣誉退休董事长。但是尽管拥有相似的行业背景,他们对于市场未来走向的看法可谓大相径庭。

在世界还能继续产出更多石油,或者说作为一个可行的能源,石油是否面临着不可避免的产量锐减这个问题上,他们持有完全相反的观点。尤金在这个问题上比较乐观,认为人类的足智多谋和经济刺激足以应付未来无秩序的石油产量缩减。但是西蒙斯就没那么有信心了。他认为全球石油产量已经达到了顶点(或者快达到了)。所以油价一定会以"迅雷不及掩耳"的速度飞涨,这并不是件很让人欣喜的事情。"我并不懂人们为什么那么担忧破坏地球环境的全球变暖,"有一次西蒙斯提到,"石油危机能达到一样的效果。"[7]

石油峰值是指全球石油产量达到"顶点"并且不能继续提高的现象,这种说法从 20 世纪 90 年代开始涌现,最开始从能源共同体中流传出来。科林·坎贝尔(Colin Campbell),一名已经退休的地质学家,曾在几家石油巨头公司任职,在一篇 1996 年的论文中阐述过石油峰值问题:

"石油勘探的峰值在 20 世纪 60 年代就已经出现了,1981 年开始世界范围石油用量就超过了新发现的产油。从那时候开始,石油勘探和产量的差值就在扩大。包括主要产油国在内的许多国家都已经过了石油峰值期,也就是说,现在石油产量下降的问题迫在眉睫⋯⋯世界正在揭开曾经辉煌的石油时代的下半场的序幕,石油这个在现代经济中扮演如此基础作用的关键商品,正在面临命中注定的下行趋势⋯⋯新世纪将不会有'靠石油发家致富的人',现代人面临着逐步消化这一损失的巨大挑战。"[8]

1998 年在《科学美国人》(*Scientific American*)他和胡安·拉赫雷(Jean Laherrère)共同发表的一篇论文中,坎贝尔预言在 2004 年石油产量将会达到每天 7 100 万桶的无法超越的峰值(2012 年实际产量也就比这个值的 1/4 略高)。七年前,他曾出版一本没有引起太多关注的书,提到十年内石油产量将会达到最大值。"下行周期已经要开始了",他提醒道,尽管他随后推迟了下行周期的到来日期。[9]那即将迎来的能源收缩的结果,真如他预料般吗? 结局无异于"持续的油价上涨"。

普林斯顿大学荣誉教授、早期石油峰值理论的倡导者、地质学家肯尼思·迪非亚(Kenneth Deffeyes),在 2001 年出版的一本书的开篇中就提到了这个问题:

"未来十年中全球石油产量一定会达到峰值,随后世界原油产量将会缩减。世界上的资源不会枯竭,但是大规模发展新的可替代资源也要至少十多年时间。石油产量下降可能已经开始,现行的油气价格的震荡可能正是一场巨大危机的预兆。"[10]

最激进的石油峰值论支持者认为,石油正在被完全耗尽,正在威胁现代文明。他们认为石油短缺和天价能源将会对工业发展产生不利影响。更温和的石油峰值论支持者认为也许全球石油产量很快或者已经达到峰值,但是他们不确定不利影响的程度和发生的时间。对于持有石油峰值观点的人来说,尤金可能是"资源丰裕论"的最突出代表,认为石油资源本身是充足的,市场可以良好地自我运转,人类的智慧也足以阻止石油峰值论支持者所预言的悲观结局。[11]但是对于他们的观点对立者,2008年夏油价没有任何趋势下行的戏剧性疯涨,就是足以证明"资源丰裕论"支持者彻头彻尾错误的证据。

很多美国人都拥有和西蒙斯相似的预感。成百上千的书籍、文章、学术论文以及其他媒体都在21世纪初几年提出了相似的论断。专家学者纷纷提到了即将到来令人不安的资源短缺:《当世界没有石油:充满危机的新世界边缘》(*The End of Oil:On the Edge of a Perilous New World*,2004),《巅峰时期:在衰落的世纪觉醒》(*Peak Everything:Waking Up to the Century of Declines*,2007),《狂欢结束:石油、战争以及工业社会的命运》(*The Party's Over:Oil,War,and the Fate of Industrial Societies*,2003),《非常时刻:在21世纪聚集的危机中生存》(*The Long-Emergency:Surviving the Converging Catastrophes of the Twenty-First Century*,2005)。大众当时都有一种预感,石油经济只不过是乔治·W.布什执政期间的潮流,无疑背后有着与石油相关的恐怖主义和暴力驱动,无论是伊拉克还是曼哈顿下城,油价均在上涨。在2008年4月的一次美国民意调查中,76%参与者表示"世界上的石油就快用完了"。16个国家中的15国大多数受访对象纷纷表示认可上述看法。[12]美国那时正在应对自身经济"过于依赖石油",就像托马斯·弗里德曼(Thomas Friedman)在2006年发现频道系列节目中说的那样。主要石油国的供应最好的情况是不靠谱,最糟的情况是产量在递减,这样的"依赖"就显得尤为致命。

这会是石油终结的开始吗?恐怕这不仅仅是一个学术问题。石油是世界经济的核心,没有其他商品在市场价值上能与之匹敌。无论存量多或少,交通运输依靠它,军事也需要它。然而在2008年夏,地下是否有更多的石油、油价在可预见的未来是否会上涨的问题,在世界不同国家的报纸和电视上开始被广泛讨论。

事实上,2008年并不是"石油耗尽"的概念第一次被提出。[13]即将到来的石油时代终结就和这个行业一样拥有悠久历史。就像石油生产周期交替的模式一样,这个问题也被广泛谈论。当大家说到能源的未来时,关于油价一直上涨的预测就会被反复提起。越是供不应求,价格飞涨的时候讨论就越激烈,到了市场供应充裕、价格回调的时候就鲜有人提起了。[14]这与过去20多年促使互联网泡沫以及房地产危机的道理是相通的。尽管这并不是导致石油价格震荡的原因,但是却会使投资者、政客以及公众相当严重地误解了世界石油供给的未来。

许多消息的来源——书籍、报纸、杂志、国会记录、政府委托的研究,以及之后的纪录片、电视节目、博客帖子——都讲述了这种周期性担忧的故事。关于可能在未来发生的石油短缺的传闻在19世纪七八十年代宾州油井大规模激进开发的时候就开始了。卡内基的"石油湖"就在那样的背景下应运而生。对于短缺概念的执念在第一次世界大战期间复辟,20世纪20年代达到全盛,刚好也是那个时候美国人对于汽车的钟爱开始显现,将人均消费拉升到过去难以想象的水平。第三次对于石油短缺的担忧在第二次世界大战以及20世纪50年代时期爆发。在白宫看来,对于现代战争至关重要的战略商品——石油资源——将会耗尽使华盛顿高层十分不安。这个担忧在20世纪70年代再一次吸引了全美的注意,当时爆发的石油危机预示着美国(和事实上西方国家)的衰落。直到21世纪最初几年,OPEC范围外国家的产量停滞以及崛起的中国进一步推升了油价,并且有些人宣称地球的石油产量正在递减。

上述几个时期并不完全相同,尽管它们都有不少引人注目的相似点。历史不会自我重复,但是它会按照一定的节奏前行。每个时期专家预言的由媒体大肆散播的迫近的、无法逆转的石油短缺都会使这个话题再一次推向公众面前。每天美国人都会听到第二天他们将会为灌满油箱付出更大代价的消息——当然是在他们本身有能力偿付的基础上。来自文化或者政治层面的关注更助长了这些忧虑的扩大。对未来环境的恐惧暗流,就比如是否需要储存国家自然资源或者这对于地貌不可逆转的损害,都会助长恐惧本身的滋生。同样,如果耗尽本国的石油是否会有不得不向他国武力屈服的风险,这说明国家政治军事上层的关注也会助长恐惧。每次这种恐惧就会盛行几年甚至十几年,随即就会被大众遗忘,最后在一代人之后再被重提,每次的危机都看似迫在眉睫,每次也都会因为相继出现的新油浪潮推低油价。石油短缺的故事会从国家媒体消失的,很显然它有一定的兴衰周期。

本书主要讲述开始于20世纪初关于能源短缺恐惧的浪潮。本书主要有两个目的:第一个是用于分析。本书提出关于石油短缺说法的兴起、传播以及衰败的问题。它们最开始如何产生? 它们出现仅仅是临时且偶然的,抑或有某种原因并且它们是什么? 在怎样的条件下长期的石油短缺预言会应运而生,大受欢迎然后逐渐消逝呢? 第二个目的是用于说明。假设有固定模式来解释这些忧虑的定期发作,这对于消费者、投资者、政策制定者都意味着什么?对于那些关注能源未来的人又意味着什么呢?

一个熟悉的老问题

有限资源能否足够推动现代文明的演进是一个经济学中由来已久的问题。[15]托马斯·马尔萨斯(Thomas Malthus),1766年出生的英国经济学家,就对有限耕地条件下人类人口增长总会有一天达到无法扭转的峰值问题很执迷。如果人类繁衍太快,是否会因为缺少食物而无法自给自足。如果他的同胞没有开始实行限制人口增长的"审慎约束",那么只有令人不快的"罪恶和苦难"的结果才能回到可持续发展的总人口数。[16]李嘉图(Ricardo)在他1817年的《政治经济学与赋税原理》中回答了马尔萨斯的问题,他认为还是有足够的农业用地维系人类发展的,只不过土地的质量因地而异。[17]最丰饶的土地首先被耕作,如果投入增加,劣地的(也可以是矿井或者其他)收成也可以相对可观。由此的附加成本会不可避免地推高原材料价格,尽管它会抑制消费和人口增长,同时一定程度阻止人类衰败。

但是马尔萨斯的后代们看到了前人未见的更多希望。约翰·斯图尔特·穆勒(John Stuart Mill)在1862年写道,尽管资源限制的事实对于经济发展是个难题,但是马尔萨斯漏掉了两个方面的重要事实。首先,最终的耕地数量一定比经济学家承认的要多,并没有像马尔萨斯著作中写的约束那么紧迫。而且科技可以改善这个困境。穆勒是第一个坚持认为工具可以帮助人类超越稀有资源限制的现代经济学家。他预计,随着现代科技稳步发展,尽管有些资源变得更为稀有,人类的生活水平还是会逐步提高的。[18]

威廉·斯坦利·杰文斯(William Stanley Jevons),另一位英国经济学家,就采用了这个仍有争议的马尔萨斯的理论框架来预测英国经济最终的命运。他在1865年警告说本国对于驱动它们蓬勃发展制造业的日渐增长的煤炭需求是不可持续的,当他们意识到这一点的时候可能已经是英国的终结了。"我们耗尽矿产,"他预言道,"最终的结局无疑是煤炭价值和成本激增,最终到了与他国相比足以毁灭我们这一主要贸易分支的高位。"这就意味着"国家如今进步条件的灭失,我们这样是无法取得长足进步的"。他还很忧虑地提到再也找不到一种替代资源可以像"煤炭"一样了。风能或者潮汐能？不够可靠。木材？太笨重且不便。石油？这项"假定的煤炭替代品"太"有限也太有变数了"，可能不是个好选择。[19]

杰文斯在预测自己国家作为世界最大的煤炭产出国气数已尽方面是正确的，原因很简单：在其他地方挖煤可能更廉价，比如美国，这样就可以不必在本国生产而转向进口。但是他对经济的预测可是大错特错。贸易可以使英国从美国等国进口更优质的商品。煤炭短缺并不意味着英国经济的没落，也不意味着煤炭的没落。在他预测近250年后，煤炭产出依旧在增长。英国早已将产能转移到更廉价、更充足、更可靠的能源上去了。

但是到了20世纪，经济学家极大程度地回避了古典学派的"稀缺资源阻碍经济发展"的论断。日益兴起的新古典经济学并不重点强调自然资源对经济上行的不可避免的限制，它已成为20世纪的主流经济学派。这是一个因时而变的学派，尤其是在西方主要经济体都在蓬勃发展的时代背景下。即使大萧条这样的经济危机发生，在经济学家看来也并不是自然资源的限制导致的，而是过度投机行为导致的。随后经济和消费恢复。即便之后爆发了著名的文化改革运动，例如美国环保运动就引发了人类不节制情况下对于国家自然环境的担忧，学术上普遍对于资源约束对经济发展的限制作用持乐观态度。

在一片乐观声音中，其中有一位持有不同意见的人，即斯坦福的统计学家哈罗德·霍特林(Harlod Hotelling)，现在许多可再生能源领域的学术成就都基于他的模型，霍特林模型主要预测了有限资源(黄金、石油还是其他)的价格持续上涨[20]，这通过直觉理解很简单。拥有有限资源的人将会为了他所能得到的最大价值售卖资源。他们知道如果今日卖出资源，第二天就无法再卖出了。他们会在定价的时候把这个因素考虑在内。如果他们意在通过投资开采石油或者矿产赚钱，而不是在地下储存多余的库存，那么他们会考虑尽早卖出现有资源。资源拥有者基于现有的边际产出减去开采成本得出生产能力，赚取一定的市场利率。所以想要财富最大化的石油生产商，在过去几十年里确保石油市场价格以与美联储贴现率增长同速率来开采资源，其价格中包含了所谓的"稀缺租金"。[21]但是无论霍特林模型多么严密精巧，都会随着时间推移而与观察到的价格行为产生出入。[22]在考虑这么多年的通货膨胀因素之后，原材料价格并没有显示出霍特林预期的稳定价格上涨，反而很多商品价格都纷纷下降，或者至少保持稳定。

可以用以下两种方式来理解霍特林法则关于不可再生资源价格上涨的预测和与其有出入的现实的偏差。第一个就是市场认为地球的关键资源禀赋是如此充裕，未来的灭绝是如此遥不可期，以至于任何实际的稀缺租金在价格的组成里都是微不足道的。也许稀缺租金以霍特林预计的增长速率增长，但是开采成本在决定实际价格的因素中才是起决定作用的。另一个理解方式是技术效应会使生产不可再生资源更便宜，抵消资源短缺对于市场价格的影响。[23] 但是如果分析的市场转移至一个有约束的、可测量的地质储备数量，霍特林法则对于未来某个时点某种商品价格分析就有可能更有经验效应。

20 世纪 70 年代兴起了一股反对新古典主义经济学家关于人类才智和自由市场可以对抗资源稀缺性观点的文化思潮。这些学者的观点是在 20 世纪 70 年代大宗商品价格大幅提升以及地缘政治领域的结构性改变（OPEC 的兴起等）中产生，同期再次兴起了美国环保运动，这次运动对于新古典经济学家是否对于资源短缺给全球经济增长带来的威胁过于忽视和不屑一顾进行了讨论。罗马俱乐部的《增长的极限》(Limits to Growth) 应该是这次思潮中最具盛名的一个作品了。[24] 一小部分经济学家用严密的分析证明这些论断；更多的则是表示赞同；几乎没有经济学家尝试更为严谨地论证这个议题。[25] 那些认为当时的大宗商品灾难是更大经济危机的预兆的经济学家在当时大经济共同体的时代背景下通常被认为持有非主流而异常的观点。

主流经济学家坚定地反对稀缺性限制会成为抑制经济发展的关键因素的论断。他们认为罗马俱乐部的报告并不具有说服力。[26] 一个很典型的批判是："经过之前大张旗鼓的宣传，马尔萨斯的理论终于在最近由于一群工程师和科学家的推崇而重新流行起来了。"尽管这样的预测"会使外行和科学家印象深刻，因为他们都是浸淫在复杂模型中的人"，他们好像都是"主观上能言善辩"而且"并无最新建树"。[27] 从新古典经济学的角度看来，科技进步以及能源资源刺激消费者交换以及生产者生产的相对价格的变化方式，都足以应对稀缺性限制，使不可再生资源不会彻底用尽。约瑟夫·斯蒂格利茨 (Joseph Stiglitz) 使用量化模型来证明至少三种因素可以抵消假定的资源紧缺带来的限制：科技进步、能源替代（成本较低的材料替代稀缺资源）以及规模效应（更大的生产者可以更便宜地供应短缺货物）。他认为，这些因素使得人均消费的可持续增长不仅可行，而且现阶段资源开采的蓬勃发展实际上是经济最优的。[28]

世界原油供给的未来在 20 世纪 70 年代一直是新古典经济学与新马尔萨斯论学者争论的焦点。很多"新马尔萨斯论"的支持者认为那十年的石油供给上溯到金·赫伯特(King Hubbert)1956 年的工作,后者预言美国石油产量将在 20 世纪 60 年代中期到 70 年代早期开始步入减产期。[29]赫伯特认为石油供应的枯竭时间将由资源基础的大小以及开采速度决定。他假定美国石油产量上升和下降的周期将会呈现整齐的对称布局,然后手动绘制一个符合 1956 年预测数据的曲线(之后他给出了一个更符合数据的精确的钟形曲线)。[30]他想要表达的很明确:美国的油气资源将会再持续供应几年,但是到了一定时点,资源将步入减产期,产量不会继续上行。

他的著名的预测是否与现实情况一致呢? 赫伯特关于美国石油产量的"高点预测"的确正确,美国石油产量在 1970 年左右达到了峰值。但是随着时间的推移,他的预测越来越偏离实际。如果赫伯特曲线是正确的,那么 95% 的美国石油资源到 2018 年就消失殆尽了。2009 年的石油产量按预计将会倒退至 1922 年微不足道的增速。[31]并不像是赫伯特预测的长期惨淡的下行周期,美国石油产量从 2008 年开始反弹。北美油井产量与世界其他国家的油井相比都获得了更高的同比增长。

赫伯特也将他的理论应用于美国天然气产量的预测上,同样天然气产量也预计在 20 世纪 70 年代早期就会下降。事实证明他对于天然气的预测更是大错特错。2012 年美国天然气产量攀升至历史最高。更多天然气在本土 48 个州生产和销售,都是赫伯特一开始没有想到的。[32]

赫伯特并没有满足于只对美国进行预测,他同时也对世界石油产量界限进行了大胆猜测。根据他的计算结果,世界石油产量不可能高于每天 3 300 万桶,或者大概是当期产量的 1.5 倍。他的推论是基于地下石油总量——历史上的产出总量,已知的储备以及预测发现量总共 12.5 亿桶。全球生产量在 2000 年左右将会达到无法逆转的峰值。

这个消息听起来十分不祥,但是历史却告诉了我们一个完全不同的故事。2012 年,据国际能源署统计,世界每日石油产出约 9 080 万桶,或每年 331 亿桶,与赫伯特预测数据完全不同。[33]2000 年美国地质调查局(The U.S. Geological Survey, USGS)的一项研究显示,世界总共能产出 3 万亿桶石油,大约是赫伯特预测的 2.5 倍,而且这还是保守估计,肯定严重低估了实际情况。[34]一项 2008 年美国地质调查局的后续研究表示5 650亿桶普通油还未被发现。如果将非常规资源(如油页岩)也包括在内,这个数字一定会更大。单单是盛产重油的委内瑞拉奥里诺科石油带就有5 130亿桶石油。[35]这类资源确实比其他类型的石油开采和精炼更贵,但是科技进步同样可以使以往"非传统资源"变为明日的"传统资源"。加工资源的成本也相应降低了。最重要的一点是,与赫伯特完全不同,他想通过任意将曲线与历史数据相匹配来解释世界石油产量的预测行为是不实用的。同时,对于世界石油产量天花板的警示也是来去匆匆。

赫伯特的石油供给耗竭理论对于20世纪90年代和21世纪前几年的"新马尔萨斯理论"的支持者至为关键。这些衰减论倡导者又对赫伯特模型进行了改建,是鼓吹石油产量下行正在迫近,也预示着上行价格周期的开始。[36]他们关于石油产量由于地质限制已经或者将要在几年内触及最高点的论点,正是马修·西蒙斯当年观点或者如今"石油峰值论"的重申。

这些论断通常都错误地理解了资源经济学的基本观点。[37]首先赫伯特就错误地解释了1970年后美国石油供给的下行走向(现在情况相反)信息。这并不是一个全球性逐渐逼近的不祥的短缺信号,只是因为美国大陆地区的石油生产成本高于从海外更低成本区进口石油的费用,所以石油开采是在全球遍地开花的。"资源稀缺论"的传道者们一直都误认为传统石油资源数量是既定的。可能这在地质学的角度看来是正确的,但是源源不断的投资会使现有的资源增加,创新勘探和生产方式,降低开采原油成本。另外,那些试图计算出全球原油贮藏量的计算都是基于不靠谱的关于地下石油资源量的猜测。但是关于猜测的具体数字尚存有很大不确定性,而且随着时间的推移会发生相应变化。

资源稀缺观点还有很多缺陷,赫伯特等"资源稀缺论"的支持者忽视了很多基本的市场机制。换种方式讲,就是影响价格的供需之间的影响。增长的价格阻止人们买更多的石油,也会更有效率地利用资源,同时鼓励生产商生产更多石油。不管价格如何变化,消费不会年复一年无缘无故增长。这些因素都是确切存在的,在实际生活中不可分割,但是在马尔萨斯的理论中却相互割裂。同时有一个替代效应:当一个商品价格上升的时候,人们会寻找一个更廉价的同质商品替代。例如现阶段美国超低价格的天然气促使电力生产商用天然气发电,而不是煤炭。出于节约成本目的的商品替代可以缓解稀缺资源变得昂贵时的紧俏供应。

此外,还有很多自然资源产出减少的解释(除了既定地质原因的产出极限)。例如水银的生产,大家都知道这是有剧毒的,前些年就已经达到生产峰值了,并不是因为地下没有储藏了,而是市场购买兴趣没那么大了。再说石油,许多国家对于石油对地球环境产生的负面影响越发关切(例如中国和欧盟),相应收紧了乘用车和卡车燃料经济标准。综上,更高的价格、更高效的车辆以及人口变化都是美国石油消费在最近五年下降的原因。

为资源乐观论辩护

不可再生商品的价格或多或少会提升的想法好似有点道理:世界人口随着时间推移越来越庞大,按理说就会消耗越来越多的稀缺资源,而且消耗的部分无法替代。这些资源供应是有限的,一旦消耗殆尽,就彻底没有了。当我们消费一种已知资源,获得它的价格会越来越昂贵(无论是通过开采、钻取还是其他方式),因为最方便开采的总会最先被消耗。剩下大量的边际开采成本更高的矿产资源,价格在未来自然会升高。如此推理,除非我们开始减少对于有限资源的消费,否则它的价格会一直提高。

这个理论看似无懈可击,但其实是错误的。一旦将长期通货膨胀因素考虑在内,就可以发现任何大宗商品市场上的原材料价格都没有按照这个预言的走向发展。经济史上关于主要资源价格的一个有力却违反直觉的实证事实是长期以来它们的价格下降了,虽然它们被更大量地生产了。[38]即使当供需条件允许时不可再生资源价格可以大幅上涨,这么多年以来它们的价格还是保持稳定甚至下降了。关于某些资源正在“面临耗尽的命运”并且会“价格上涨”的猜测,在市场演进中并不是一个有利可图的方式——或者至少在近 500 年来不是。[39]

近几十年来这个趋势也广为经济学家所知。在 1950 年一个里程碑式的研究中,劳尔·普雷比什(Raúl Prebisch)和汉斯·辛格(Hans Singer)记录了制造品相关的商品价格下降的趋势,并参照了早期查尔斯·金德尔伯格(Charles Kindleberger)关于长期以来衰退的原料贸易的研究。[40]虽然这项研究还是拥有很多反对者,但是长期以来,实际商品价格的下降仍是学者们对初级产品行为的最具有实证性的结果之一,也是对于非专家们来说最震撼以及在含义上最容易被误解的研究发现之一。

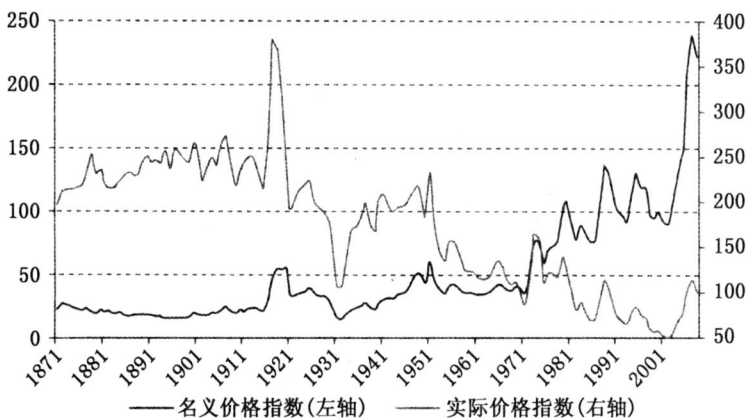

资料来源:《经济学人》;席勒 2012 年历史通货膨胀率研究(http://www/econ.
yale.edu/~shiller/data.htm);美国劳工统计局数据。

图 1.2　《经济学人》工业商品价格的实际和名义指数(1871~2010 年)

　　查阅初级产品历史价格的两个有用的数据来源分别是《经济学人》的商品价
格指数(见图 1.2)以及由诺丁汉大学的大卫·哈维(David Harvey)领衔的四位
学者创立的另一个指数标准,[41] 被称为"哈维指数"(见图 1.3)。《经济学人》的
工业商品价格指数,于 1864 年首次被刊登,被认为是世界范围内最历史悠久的
公开且定期更新的价格指数。尽管名义指数数据是从 1845 年开始的,1857 年
前的数据并不完善,1857~1861 年的数据只反映了 1 月的价格。只有 1862 年
之后的数据才代表了潜在的平均月度价格。它由工业金属和另一项非食品农产
品分项指数组成,经过美国 1871 年以来的消费者价格指数平减,并参考了凯
斯—席勒(Case-Shiller)房价指数。[42] 工业产品价格指数是一项比全商品价格指
数更为准确地反映长期不可再生资源价格的指标,全商品价格指数还包括了食
品价格,所以分析更关注的是前者。[43] 包含在工业品价格指数中的商品及其相
应的权重,都会随着时间的推移而变化。现行的权重反映了 2004~2006 年的世
界进口价值。[44] 最新的调整在 2010 年。按照现在的情况,铝和铜在金属价格指
数部分中总共占 76.8% 的权重,剩下的是锌、锡等其他工业金属。棉花和橡胶在
非食品农产品名单中各占大约 30%,木料占 14.2%。其余部分为毛制品、皮革
以及冷榨油。原油却并不在指数商品列表中出现,下文随后将会谈到这点。

　　哈维指数在 2010 年创立,包含了从 1650 年起 25 种商品价格。为建立这个

资料来源:该指数由下列文章构建:Harry Bloch and David Sapsford, "Innovation, Real Primary Commodity Prices and Business Cycles," Paper presented at the 13th conference of the International Joseph A. Schumpeter Society, Aalborg, Denmark, June 21－24, 2010, pp.2－3。其所用数据源自 David I. Harvey et al., "The Prebisch-Singer Hypothesis:Four Centuries of Evidence," *Review of Economics and Statistics* 92, No.2 (May 2010)。

图 1.3　实际商品价格的对数指数(1650～2005 年)

指数,创立者多方收集了数据,从美国人口调查局的《历史普查数据和美国历史统计:从殖民时代到 1970 年》(*Historical Statistics of the United States:Colonial Times to 1970*)到江本胜岩桥(Masaru Iwahashi)的《早期现代日本的价格历史研究》(*A Study of the History of Price in Early Modern Japan*),都被参考采用。某些商品价格早于其他商品,其中的一些商品市场,例如原油,直到指数出现后才以现代形式出现。12 种商品价格是从 17 世纪开始的(牛肉、煤炭、棉花、黄金、羊肉、铅、稻谷、白银、白糖、茶叶、大麦以及木材),3 种是 18 世纪之后开始的(咖啡、烟草和生铁),8 种从 19 世纪开始(铝、可可、铜、皮革、镍、原油、锡、锌),2 种从 20 世纪开始(香蕉和黄麻)。价格以英镑而不是美元计,因为美国直到独立后才有自己的货币。为了得到这些商品更具代表性的价格,每种商品平均价格是通过选取主要工业国的商品价格(以通用货币计价)并添加到未加权商品指数中得到。名义价格使用了不同来源的 4 个时期——1650～1784 年、1784～1870 年、1870～1950 年、1950～2004 年——的未加权制造业增加值价格指数。

关于两个商品价格指数的分析——一个是 1845 年以来的数据，另一个是 1650 年后数据，显示了考虑通货膨胀因素后长期商品价格变动怎样的趋势呢？原材料价格显示了相对于制成品的长期恶化情况。1871 年后，《经济学人》的工业产品价格指数就已经缩减到大约一半的实际价值了，随后 140 年经历了 −0.5％的年复合增长率。即使在 21 世纪最初几年的繁荣期，例如 2008 年商品价格飙升，《经济学人》的指数也没有达到 163 年以前实际值的一半以上。无论数据是否经过美国消费价格指数或者美国国内生产总值平减，传递的信息都是一样的。[45]哈维指数也显示了同样的总体下行趋势。自从 1650 年，经通货膨胀因素调整后，25 种商品价格的 11 种发出了明显的下行信号(8 种不允许结构性变化，另外 3 种也包含在内)。没有一种在之前的约 350 年显示出明显的价格上行信号。"长期来看，"指数创立者说，"没有统计学证据显示相关商品价格是上升的。"[46]

哪些因素导致了长期实际商品价格的下行趋势呢？有以下几种解释。第一，大多数商品的需求收入弹性都明显比制造品低，所以收入的提高一般都会引发更高程度的制造品需求提升，因此成品价格涨幅超过原材料价格涨幅。第二，长期运输成本的下降对于工业品的通缩效应更甚，而且工业品运输成本占生产成本比例比其他制造品的比例更高。第三，制造业不如以前重投入，因为科技创新的发展，对于原材料的依赖度降低。第四，农业、采矿业的生产力发展总体比工业制成品发展更好，会降低加工产品的相对价格。对于农业产品来说，生产力的提高使得对于肥沃土地的依赖度不提高的基础上增加全球供应成为可能。同样对于采矿业来说，更有效的勘探和生产方式实际上增加了全球储备，也一定程度上降低了生产成本，尽管生产速度加快了。最后，制造业产品的质量与日俱增。产品质量的提高(还有给质量定量的难度，使经济学家不可能分离出此项变量进行分析)也为相对价格的降低做出了贡献。[47]

图 1.4 说明了 3 种不可再生资源——铜、锌以及铝矿——的情况，再次强调了增长的有限资源产量并不一定意味着它们的实际价格一定会因为更加稀缺而上升的事实。

尽管铜的产量已经是 20 世纪产量的 10 倍，扣除通货膨胀因素的价格仍然比 1900～1920 年的平均价格更低。当然，这其中也有时段铜的实际价格呈现出上升趋势，例如 1930 年到 20 世纪 70 年代。偶尔价格会突然飙升，正如第一次

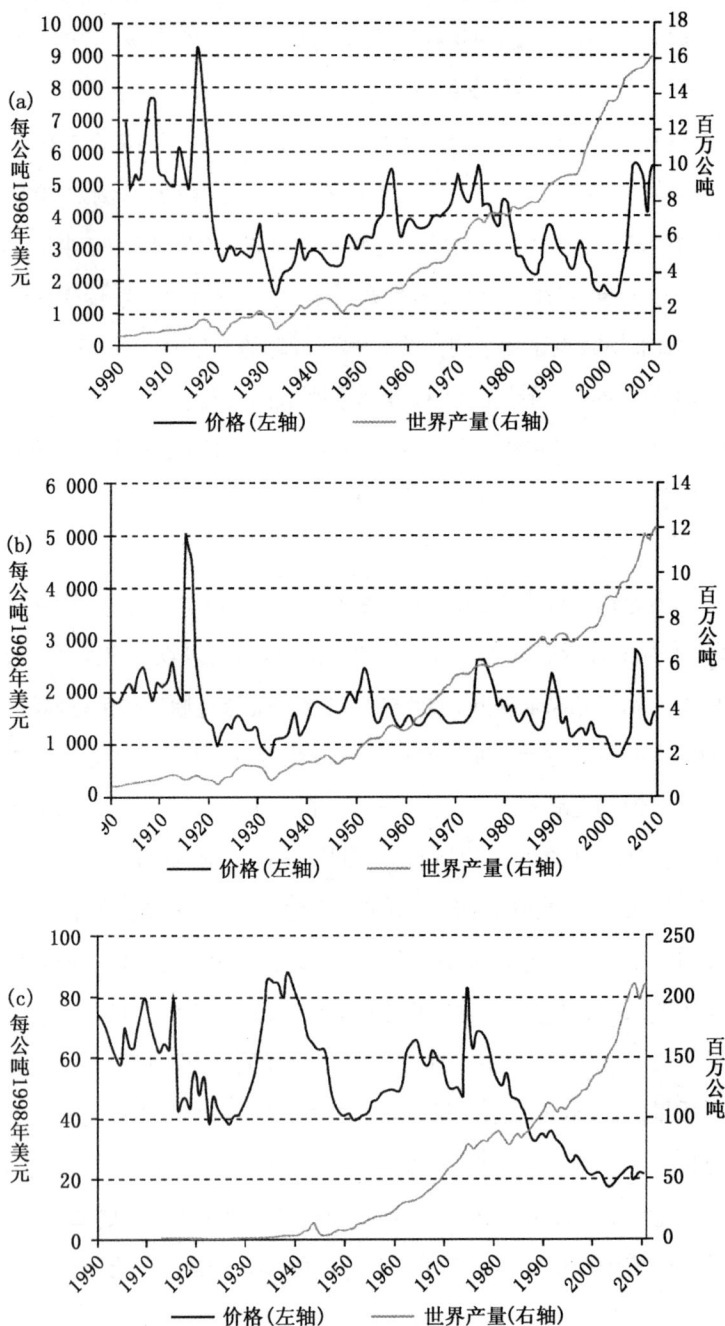

资料来源:美国地质调查局。

图 1.4　三种工业金属的年度实际价格以及全球产量(1900～2011 年)

世界大战期间和 20 世纪后期以中国为代表的新兴经济体工业化期间。上百年矿业开采的净效应就是扣除通货膨胀后的价格下降。锌的价格显示出相似发展轨迹。1900 年后，其产量一直在不间断地上升，价格偶尔拉升，但是长期来看，价格都是保持稳定或者下降的。铝直到 20 世纪 50 年代才开始大量开采，现在的开采速度已经突破了一年 2 亿公吨，但是铝的价格走向则大相径庭。其经历过大规模的价格上涨，但是随即而来的就是暴跌。1974 年后持续的价格下滑导致 2011 年、2012 年的趋势为下降。最重要的一点是：反映在产量日益剧增上的持续增长的不可再生资源需求，并不一定意味着持续的实际价格增长，尽管多年的预言如此。[48]

那么石油的价格呢？就像上述的金属一样，原油是一个过去 150 年来每年开采量持续增长的有限资源（见图 1.5）。历时 104 年达到每天生产 4 500 万桶的水平，但是只花了一半时间使开采速度提升近乎一倍。19 世纪中期以来石油价格剧烈波动。其实际价格根据经济增长及全球闲置产能（石油工业能够产出与实际产出的缓冲值）而起起落落。就像其他商品一样，石油的实际价格并没有显示出霍特林稀缺租金预言的长期价格飙升趋势。在 20 世纪 70 年代石油输出国组织（OPEC）小试身手之前，石油实际价格已经从 20 世纪中期连续不停地下降了快 20 年了。1861～1871 年一桶油的平均价格几乎是 1961～1971 年的 5倍。[49]的确，美国几十年的长期经济问题之一就是石油太廉价了——因此威胁到了美国石油生产商的生存，尤其是那些独立生产商，但是现在美国油价已经逆天了。

原油是所有大宗商品的一个特例，20 世纪末油价反而比世纪初更高。为什么呢？OPEC 国家出于政治原因对于石油勘测和生产的限制重塑了全球石油市场是一大重要原因。[50]OPEC 成立于 20 世纪 60 年代，主要目的是为了阻止每桶石油利润的下降。该组织可以说是最重要和最成功的全球性大宗商品垄断组织，已经存在并繁荣了几十年。它的成员国控制着世界石油最易于开采的市场份额，通过不合理压制产量人为拉升石油价格。成员国短期操控市场价格的手段就是控制成员国产量（并不均衡分配）。但是 OPEC 更有效的操控石油价格手段是更长期的：限制外国获取内部成员国储备以及限制内部产能扩展。[51]这个垄断组织相比 1973 年的产量只提升了 20％（而且 1973 年还是第一次现代石油危机），尽管全球石油消费提升了近乎 60％。[52]同时发展中国家飙升的石油需

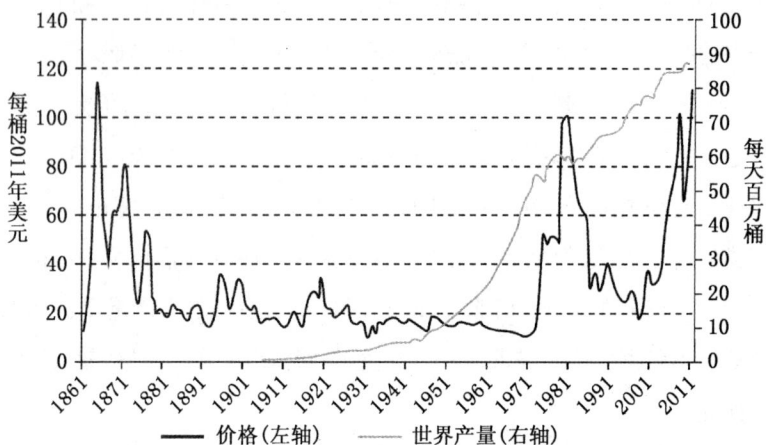

资料来源：2012 年 BP 世界能源统计报告；2012 年转换工程(The Shift Project)研究报告。

图 1.5　年度实际世界原油价格及全球石油产量(1861～2011 年)

求更驱使中东产油国争抢新的石油来源，推动油价进一步提升，产量也达到了新高度。一些国家的石油产量以超出经济承受能力的速度增长，例如油田已经是世界上比较精挑细选的美国，主要因为其拥有更易获得的资源从而控制自身的产量。同时美国和欧洲的消费降低，直接原因是经济低迷，石油价上涨，人口老龄化。虽然这反映了市场功能失调，但这并不是由于资源耗竭驱动的经济下降，更不用说扣除通货膨胀后的价格注定无限提高了。这也不是能源历史的结束。

新时代经济思维

经济历史学家们长久以来一直在研究流行的观念和故事怎样影响市场行为。例如，罗伯特·席勒就从可能引发投资狂热的社会、文化以及心理学层面上分析了股市以及之后的楼市。最近几十年兴起的这两个市场都经历了许多金融行为学者公认的"投资泡沫"。20 世纪 90 年代的互联网狂潮就见证了美国公众及投资者对于科技股的巨大投资热情，他们认为互联网的普及是科技股价格飙升的原因。但是泡沫破灭也就意味着繁荣的终结。同样的 21 世纪初几年经历了房价飙升，但也在 2008 年经济危机前后戛然而止。[53]

回顾 20 世纪在美国爆发的几次股市泡沫，席勒指出每次泡沫都伴随着一种普遍的观念,即经济的结构性变化都会导致空前繁荣的新时代。经济的繁荣发展似乎证明了股市的巨大收益。每次许多专家都会断言股价会无限制地一直上涨,甚至可能是无限期的。他们很难意识到上次投机狂热的时候自己对于持久繁荣的论断也是如此的相似,但是最后都被证实是错误的,因为繁荣最终还是破灭了。席勒把它称为"新时代经济思维"。[54]

在他的定义中,一个"新时代"即"大家普遍认为更光明或者前景不至于不明朗的未来"。新时代思维在历史上往往意味着"投机市场扩张"。这种说法的含义是具有欺骗性的,而且通常被证明过于乐观。他从"新时代经济"的说法中衍生出"新时代经济思维"的说法,也是艾伦·格林斯潘形容 20 世纪 90 年代互联网泡沫的说法。它首先在 1997 年 7 月《波士顿环球报》的两篇文章中被提出,同时还有"新时代课题"、"新时代理论家"以及"新时代学校"来形容"20 世纪 90 年代互联网的到来……是促进经济生产力的根本性变革"的长期趋势。[55] 1997 年8 月,保罗·克鲁格曼(Paul Krugman)在《哈佛商业评论》中抨击"新时代理论"中的市场估值。[56]这种说法已经足够成为投资学专业词汇之一,在 2000 年互联网泡沫破灭之前这个词一直被广泛使用,之后随着泡沫破灭这个词才慢慢过时。

新时代经济思维指的是大众认为经济结构已经完成或者正在进行的变革会使资产价格在可预见的将来(甚至是无限期地)持续上涨。在这样的情况下,大众似乎"对新时代的说法反应过激,以至于忽略了现在和最近以及很多年前情况的基本相似点"。新时代思维"关注现期新闻即期的影响",而不是假设未来发展的可能性。新时代理论只是在股市繁荣后出现的理论,而不是系统性的未来经济行为预测理论。这个事实很重要。这样的理论是市场行为"事后理解型",他们只在市场经历"新时代"价格大幅上涨缺乏解释理论的时候出现。用席勒的话来说就是:"股市繁荣是一个戏剧性事件,所以需要同样戏剧性的解释。"新时代的到来也带来了这样的经济解释。[57]

市场并没有按照新时代理论所言那样发展,但是它在普及理论中发挥了重要作用。从这个意义上说,"股市通常酝酿出新时代理论,正当记者们争相报道解释股市价格波动原因的时候。"一个积极的反馈机制就在催生证明市场繁荣的价格上升的理论以及支持价格持续上涨且获得普遍认同的理论本身之间产生了。席勒认为,普罗大众比学者更容易怀疑新时代理论预示的经济增长,尽管学者们不遗余力地为普罗大众阐述理论并给予可信度。总有一些知名人士想要试图解释金融市场波动,更不用说还有一些名不见经传的人想要通过解释市场来提高知名度。正如席勒所写:"无论何时,只要市场达到新高,公众演讲者、作家以及其他知名人士就会突然涌现,满口充斥着对股市的乐观主义……尽管知名人士可以撼动市场,但是他们所谓的智慧不过是随着市场变动的观点。"这样市场和理论就可以互为依存。[58]

席勒记录了 20 世纪美国历史上四个最为重要的市场繁荣时期——1901年,20 世纪 20 年代,20 世纪五六十年代和 20 世纪 90 年代——新时代思维是怎样流行起来的。[59]第一个牛市发生在 1901 年,那一年经历了股市价格的飞涨。新世纪仿佛预示着高科技以及未来主义。报纸上充斥着诸如此类的报道:"火车将会以每小时 150 英里的速度行驶……报纸出版商只需按动按钮,自动化机器就能完成剩下的工作……留声机在大商店里担任起销售员的工作,自动手臂将会使销售行为大不一样。"许多预言是准确的,也被实现了,但是问题并不出现在这些预言本身,而是这些预言者们同样认为这样的变革可以发生在股市中。他们"助长了一股投机狂潮……历史上很少有投机狂热能与之匹敌"。那时候,两个最广为引用的解释 1901 年市场繁荣的两大原因是新科技的产生以及"联合体、信托、兼并"的市场势力扩张——看起来都是选股万无一失的公司。投机情绪在 1901 年达到了峰值,并在 1907 年股市崩溃后慢慢冷却。这场狂潮在股市崩溃中结束,但是 20 多年后过于乐观的市场情绪还会强势卷土重来。[60]

20 世纪 20 年代的牛市崩溃及其后的 1929 年大崩盘,是具有传奇色彩的。高度大众化的科技,例如汽车、农村电气化以及无线电的普及对于美国消费者都是令人兴奋的。这是一个真实经济增长繁荣的时代,所以才会产生市场乐观情绪。约翰·穆迪(John Moody)就曾在 1928 年评论股市是"没有什么可以阻止美国迎来前所未有的商业繁荣新纪元的"。1929 年,查尔斯·阿莫斯·戴斯(Charles Amos Dice)撰写的《股市创新高》(New Levels in the Stock Market)预言了各种美国新成就,例如"工业新世界"、"分配新世界"以及"金融新世界"。耶鲁大学的欧文·费雪(Irving Fisher)在 1929 年 8 月发表了著名言论:"股价已经到达了长期高点"。戴斯和费雪纷纷列举了为何是股市新纪元以及为何这种繁荣会持续的原因。美联储的进步、控股公司的崛起以及范围经济的扩展、投行的发展、科学管理机制的发现、更有效的农耕过程,所有这些新发展都意味着股市回报新时代的开始。有些分析者持有怀疑态度,但是这都是少数,至少在 1929

年大崩盘之前。[61]

新时代经济思维在 20 世纪 50 年代卷土重来。第二次世界大战推动了 40 年代前几年的国家生产的超常增长。战争结束后很多人担心 30 年代的大萧条会再次重现。但是美国股票市值几乎增长了一倍,以及稳固的收入增长,1953 年 9 月至 1955 年 9 月对于萧条的担忧似乎烟消云散了。但是席勒认为牛市使得"投资者似乎对于市场过于乐观和有信心,形成了新时代思维"。正如 20 世纪 20 年代的无线电所做的,电视正在转变大众文化,说明"科技进步不可小觑"。通货膨胀温和,"婴儿潮"刺激了多种消费品的需求,以及肯尼迪总统"充满远见和乐观"在 1960 年刺激了大众对于经济的信心。美国报纸记录道:"商人们正在享受持续繁荣带来的收益。"股票似乎正在变成能够给普通人带来繁荣的资产。道琼斯指数在 1966 年超过 1 000 点,成为全国性的大头条新闻。但是股票疯涨不大可能持续。并没有急转直下的股市调整,但是从 1966 年 1 月到 1992 年 1 月经历了长期低股市回报率——只有 4.1%。

但是 20 世纪 90 年代的股市繁荣很快就按照"新时代模式"紧随而来。用席勒的话来说:"20 世纪 90 年代每次股市发展繁荣时,都有作家提出新时代理论来证明股市持续繁荣的合理性"。迈克尔·曼德尔(Michael Mandell)在《商业周刊》1996 年的一篇名为《新经济的胜利》(The Triumph of the New Economy)的文章中提出了 5 点原因——所有根本性的经济、政治以及科技的繁荣原因:"日益发展的全球化,高科技板块的创新,温和的通货膨胀,降低的利率以及利润飙升"。罗杰·布特尔(Roger Bootle),1998 年《通货膨胀的消亡》(The Death of Inflation)的作者,就将全新的全球"零时代"归因于私有化、资本主义和自由劳动力市场的有力结合,从而永久性地抑制了通货膨胀压力。史蒂芬·韦伯(Steven Webber)刊登在 1997 年《外交》杂志中的《商业周期的消亡》(The End of the Business Cycle)中预言了一个繁荣新时代,并将其归功于更低的宏观经济风险。对于韦伯来说,全球性服务业相对于制造业的增长淡化了行业产出的盛衰周期。另一个持续提高股价以及收益增长的常见解释是互联网可以持续刺激产出增长。席勒承认"20 世纪 90 年代的媒体报道不都是向新时代理论倾斜,尤其是和以前的情况相比之后"。媒体上的市场乐观论更多变为一种"背景假设问题"而不是像 1901 年或者 1929 年那样的"单纯大胆的断定"。一些评论家对鼓吹新时代理论的人认可的认为过高的估值持不同意见,但他们只是少数。大多数人"在新时代思维的浪潮中迎接新世纪的到来"。

那么,新时代思潮是怎么告一段落的呢?席勒认为,这并不是一场"巨大的幻灭"。变化是渐进的。即使是一两天的股票崩盘也不能让人们全部清盘。即使在 1929 年崩盘中,股市也恢复到了几乎是 30 年代早期的高位。认知的改变都是"世代渐进的",股市调整得越剧烈,认知改变就越迅速。当 2000 年 3 月到 5 月股市价值缩水一大半时,大众观念急剧变化。如果一个过热市场仅仅保持高位,那么观念的变化也会很缓慢。在互联网热潮中,"对于互联网股的狂热"经历了从拥抱迎接新的经济时代到一个"很蠢的,尴尬的昙花一现"的转变。当看跌情绪成为主流时就很难改变,正如之前看多情绪主导市场多年一样。在 20 世纪 30 年代,学者对经济系统将要崩塌达成广泛共识。用芝加哥大学教授席勒的话来说,市场正在进入一个新阶段,而这个阶段是"或多或少的长期停滞期"。[62]

新闻评论从充满热情和希望转变为希望暗淡的情绪。商业竞争者之间的敌对,公众对于政府以及证券业的愤怒,还有政局的紧张都是很常见的。一些新的经济问题总能吸引市场的注意力。例如 20 世纪 60 年代对通货膨胀的忧虑、过多人口的恐惧以及美国被日本夺去霸主地位的担忧等。当时市场达到顶峰的颇有说服力的新故事会给公众观点带来不成比例的巨大影响。这样的文章不会直接产生阻碍市场上行的动力,但是会产生大众观念反馈机制,让大家认为新时代理论已经终结。消费者信心会随着消极报道的增加而减退,然后会自我反馈,引发其他经济指标的变动。席勒总结了大众乐观到消极情绪的转变是很令人费解的。"市场情绪就这么匪夷所思地改变了"。新时代思维就在"这场讨论的焦点并不那么乐观的时候"终结了。大众的注意点和倾向一旦变化,就不容易甚至不可能回转了。用席勒的话来说:"总会有这一切的见证者抱有乐观态度的时候,也会有他们信心殆尽的时候。"[63]

石油市场领域的新时代经济思维

新时代经济思维并不局限于股市或是楼市。这本书表明在美国石油市场的繁荣和萧条周期中,相应的新时代思维和所有的媒体热潮都已经充分地显示出来。紧缩的石油市场以及抬升的油价对于许多专家和普罗大众都意味着短缺的新时代的开始,认为这一改变是永久性的,或者接近永久性的。通常这些专家会怀疑石油产量是否会一直增长,毕竟地下石油供给是有限的。其他时候专家们会提出石油本身会不会很快消耗殆尽的疑问,同时是否意味着像汽油车这样的现代化便利设施的最终崩溃。他们陷入了未来价格是否会过高或者持续上涨的思考,悲观的人则认为当供过于求的时候价格低位可能卷土重来。

人们对于石油价格持续增长以及石油产业的覆灭的担心与油价变化有密切联系。当繁荣的股票市场产生不现实的富裕新时代远景时,增长的油价则散发出相反的信号,激发了悲观者做出对于未来自然资源可得性的悲观预期——有些时候事实上是石油消费国和整个工业世界的预期。新闻媒体发布迫近的能源短缺和持续油价飙升对于经济威胁的让人精神不振的报道。这些可怕的预言影响范围不仅局限于那些信息不足的群众,也影响了能源专家、政客以及其他知名人士的观点。通常石油行业者会奋起而攻之,谴责他们的资源缺乏论是毫无根据而且危言耸听的。因为大众通常对于这些言论都持怀疑态度,用有偏见或阴谋论的角度看待石油行业,觉得试图缓解大众忧虑的言论可能都是错误的。

从全球范围来说,石油行业总能找到方式提高产量,尽管经常变换产地。在一些地方可能衰落(例如美国),在另一些地方可能又兴起了。油价增长从未长期持续过。更高的油价会通过扩展钻探经济上可行的石油来提高石油产量。高油价会驱使人们在未经探测的地方勘探石油,这样他们会发现新石油储备。勘探生产技术的进步,有助于确定地下石油的位置,进而降低开采成本。石油需求也与高油价相关,石油越贵,人们消费石油越少,也就放缓了需求增长,或者进一步降低需求。他们采用其他能源资源代替石油。能源使用率随着时间提高,也为同样需求石油的岗位使用更少资源提供了可能。

当油价下降的时候,那些曾经叱咤风云的高油价新时代以及长期短缺论的声音都销声匿迹了,就像席勒形容股市专家的行为一样。每当上涨的油价或者资源即将消失殆尽将要在世界主流观点中占领一席之地时,油价的下跌就立即使资源稀缺论跌出主流言论之列了。那些几个月前持有同样长期资源短缺论的报纸也在价格下降或者崩溃后变得鸦雀无声。

这种现象正如这个行业本身一样历史悠久。A.J.黑兹利特(A. J. Hazlett),一名 20 世纪初美国著名的石油评论员,就曾在 1918 年形容过这种现象。他在 1918 年 2 月的《石油贸易杂志》(*Oil Trade Journal*)中写道:

　　"在我关注的这四分之一世纪的固定周期中,石油行业总有爆发油荒的说法。许多人争先恐后地要证明原油的商业供给将会在既定时间内——通常都是未来几年内——消耗殆尽。"

然而这样的预言却从未被证实过:"但是会有时候觉得这些预言就要实现了,该预言要么因某些冒险的投机分子发现了新的石油,要么因某些人有了可以完美解决油荒的发明而失灵。这也就是我找不到现阶段涌现的潜在石油能源悲观论存在的合理性的原因。"[64]

近一个世纪以前他关于石油供给耗尽的不理性焦虑感觉的描述就像昨日才被刊登一样。石油峰值论正是"新时代短缺论"的最新化身,但是关于即将到来的能源耗尽的谣言比石油峰值论提早了近一个世纪。

在之前的几百年里,第一批石油短缺论首次大概在1909～1927年间获得了美国大众关注以及政治讨论。随后可怕的能源短缺预言在市场上浮现,对市场投射的阴影后来被一位历史学家认为"极端不真实"[65]。美国地质调查局(USGS)对于本国石油资源的评估悲观时,很多政府官员和地质学家警告公众国家资源正在急剧减少。激增的需求和燃料价格高企,以及同期美国石油产量大幅增加来为第一次世界大战中盟国补充燃料,美国公路上增加的汽车都仿佛正在证实他们的言论。但是石油行业却并不朝着这些言论的方向发展,证实了这些恐惧都是毫无根据的。最终,这股思潮慢慢消失在大众视线。科技的进步以及美国南部和海外的大片新油田的开发,使20世纪20年代后半期的石油产量大幅增长,同时大萧条时期需求的持续下行都使得油价跌破新低。伴随着市场上的石油过剩,石油短缺论便从公众谈论话题中消失了。

第二波关于石油价格增高的新时代理论发生在1940～1949年间。自从石油过剩在20世纪30年代对油价发生重大影响后,第二次世界大战证明了石油需求的惊人冲击。1941年东海岸的石油短缺的令人战栗的预言没有实现,但是却给战时石油管理局配给定下了基调,即国家可能面临长期的石油短缺。美国油田很大程度上为盟国提供了战时所需,但是美国政府和军事领导担心国内石油储备会在几年内枯竭。大多数情况下,主要的担忧不是来自于全球石油供给短缺,而是本国石油产出无法满足本国需求。但是成为净进口国的前景似乎预示着石油价格上涨以及合成材料需求增加的未来。正是在这种令人不安的事实可能出现以及冷战的开始时,美国政府开始积极鼓励国内生产商收购海外油田。1947年和1948年一次短暂但激烈的成品短缺,由一系列破坏活动和极端事件引发,飙升的燃料油零售价导致了更激烈的资源短缺言论。20 世纪 40 年代结束时,石油进口和国内石油生产的爆发使得资源进入了前所未有的充裕状态。石油短缺言论再次销声匿迹,油价大跌。石油短缺论在美国大众媒体上消失了整整一代人的时间。

20 世纪 70 年代和 80 年代早期一些因素再次激发了未来长期石油供给和急升油价的恐惧。飙升的需求在 1972 年耗尽了美国石油过剩的产能。许多关键石油生产国感觉到他们对于西方的地缘优势正在减退,而且受累于跨国公司的低官方石油价格,于是在 1960 年成立了石油输出国组织(OPEC),最终掀起了 20 世纪 70 年代的石油国有化浪潮。专家预言的"能源危机"首次爆发于 1969 年并在其后几年中不断发展壮大,从美国国务院的可怕警告到罗马俱乐部的悲观预言,不一而足。

在这些紧张气氛中,20 世纪 70 年代的两次石油危机引起了政府和公众对于长期石油短缺的担忧,第一次在 1973 年,第二次从 1979 年持续到 1980 年。在这个时期中,迫近并无法逆转的石油供给短缺的说法在政府中、行业里以及学界几乎无处不在。调查显示美国公众也越发认同国家正在耗尽能源。20 世纪 70 年代的第二次石油危机源于伊朗革命以及随后的两伊战争,对很多美国人来说是整个十年来一直预感的不祥预兆的结果。更高的价格促进石油替代品的使用以及增强石油储备保护水平来缓解全球需求,同时刺激 OPEC 以外国家提高产量。到了 1985 年底,OPEC 国家无视协定额度,沙特阿拉伯决定不再受以保持高价位为目的的产量限制,接下来几年,来自利雅得的石油充斥市场。石油严重供过于求,对于未来产量能否满足石油消费的讨论就在接下来的十来年销声匿迹了。

新时代理论在 2001 年和 2009 年重回大众视线,这次短缺观点主要采取所谓的石油峰值运动的形式,并在油价 2008 年飙升的时候成为金融市场和能源共同体颇具影响力的声音。受中国和其他新兴市场引领需求增长的推动,OPEC 外的产能不足,加上 OPEC 在新产能方面投资乏力,因而 21 世纪初的很长一段时间里油价持续攀升。大宗商品市场繁荣。世界"石油危机"、"石油末日"、"最后的石油冲击"或者"石油时代的终结"题材的书籍、文章以及专栏数量呈指数级增长。当 2008 年夏原油价格冲击 147 美元一桶时,这股狂潮达到了顶峰。

对于迫近的、不可逆转的全球石油短缺的讨论并不局限于印刷刊物,同时也蔓延到了会议主题、纪录片以及博客话题中。这个论断在学界(如普林斯顿地质学家肯尼斯·迪非亚)和华尔街有知名的支持者,也在国家官员和政府智库中找到了现成的听众,一时间世界范围的政府机构以及研究机构发表了关于石油危机的观点。到了 2008 年 5 月,石油期货显示的成交价已经超过了 135 美元。然后清算日到来了。当原油价格在 2009 年初经历了崩盘的时候,关于石油短缺的说法就不再被人提起了。尽管持续增长的石油价格预言没有完全消亡,它们的重视度和出现频率却总是上下浮动变化。油价很快回升到三位数,但是也包含着油价调整的萌芽,主要由于发达国家需求减少以及北美主导的供给繁荣。之前的短缺声音被人们谈论美国油气复苏的激动的声音盖过。

在《非理性繁荣》一书中,席勒描述了新时代思维在股市和楼市出现的时间。石油市场的新时代思维与股市和楼市的新时代思维有很多共同点,但是也有如下三个主要不同点。第一,席勒认为新时代思维与资产泡沫(股票和房地产泡沫)有很大联系。但是石油并没有确凿的计量证据说明非理性繁荣或者过度投机氛围要为 2003~2008 年间的油价走势以及 20 世纪长期油价趋势负责。[66] 本书的目的不是为了争论。而且石油在公开市场交易也不过是最近 30 年才发生的事情。这些市场作为确定每桶石油公允价值的手段很好地发挥了作用,或者至少像其他市场结构一样。[67] 新时代思维正如 20 世纪 80 年代前的互联网繁荣一样导致了石油市场"泡沫"的说法是一个时代错误,因为与石油相关的期货以及其他衍生品在那之前并没有被投资者在纽约商业交易所(NUMEX)中交易。

新时代概念的应用不仅仅局限于发现泡沫,既定市场内的新时代思维的广为流传并不一定意味着投机泡沫正在发生。也不一定意味着新时代经济思维和资产泡沫间有严格的因果关系。但是新时代理论"倾向于伴随着世界股市的大繁荣出现"(尤其是矿产)。这些故事对于"理解过去对于经济的信心"的细节至为重要。[68] 这样,广为流传的新时代经济思维既不是投机泡沫的先兆,也不是它的导火线,但是它至少可以解释酝酿牛市的社会和文化环境。

但是在某些时候,许多专家认为关于无法逆转的石油产量下降的说法的确在偏离供需基本面情况下起了重要作用。其中一次异常就发生在 2008 年春。5 月中旬,6 月交割的西得克萨斯轻油(WTI)就卖到了 128 美元每桶的天文数字。通常,目前紧张的市场条件和远期交割的石油的低价相关(即贴水),使得石油生产者和库存持有者将手中石油投放至市场。2008 年 5~6 月期间,期货价格则呈现出相反的模式：越是远期期货合约，石油价格就越贵。当年5月29日石油网（Oil. com）的一篇报告中，雷曼兄弟公司的爱德华·莫尔斯（Edward Morse）认为期货市场的反常行为可能与石油峰值理论有极大的相关性：

"本月前三周，或者说至少是上个周五的（远期）曲线末梢的上升引人注目，生产者完全没有兴趣卖出石油远期合约。在过去，生产者销售会减缓或阻碍价格上升，但是现在散户听到越来越多的关于'石油峰值'的报告后，继续以越来越高的价格买入，说明市场价格并没有天花板。

同时，许多银行以及知名投资者持续发表未来石油市场将吃紧的言论。对于一些分析师/投资者来说，更高价格的原因与激发足够的供需反应相关；对其他人来说，这是因为大家确信的石油峰值已经到来，而且在他们看来，沙特阿拉伯未来不会增加石油产量。"[69]

不久以后雷曼兄弟就刊登了之前的偏差已经自我更正的公告，市场重回贴水状态。如果莫尔斯的论断是正确的，石油峰值的说法的确对于非理性繁荣有所贡献，这就是该理论脱离抽象领域、成为一个有力的市场推动力的实例。[70]

第二个石油市场新时代经济思维与其他市场的不同在于石油市场的新时代思潮直到油价上涨才出现。但是当油价上涨时，新时代理论家通常会回归过去短缺论的预言，并采用事后总结的方法，认为短缺论的观点是正确的。"石油短缺就要来了！"他们叫嚣道，"预期的石油末日这不就来了！"这些迫在眉睫不可逆转的石油短缺预言将在多年后真实的供应紧张之前声名狼藉。然后当供需基本面真的紧张、价格上涨的时候，这些语言就会重获关注，并激起对更多相似的、长期甚至永久性的石油短缺论的论断的关注度。

这个模式已经在历史上发生过好多次了。《美国地质调查局每日报告》（USGS Day Report），1908年发行的时候关注度很小，直到第一次世界大战和20世纪20年代汽车繁荣、石油需求直上云霄、石油供给吃紧的时候才在国内媒体上、国内政策制定者间以及接二连三的预测中获得了广泛关注。之后，哈罗德·伊克斯（Harlod Ickes），富兰克林·D. 罗斯福（Franklin D. Roosevelt）新政时期的内政部长，因1914年在国家媒体预测"国家正经历一次剧烈而严重的石油供给下降"而受到指责。但是当石油需求在第二次世界大战时期激增的时候，他之前关于迫在眉睫的石油短缺论断开始在华盛顿政界受到了赞扬。近30年后，罗马俱乐部出版于1972年的《增长的极限》因为石油危机和当时的恶性通货膨胀成为文化的试金石,使它看起来具有惊人的先见之明,但是这只持续了一段时间。之后的20世纪90年代中期,许多分析师开始应用赫伯特在1956年预言20世纪70年代美国产油量的统计方法来预测石油未来走势。许多人认为世界石油产量将会在2000~2010年间进入终极下降阶段,"永远不会上升"。那时候他们争论道,油价会无限制上涨,最终导致严重石油危机,除非人们消费更少的石油。他们的警示语出现在各大重要期刊中,例如《自然》《科学》《科学美国人》(*Scientific American*)。[71]一旦油价几年后上涨,他们对于迫近的石油危机的预言仿佛又成为一个惊世骇俗的先见之明。

第三个石油相关的新时代经济思维特质也是最微妙的。从定义上来看,新时代预言宣称一个既定市场的基本面变化正在发生,正如席勒所说导致"可见未来甚至永久性"油价上涨。对于20世纪市场结构保持不变的市场(例如股市),很容易理解为什么那些根本的、永久性拐点的主张是可疑的。但是石油市场完全是一个不同的物种。它的供给侧结构在20世纪经历了根本性的变革,从而引起了统计上明显的实际价格变化,正如经济学家艾尔·德维尔(Eyal Dvir)以及肯尼斯·罗格夫所说(见图1.6)。[72]

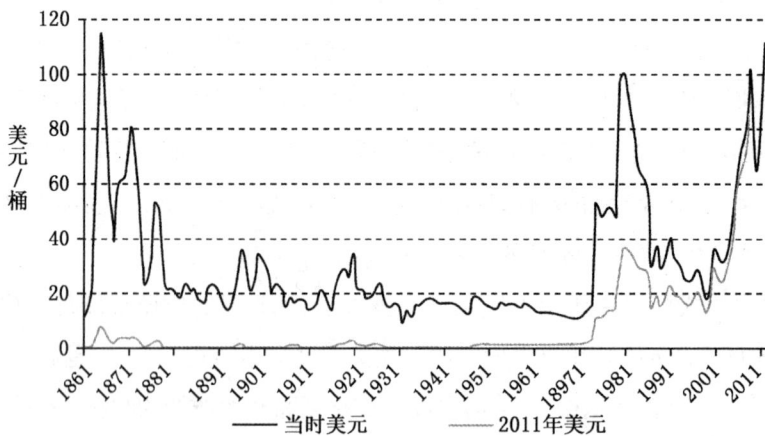

资料来源:《BP世界能源统计报告2012》。

图1.6 实际和名义世界原油价格(1861~2011年)

两个历史上的事例非常具有代表性。在大萧条时期石油价格达到历史新低的时候,联邦政府和国家机关,尤其是得克萨斯铁路委员会,开始参与管制国内石油生产过剩,以抑制已经对当地产油行业产生的实际影响。通过对美国石油生产商实行配额制,美国政府既保持油价稳定,又使油价保持生产商可以盈利的高位。多亏了这个稳定全局的举措,油价和价格波动性在接下来40多年都有所降低。40多年后,世界市场经历了又一轮重大变革。1972年,美国石油过剩产能被消耗殆尽,华盛顿丧失对于石油价格的掌控。很短时间后,新成立的掌控世界大多数廉价可采石油资源的卡特尔OPEC开始显示出自己对于市场强大的主导地位。它通过两种方式控制市场:限制世界高质量石油储备可得性;给予成员国产量相应配额。OPEC的联合作为全球石油供给的重要力量,推动1973年油价新时代的到来,标志性特征就是比以往40年更高的油价和更高的波动性。[73]

　　为什么这很重要?这意味着在20世纪30年代预言对于得克萨斯铁路委员会的授权可以带来一个长期的低价和低波动性的人们是正确的。同样正确的还有那些预言OPEC兴起会带来19世纪以来的最高价和最反常价格的人。两种情况下市场结构的根本性变化都会导致与以往完全不同的价格。但是很难说美国股市长期价格形成机制是否也在那个时期经历了翻天覆地的结构性变化。的确,股票价格涨了又跌,如果刚好几个经济力量碰撞,可能会经历更剧烈或者更长期的价格变化。但是没有一个市场实体享有与得克萨斯铁路委员会和OPEC类似的长期市场价格行为影响力。这方面石油市场是不同的。世界石油市场的不同时期带来的政治驱动的原油供应模式改变,的确在过去几百年一直进行着。

　　现在的问题就出在许多专家和大众要么误解这些结构性转变要么坚定宣称那些并不曾发生的新时代引发的事件。在20世纪70年代石油危机正如火如荼的时候,美国官方媒体的主流声音就是油价将会不可逆转地推高,因为新一轮的短缺时代正在到来。其实这些都没有发生。也许石油市场正在经历一个全新的时代,标志就是产量限制,但这是否意味着油价一定会在接下来几十年持续飙升或者经历持续的供应短缺,正如许多专家所说的那样呢?可以看出最后名义石油价格也没有冲顶,从1970年的1.8美元每桶到1980年的36.83美元每桶,价格上涨主要由于强劲的全球需求增长与OPEC的新供应限制条例以及美国过剩产能用尽。但是后来情况发生了逆转,接下来6年每年油价都持续下降,并创下了1986年14.43美元每桶的纪录。但是价格并没有止步于此。实际石油价格下跌贯穿20世纪90年代,从1990年的40.83美元每桶(2011年美元水平)下降到1998年的17.55美元每桶。

　　教训很简单：当实际石油平均价格在 1970 年之后 40 多年持续升高的时候，这并不是新时代思维支持者在 20 世纪 70 年代中后期预言的持续牛市，以及 2008 年基于可能发生的来势汹汹的枯竭论做出的持续牛市判断也不正确。[74] 无论是新马尔萨斯论者 1979 年全力支持的买入并持有的石油投资策略，还是 2008 年重提的石油峰值理论，抑或是安德鲁·卡内基在 1863 年想要实施的"石油湖"策略，都是没能善终的非理性繁荣。

　　当油价提升时，人们通常很快把原因归结为资源短缺，或者是世界正在"耗尽石油"。换种方式说，我们正在经历世界资源禀赋的极限，将会在可见的未来使得油价步入新高。这种解释往好了说是浅显，往坏了说是充满误导性。世界已被证实的石油储备量连年增加。2010 年已经变成 1980 年的两倍，尽管石油消费每年就有 30％的增幅。单是美国一国证实的石油储量就已经从 1899 年的 25 亿桶上升到 2009 年底的 309 亿桶，尽管在此期间大量的石油已经被开采。[75] 自从第一口油井 1859 年被开发出来，美国石油产量就一直没有停止过上升的趋势。地面以上的驱动因素——经济驱动的石油丰富国的产量限制，(OPEC 组织内部的)新产能投资过少，以及强劲的消费增长，都比绝对的地下石油短缺更能解释今日的高油价。石油市场还是低效的：那些拥有 3/4 世界石油储备的国家只有 1/6 的钻井平台。[76] 发掘石油资源的科技成本毫无疑问在近年来迅猛增加，无论是发现、开发还是生产。但是不同的计算长期石油价格的方法，包括比较行业成本指数与长期原油期货，表明石油价格的稳定水平可能会远低于今天的水平。这并不意味着石油供给的末日，更不用说油价将会一直持续飙升了，尽管关于这一切的烦忧和焦躁会不时爆发。

第二章　1909～1927:"一级国家危机"
——美国需求旺盛时代的地质勘探

1901 年,当美国第一口油井——"纺锤顶"(Spindletop)油井——被发现时,人们对即将到来的石油短缺恐慌丝毫未觉。(人们怎么也不会想到接下来会爆发石油短缺恐慌的危机。)"纺锤顶"油井的发现不仅标志着得克萨斯州石油繁荣的开始,同时也翻开了美国石油历史的新篇章。自此,石油开采的中心已不再是宾夕法尼亚州,而是向西移动,花落得克萨斯州,时至今日,得克萨斯仍然是美国石油出产的中心地区。与美国石油商们熟悉的宾夕法尼亚州油井不同(日产油量 50桶),"纺锤顶"油井的日原油产量超过了75 000桶。得克萨斯州东南部新发现的财富几乎在一夜之间将这个湿润的乡村变成了疯狂钻井和敛财的狂欢胜地。

石油产量的稳定增长以及精炼石油产品种类和消费的增加勾勒出了美国 19世纪最后几十年到 20 世纪最初十年间国内的石油景象。"纺锤顶"油井的发现仅仅是一个开始。此后,墨西哥湾沿岸、得克萨斯州以及路易斯安那州接连发现油田,并且在接下来几年成为美国南部最具开采价值的石油供应源,而这一连串的大发现也进一步淹没了市场。自 1901 年起,俄克拉荷马州接连勘测出了大型油田,其中最引人瞩目的当属 1905 年发现的格林—普尔(Glenn-Pool)油田。而这一连串的发现使得俄克拉荷马成为当时美国最大的石油出产地,直到 1928 年这一地位才被得克萨斯州取代。时至今日,得克萨斯州仍然是全美石油最多产的地区。从 1859 年打出第一口油井开始,美国花了 31 年才使得原油日产量超过了 10

万桶,然而到了 1909 年,仅仅 20 年时间,石油日产量就达到了 50 万桶,远远超过了阿巴拉契亚地区的产量,这很大程度上归功于那些新油井的发现。[1] 由于大量的石油从新兴且迅速发展的西南部地区流入了市场,超出了当地的市场容量,石油的价格开始暴跌。然而随着美国人口的激增和经济的快速增长,石油的需求也逐渐增长,所以这种供应过剩的局面很快就消失了。在 1890～1910 年间,燃油、汽油、石脑油以及工业用润滑油等新型产品的出现使得人们对曾是 19 世纪工业支柱的煤油失去了兴趣。生产、运输及精炼石油领域的效率提升和技术进步,以及内燃机等产品的全新市场的出现,使得那些年成为全美石油业最为蓬勃发展的几年之一,也为石油业成为美国主导产业奠定了基础。从"纺锤顶"油井开始的一系列重大发现从根本上促成了美国石油产业不断上升的发展轨迹。

罗斯福正视即将发生的原油枯竭危机

然而,美国国内突然高涨的资源保护运动成为国内政策制定的推动力,并且永久地改变了美国新发现的矿产资源的使用方式。一位历史学家写道:"到 20 世纪初的时候,一种新的看待自然的观点出现了,这种变化一部分反映了人们普遍抵制工业时代对资源过度使用和浪费的行为。"[2] 随着 20 世纪初美国西进运动的结束,美国人长久以来一直持有的观念(即美国那看似无边无际的荒野以及其中蕴含的财富是无穷无尽的)逐渐消退了。自然界作为一个无穷无尽的资源供应源,广阔且充足到不会发生枯竭风险的这种典型观点已经不再是毋庸置疑的了。而与此同时,森林、海洋、矿产以及土壤等自然资源可能随时会大规模枯竭的这种资源枯竭的概念开始进入美国人的视野。这个概念借鉴自 19 世纪的思想家,如乔治·帕金斯·马什(George Perkins Marsh),他在 1864 年的经典著作《人与自然》(Man and Nature)中阐述道,自然资源的损耗已经造成了地中海古典文明的瓦解。因此,他对迅速发展的美国发出警告:美国与其他浪费自然资源的现代社会面临着类似的命运,他认为美国已经开始步这样的后尘了。随着 20 世纪早些年公众对环境保护主义者的支持与日俱增,越来越多的公众压力迫使政府官员采取更多的措施保护国家的自然资源。一位历史学家写道:"科学协会和政府官员不断发出警告,许多杂志和报纸以及社论评述纷纷附议,指出了资源枯竭的危害以及保护我们的国家资源的必要性。"[3]

在世纪之交,由于新任总统西奥多·罗斯福(Theodore Roosevelt)对资源保护的无限热情和高度重视,华盛顿的资源保护运动达到了一个新的高度。罗斯福对"国内巨大的资源消耗以及因不计后果的浪费使用对某些资源造成即将枯竭的威胁感到十分焦虑"[4]。他痛惜美国东部的含油土地在很大程度上都被那些大型私营业者所掌控,他们对所拥有的充裕资源处置不当,是这场大欺诈的罪魁祸首。对罗斯福来说,如何尽职尽责地保护且节约使用国家的资源"是根本问题,也几乎是其他所有国民生计问题的基础"。[5]1908年,在聚集了千余名领导人包括所有州长的白宫里,罗斯福发表了演讲,号召所有人保护资源,避免即将发生的原油和其他珍惜资源的枯竭:

> 巨大的资源消耗以及不计后果的浪费使用已经给某些资源带来了即将枯竭的威胁,这是我今天召集你们来这里的原因,我在此呼吁所有人共同努力……一开始,我们认为这个国家所富含的资源是无穷无尽的……一开始我们对煤田和"用不完的"铁矿进行大规模开采,规模和程度远超其他国家,直到现在专家们声称铁和煤的枯竭已经迫在眉睫……现在已经到了需要我们认真考虑的时候了,当我们的森林消失,煤炭、石油和天然气枯竭时,我们将会怎样?[6]

罗斯福总统过去做过很多次类似的演讲。1907年,在他向国会发表的年度报告中,他警告道:"说到这个国家的资源,我们总是倾向于认为它是无穷无尽的,但事实并非如此。"[7]当然,总的来说,罗斯福是正确的:针对这一点,美国政府在各个层面上处理的失败是造成本国自然景观被大量肆意破坏的原因,如一些地区成为过度伐木和狩猎的重灾区。罗斯福意识到这是市场失灵造成的,并且非常明智地提出了应该由政府充当引导斗争的角色。退一步说,尽管他在1908年大肆宣称的美国煤炭和石油的终结为时过早且过于草率,但最起码他试图传达的保护自然资源的理念直到现在看来还是令人信服且极有远见的。

然而,要让美国人信服保护资源的理念,就不可避免地对罗斯福政府量化问题严重性提出了要求。正如总统不断宣扬且越来越多的社会精英阶层开始相信的那样,如果美国的自然资源不是无穷无尽的,那么需要政府插手来扭转即将发生的危机的迫切程度有多大? 当提到美国的石油储备时,任务落到了吉福德·平肖(Gifford Pinchot)的身上,1905年,罗斯福任命他为美国林务局(U.S. Forest Service)的第一位领导人。平肖,如今公认的现代林业之父,出身于新英格兰一个靠土地投机致富的家族,20世纪初他在保护资源上的发声远比罗斯福的声音要重要得多。正是平肖召集了 1908 年的白宫会议,给罗斯福提供了一个向全国官员推行资源保护理念的平台。他那实用主义的主张——通过谨慎使用国家的自然资源,"为最多的人谋求最大的利益,做最长远的打算"标志着一个时代的来临——一个无论在工业还是国家政策领域都追求技术专家科学管理的时代。[8]

平肖不遗余力地努力企图实现他和罗斯福的共同构想。1908 年,他自掏腰包组织并主持以保护环境为主题的州长级会议,这也是第一个针对环境保护举行的全国性重大事件。众多有影响力的商业领袖、国会议员、罗斯福的内阁成员、最高法院法官以及各州州长齐聚一堂,使得这场会议成为一个强有力的传播平台,让更广泛的大众聆听到环境保护的声音。1908 年 6 月,罗斯福成立了全国自然资源保护委员会(National Conservation Commission)并任命平肖为执行委员会的主席。[9]为了向他的同事们强调召集他们的目的的重要性,平肖特意安排重印了乔治·帕金斯·马什的《人与自然》。平肖教导委员会的成员们,公司控制以及国家自然资源的可靠数据的匮乏是良好的资源管理的天敌。在联邦政府的科学家圈子里,有许多人是平肖的私人密友,因此这几乎不是什么新鲜事。绝大多数人都赞同他的判断,认为解决资源枯竭问题的关键在于政府行为。然而,要让这件事得到全国的关注,并且与国家强大的商业利益集团做斗争简直是难上加难,理由很明显,这些利益集团并不乐意政府对土地使用实行更为严格的管制。[10]

在 20 世纪早期,人们对国家资源禀赋的某些方面有了更多的了解。比如,森林的面积更容易以英亩为单位进行准确测量,而石油或煤炭储备的实质性测量则多凭猜测而非科学计量。在 1909 年的时候,那些盲目开掘油井的人对后来出现的地下分析技术一无所知,更不用说地球物理学的评估以及当今的"数字油田"了。一方面,详细且全面的记录几乎闻所未闻,且人们缺乏足够的石油工程知识去分析那些记录,这意味着对任何特定区域来说,估算其最终可采资源的不确定性极高。另一方面,与农耕或伐木不同,可采资源的储量取决于现行市价,这进一步加大了估算的难度。更高的市价促使在低价位时开采不可行的石油被开采出来进入市场;高价也激励了石油勘测活动,这导致企业在发现新石油资源时预购额外的储备,而随着时间的推移,上游勘测和生产的技术不断改进,这必然使得整个过程越来越精确。市场力量与有限的自然资源之间微妙的相互作用,对不了解石油供给经济因素的平肖和联邦研究人员来说是极其陌生的,这成为他们在未来数十年尝试确定并且预测石油供求情况的绊脚石。[11]

《戴伊报告》

在平肖的监督下,全国自然资源保护委员会委任美国地质调查局(USGS)的局长戴维·T. 戴伊(David T. Day)为代表来对美国原油总储量进行研究。这份报告的目标只有一个:确定在未来维持目前生产和消费趋势不变的情况下,这个国家的油田能够撑多久。这份报告被称为《戴伊报告》(Day Report)。[12]针对这篇报告的研究于1908年完成,一位协助完成报告的地质学家后来写道:"当时人们对矿产及其他自然资源的保护热情达到了最高潮。"[13]1909年这份报告刊登在了《地质调查通告》(Geological Survey Bulletin)和《美国评论之回顾》(American Review of Reviews)后,全国各大报纸争相刊载,跨越了华盛顿的圈子,在非技术性受众中广泛传播。它带来的石油即将枯竭的消息震动了全国,因为在当时,行业最大的威胁是石油过剩而不是石油短缺。

戴伊的结论令人吃惊。有几个州的石油产量可能小幅度提升,但除此之外美国其他地区的新石油供应都在走下坡路。根据戴伊的计算,美国还有100亿～240亿桶石油,尽管有150亿很大程度上都是"平均估计"。[14]截至当时,全国已经开采了大约20亿桶石油。[15]这些数字对美国的石油供应商来说不是个好兆头:戴伊在《美国评论之回顾》中提到,"随着生产率的提升"以及各油田产量的下降,"大概到1920年时,除了加利福尼亚,全国的石油行业可能会因石油枯竭而突然中断"。而同年由美国地质调查局发布的戴伊的预测则稍微乐观些——到大约1935年时,国内石油储备将被耗尽。[16]戴伊承认:"随着勘测的深入,很可能会发现其他油田,然而必须考虑到的是,报告中的数字代表了我们对美国石油资源的实际知情程度。"[17]的确,对于石油枯竭的准确时间来说,还存在一些不确定性。然而戴伊的数字运算已经给出了"关于国家已知的石油供给量相当准确的信息。"[18]从他的角度来看,石油储备的底线很明显:

不同机构的估算可能会存在很大的不同,但是所有机构都认为已知的油田将以极快的速度耗尽,这意味着除非能发现新的油田,否则石油行业将在短短几十年间终结。而这种对几十年以后的未知供应源的信赖似乎是美国人一种典型的态度,好像大规模的新油田是囊中之物一样。[19]

乐观地认为未来会有更多石油被发现不免过于天真。因此,重要的不是争论出到底 10 年后还是 40 年后会枯竭,而是认清事实:当前的油田即将被当代人耗尽。[20]换句话说,美国石油耗竭的局面近在眼前——最重要的是石油枯竭到底来得有多快。[21]

基于他悲观的预测,戴伊敦促美国人赶紧采取行动。他写道:"面对即将到来的资源短缺,石油应该仅用在必不可少的且不存在其他可替代物质的地方。"举例来说,在没有天然气和电的情况下,必须用油灯照亮房屋,同时石油作为工业装置的润滑剂更是必不可少的。按照戴伊的意思,石油用在任何可以由其他资源(如煤炭)替代完成的地方都构成"浪费"。正如现在发生的那样,石油不用作火车头或者发电的燃料。然而最浪费的是向其他国家出口原油和精炼石油产品。为了补救滥用石油造成的局面,他提倡联邦政府应该立即停止出售任何可能存在石油的公有土地。此外,地质调查局应该对含油土地的准确地质情况进行一次仔细的调查,这样那些不确定是否含油的土地才不会被投放市场。换言之,应该是美国政府,而不是得克萨斯州的投机分子最有资格决定什么时候可以用哪里的石油资源。根据戴伊的报告推断,"在当前石油供给不足的情况下,应该马上实施这些措施才是对社会有益的"。[22]

戴伊的结论被记录在 1909 年 2 月发表的全国自然资源保护委员会报告中。在报告的引言部分,罗斯福总统对其关于石油短缺的研究结果表达了由衷的支持。他称这份报告为"呈献给美国人民的最重要的文献之一",并且"值得也应该被广泛传播"。他承认,尽管考虑到知识和时间的局限性,这些结论仅仅是对实际情况的近似估计,但是他竭力主张"美国政府应立即采取行动,切勿等到能做出完全准确的估计时才行动,因为很多资源在那之前几乎都会耗尽。资源的储备没必要在每个细节上都精确无误"。他提醒国人:"我们的矿产资源数量有限且难以增加或再生。"距离美国石油时代终结的日子已经不再遥远,除非存在无法预料的技术提升或者找到削减需求的方法。"随着全国矿产资源(如石油)消耗速度的飞速提升,供给将会在美国仍处于发展初期时枯竭,除非能设计出更好的方法或找到替代品。"[23]

然而事实上,戴伊的报告从很多方面来看都是一份不完美的研究。两位历史学家,戴安娜·戴维兹·奥里恩(Diana Davids Olien)和罗杰·M. 奥里恩(Roger M. Olien)毫不留情地列举出了报告在研究方法方面的缺陷。戴伊的研究做了很多过分简单化的假设,包括单一的全国平均石油孔隙度,每立方英尺的平均产量,所有油田都采用统一的平均油层厚度和平均采收率。这些假设在可操作性上是毫无意义的,一部分这份报告所依赖的地质数据十分粗糙——取决于调查结果整理的速度,结果的可信度进一步被削弱。此外,戴伊的报告没有考虑石油价格对可采储量的估计或未来产量的影响。报告假设未来石油开采的比率是固定不变的,丝毫没有考虑石油的市场价格以及国家未来石油消费的潜在波动性。除了上面提到的所有缺陷之外,戴伊的报告没有将未来石油储备增加的可能性包含到供给方程中。报告也没有将找到新油田或者提高现存油田可采率的潜在性考虑进去。然而报告的结论是毋庸置疑的:美国的石油储备可能在11年内就会消耗殆尽。[24]

《戴伊报告》中有关美国石油产业未来的灾难性结论在其发表后的20年内得到了广泛的传播。报告中对未来前景的失望,显然得到了国家最好的地质调查的充分支持,成为后续类似研究的基石。奥里恩(Olien)夫妇在全国对话中肯定了这份报告在能源供应方面的核心地位:

> 极少有环境保护主义者对石油的看法能像戴伊那样得到如此多的关注。为了未来20年能变得更美好,美国地质调查局在其对矿产资源的年度调查报告中重申了戴伊的警告;直到1915年为止,戴伊负责撰写报告中有关石油的章节,此后这部分则由约翰·D. 诺斯罗普(John D. Northrop)和大卫·怀特(David White)负责。他的继任者们坚持用同样的手段进行同样的宣传。[25]

戴伊报告能获得如此高的关注度,一部分原因在于乔治·奥蒂斯·史密斯(George Otis Smith)锲而不舍的努力,在此期间,史密斯担任美国地质调查局局长的任期延长到了1930年。

在1909年5月出版的《美国政治与社会科学学院年鉴》(*Annals of the American Academy of Political and Social Science*)中,史密斯通过一篇文章跟进了戴伊的报告,文中他极力吹嘘其机构调查结果的准确性,唯恐有人事后质疑这些结果:

> 近期由全国自然资源保护委员会发布的国家石油储备清单,其主要价值在于它所使用的数据准备了足足20年……这个机构(美国地质调查局)在其勘探和调查的过程中积累了足够的定量数据,因此能在公众意识到保护自然资源的必要性时提供所需的数据……这其中蕴含了很多纯地质学研究的实用性价值。因此,地质调查局这些年来工作的一个重要部分就是让国人对美国出现的经济

矿物有所了解。[26]

科学逐渐成为政策制定过程的一个辅助工具,为有关国家的石油资源将如何演变的激烈争论从技术方面奠定坚实的基础。因此戴伊的研究对美国人来说不仅仅是一个警告。其重要性在于它得到了联邦政府的明确支持,这使得其研究结果笼罩了一层权威气氛,尽管其看似严谨的调查方法预示着其科学可信度将逐渐黯淡。然而史密斯提醒读者,通过社会的努力,美国能源供应耗竭的颓势是有可能被抑制的,但这绝不是一件百分之百肯定的事:

考虑到基于现有的石油供应量,需求仍然在飞速增长,努力去寻找新的矿物燃料和矿石源是势在必行的。因而只有在这种情况下保持乐观才合乎情理。对于处在工业持续发展阶段的美国来说,只有通过地质探测和采矿工作发现新的资源并且开凿出已知的矿产才能避免面对本世纪重要矿产资源的供应枯竭问题。[27]

戴伊报告的多次再版发行,加上刊登在畅销的《美国评论之回顾》上的史密斯等人的预测,使得更广泛的大众开始意识到石油短缺问题将在接下来几年横行,并且成为第一次世界大战的导火索。

在戴伊的报告发布后的几年,有关即将发生石油短缺的谣言在各种报纸间传播且甚嚣尘上。一份 1912 年 12 月的报纸写道:"那一年流传甚广的供给恐慌让人回想起五年前,民间同样流传着油田即将枯竭的消息。"受到这些消息的鼓动,"价格开始上涨。当价格达到最高点时,石油商人纷纷涌入得克萨斯、堪萨斯、路易斯安那和加利福尼亚州挖掘油井,发现了大量的石油并且高价卖出,赚取了巨额利益,而石油的价格也开始回落"。[28] 1910 年 7 月,一名《哈特福德新闻报》(Hartford Courant)的记者在采访标准石油的发言人 J. J. C. 克拉克(J. J. C. Clarke)时提到了报纸持续报道的石油短缺危机,对此克拉克给出了让人难以安心的回答:"虽然我不能在这时候给出确切的数字,但我认为石油供给几乎不可能满足巨大的需求。当然更不可能出现供过于求的情况了。"[29] 在那个生产急速增长的时代,如此单调乏味的话在石油行业是很不寻常的,尽管在其他能源专家眼里是老生常谈了。随着十年时间的流逝,已经不再只有美国地质调查局的地质学家认识到末日即将来临了,正如 1913 年一篇刊登在《基督教科学箴言报》(Christian Science Monitor)的文章中说明的那样:

V. 刘易斯(V. Lewes)教授最近在皇家艺术学会发表了一次关于《液体燃

料》(Liquid Fuel)的演讲,在那次演讲过程中他论述了因石油消费增加而导致的各种问题。由于石油的需求超过了生产率,因此出现短缺似乎是不可避免的。很难说未来50年内是否可获得充足的石油以及能否维持一个合理的价格,使得石油能在商业上使用。人们对石油团伙和联合企业愤愤不平,然而对此最简单的解释就是供不应求。[30]

石油短缺的消息仍然在民间流传着,似乎在1909年《戴伊报告》发表后谣言和投机就不曾停止过。

"没什么值得畏惧的"

然而,刘易斯教授的一番话同时也透露了一种更微妙的公众看法:那些以洛克菲勒的标准石油为首的石油公司通过不正当的行为抬高了石油的价格以牟取私利。在那个罗斯福推行反托拉斯法的时代,这些石油团伙和联合企业的幕后黑手是美国人熟悉的人民公敌。即将生效的1887年《州际商业法》的制宪者写道:"从来没有哪个政策的基本问题像现在这般,在人民的心中占据着如此重要的地位。政府立志要控制企业稳定增长,扩大企业法人影响力以及规范企业与公众的关系。"洛克菲勒的标准石油是头号公敌。[31]在20世纪初十年,标准石油是石油产业无可争辩的巨人,1904年时,它掌握了美国91%的石油生产以及85%的最终销售。[32]即便是在1911年美国最高法院裁定要求拆解标准石油集团以后,石油公司在公众眼里仍然不是什么拥有良好商誉的企业。随着市场的收紧,美国那些领先的垂直一体化石油企业在守法负责的问题上再也不是无可置疑的了。公众对洛克菲勒和他的标准石油公司的不信任很大程度上甚至持续到了现在,尽管怀疑的对象——主要的石油公司以及石油市场的结构——早已有所演变。

在那个年代,即便是在最高法院强制拆解洛克菲勒集团后,标准石油及其子公司仍然能操纵美国石油的价格。只要瞥一眼这个时代石油价格是如何制定的,就能感受到其与现代石油市场价格运作的不同。在现代石油市场,以石油为支撑的证券通过商品交易所公开交易,而现货石油则在相对更深层次的现货市场转手。从1871年创立的泰特斯维尔石油交易所(Titusville Oil Exchange)开始,原油以石油证书的形式在各种各样的交易所进行交易,这些交易所位于美国的生产地区,横跨印第安纳和纽约。19世纪80年代,在交易所进行石油买卖是一种广泛的投机行为,然而,随着在交易所交易的石油数量逐渐下降,标准石油决定在其管道运输和精炼厂支付给生产者的报酬上大展拳脚。1895年,标准石油通过其代理机构约瑟夫思普代理公司(Joseph Seep Agency)宣布,它将自行对石油定价——"石油牌价"。在此之后,标准石油实际上拥有了最大份额的宾夕法尼亚和俄亥俄州出产石油价格的发言权,声称将设定一个"对世界市场来说合理的最高价"。它声称这种安排是很自然的,因为它拥有"每天从世界市场获得的最佳信息",并且依据这些信息制定出"尽可能最佳的一致价格"。[33]

从19世纪80年代到20世纪初,标准石油制定原油及精炼石油产品价格的角色几乎没有受到过质疑。即便在1911年标准石油托拉斯解体后,原来的标准石油公司仍然继续扮演着制定整个下游石油行业价格的主要角色。一份1922年的联邦贸易委员会的报告中提到:"标准石油公司公布的石油价格通常被视为市场价格。"[34]引用标准石油公开的原油牌价作为交易的合同价格是美国其他石油公司的习惯做法。尤其在供求关系发生重要变化需要调整价格时,原先的标准石油公司占据了价格的支配地位。[35]与其在零售层面互相蚕食各自有影响力的地理空间,这些公司宁愿让同行公司在其各自的区域内充当无争议的价格领导者。[36]

石油行业在如何应对1910年中期甚嚣尘上的短缺预测一点也不统一,然而通常他们都置之不理。这种完全不予理会的做法或多或少引起了《石油与天然气杂志》的注意,作为领先的行业刊物,《石油与天然气杂志》在那些年提供了石油行业内部的消息概图。杂志中提到:"担心运输及工业制造没有足够的石油供给是毫无根据的","即便美国东部油田明显减少"——让这种可能性看上去更大——"人们只要记住墨西哥湾的广阔土地和其充足的石油供给……就能明白没什么好担心的。"全世界范围内进行的新油田搜寻工作无疑将发现大量的新储备。任何反面的言论都是令人反感的,并且会被"指责为拥护资源保护主义运动"。[37]他们公开发表的任何言论都来源于其各自不同的经营战略,以及对政治局势的风吹草动的努力关注。似乎只有最大的石油公司,如前标准石油公司会根据法律法规的变更给其带来的好处来定制他们的公开声明。[38]

石油公司的高管倾向于忽略与他们的经验和直觉相悖的国家石油储备分析。1916年2月,一篇刊登在《石油与天然气杂志》上的文章哀叹道:"众多预言家预测已知油田将在 20 年内逐渐枯竭并且真正意义上的石油奇缺将在国内盛行。"然而有实际经验的石油商认为,石油能够持续供给超过 20 年,因此不会被实际上只是通过猜测虚构出来的预测愚弄。《石油与天然气杂志》还写道:"设定石油不再是可销售产品的时间是很鲁莽的行为。""没人知道地球上还有多少未被发现的石油。认为石油供给总有一天会枯竭是合理且符合逻辑的……但是要用光地球上所有的矿产资源还需要很长的时间",并且只有当石油的价格达到"过去从未预料到的"水平时,这种情况才有可能发生。[39]

战争时代的石油

随着 1914 年第一次世界大战的爆发,有关美国石油储备未来是否靠得住的讨论在华盛顿上升到了一个新的维度并且充满了紧迫感。石油不再只是一个商业名词,也不再只是那些爱兜风追求刺激的人抑或是需要家用照明的人关心的商品。石油成为战略性商品。1913 年,在时任海军部部长的温斯顿·丘吉尔(Winston Churchill)的强烈要求下,英国用汽油而不是煤炭作为其海军舰船的燃料,这进一步提升了石油在战争投入上的中心地位。[40]美国很快效仿了这种做法。军事领导人知道只有机械化战争能赢得这场战争的胜利。这意味着由石油加工的产品——石脑油、汽油、柴油,更不用说工业润滑剂——对国家存亡至关重要。

1914 年,美国高层官员对军队的燃料如何在未来的几年里自给自足感到十分忧虑,这促使国务卿威廉·詹宁斯·布赖恩(William Jennings Bryan)请求总统伍德罗·威尔逊(Woodrow Wilson)派遣军队进入墨西哥的韦拉克鲁斯,以恢复其油田的秩序。他的理由是,国内油田的数量即将下降,这意味着占领墨西哥一部分国土的重要意义绝不仅限于保护美国公司在那里的财产那么简单。更确切地说,即将枯竭的美国油田使得墨西哥的油田"不可避免地成为美国海军绝大部分的石油供应源"。[41]让墨西哥的油田在美国石油公司的牢牢控制下再次运转起来不仅仅是一次经济活动,更是一件关乎国家安全问题的大事。威尔逊批准了军队的占领行动,然而不久就因当地出乎意料的强烈反对而撤出了军队。

并不是所有人都支持这种重返墨西哥的做法。一位担任美国内政部顾问的杰出商业地质学家马克·雷夸(Mark Requa)认为美国控制墨西哥石油的这种做法是在构建对抗国内石油短缺危机的壁垒。雷夸在 1916 年 2 月上交给美国参议院的报告中说道:"通过发掘美国未知的供应源来长期弥补已知油田的减少,这种做法的结果是难以预料的。"他争辩道:"事实上,要想从尚未发现的土地中发掘出相当于现在估计的石油储备量"——不超过 245 亿桶,引用《戴伊报告》中的话来说,"几乎是不可能的"(尽管从 1859 年到现在已经抽出了超过 2 000 亿桶,当今美国石油已探明的储量仅为 304 亿桶)。[42]寻求国外石油资源是解决美国国内能源危机的唯一出路:

> 要么为未来做好规划,要么逐渐转变为商业的附庸,在和平年代,我们可以依靠外国的石油保证国内商业干道发展顺畅,在战争时期,只能任凭那些控制了石油供应源或者交通运输的敌人摆布;无论是在哪种情况下……我们的国家都将遭受那些得意扬扬的敌人的武力践踏。

雷夸担心的并非是全世界范围内的石油短缺,而是美国不能够满足其自身的需求。他警告道:"当我们意识到世界的石油资源掌握在其他国家的手中时已经为时已晚,而且正如先前担心的那样,美国已经成为一些外国势力的附庸。"对雷夸而言,眼前国内没有确定的新供应源必然意味着美国面临着一场极其严重的国家危机。迄今为止,美国仍然在朝着石油净进口国的方向不断靠拢,雷夸的预测是完全正确的。对他来说,这种必须从国外进口石油来满足国内需求的状态意味着,相对于其他潜在的敌对国家,美国将变得极易受侵犯。这样的观点赢得了许多人的支持,特别是在世界大战期间以及冷战早期,这种观点赢得了美国军队精英的认同——时至今日仍能引起共鸣。[43]

在第一次世界大战期间,美国政府极力想搞清楚国内石油消费的惊人增长可能造成的影响,这不足为奇。尽管美国是第一次世界大战期间世界原油的主要生产国,要满足协约国的需求对国内的石油业来说仍然很费劲。到 1914 年,美国出产了超过 2.66 亿桶的石油,相当于世界总产量的 65%;到 1917 年,美国石油产出量增加到了 3.35 亿桶,相当于世界总产量的 67%。[44]美国一度提供了英国战时 80% 的石油进口量。[45]随着战势的不断推进,欧洲的领导人对燃油短缺感到越来越恐慌。克莱蒙梭(Clemenceau)写信给伍德罗·威尔逊,称汽油"在接下来的战争中如血液般至关重要"。"汽油供给不足将立刻造成敌军的瘫痪",并且很可能带来"不利于协约国的和平"。[46]尽管美国政府和英国政府都充分意识到了需要更多石油供给的问题,然而不断上升的石油产品需求仍旧持续将生产能力推向极限。汽车时代已然来临,并且永远地改变了美国石油使用的领域。然而考虑到石油在战时需求的激增,这种大规模需要石油的新型产品来得很不是时候。总而言之,世界范围内的石油消耗量在 1914 年到 1918 年之间上升了 50%。[47]

几年前还是稀有产品的汽车到 1914 年的时候已经在美国国内销售了超过 100 万辆,而汽车的年产量则超过了 50 万辆。仅仅五年以后,数字就上升到了 170 万辆。[48]福特经典的 T 型车将有吸引力的美元价值与万能且可靠的机器相结合,给美国人的出行带来了一场风靡全国的变革,其惊人的销售数字证明了汽车繁荣的程度。1909 年,福特 T 型车的产量刚超过 10 600 辆。到 1916 年时,产量已经超过了 50 万辆。而到 1924 年的时候,市场上销售的 T 型车超过了 1 000 万辆。[49]汽车的激增给石油生产带来了新一轮的巨大需求——不再是 19 世纪时期的煤油,而是车用汽油。1899 年,每日产出的 15.6 万桶原油几乎都转为工业产品,大部分都用作清洁剂和供暖。但是到 1914 年的时候,车用汽油占了美国零售石油产品的 40%。1909 年美国石油精炼厂精炼的产品中仅有 25% 是汽油,而到了 1919 年,比率上升到了 85%。战争的需求以及美国国内汽车的激增是推动汽油价格从 1914 年的 15 美分上升到 1918 年的 24 美分的主要需求侧因素。[50]

一场危局

与此同时,有关美国石油生产即将达到高峰以及全球石油供给枯竭的报告不断出现。1916 年,戴维·戴伊在美国地质调查局的同事拉尔夫·阿诺德(Ralph Arnold)给美国带来了更多的坏消息。在史密森学会(Smithsonian Institution)的年度报告中[尽管 1915 年初次刊登在一本叫《经济地质学》(*Economic Geology*)的学术期刊上],阿诺德声称,自 1857 年以来,美国已经开采出了约 33 亿桶石油——超过了 58 亿桶剩余总储量的 50%。仅 1914 年就生产了 2.65 亿桶石油。剩余石油储量仅为 58 亿桶。他估算了各州还剩多少石油储备以及已经消耗掉的石油量。得克萨斯州:已消耗其总储量的 33%;加利福尼亚州: 24%;俄克拉荷马州:67%;等等。基于目前的生产率,美国所有的石油储备仅够支撑 22 年。美国的石油生产量已经达到了峰值,这意味着此后其产量注定要

"逐年减少",即使将产量减少到一滴的程度也只够维持 55～75 年的时间。[51] 通过他的计算,最迟到 1990 年,美国的石油储备就将走向枯竭。

一些评论家注意到了一件具有讽刺意味的事:一方面,原油的产量惊人的高;另一方面,对石油马上就要发生短缺的恐惧却又无所不在。一名评论家认为这种态度的出现是石油价格上升的结果,并且极为棘手。一名《洛杉矶时报》(*Los Angeles Times*)的记者写道:"尽管美国历史上从来没有哪个时期像现在这样出产如此多的石油,过去十年以来不断上升的石油价格造成了煤气工人口中所谓的'危险'局面。"[52]

根据 1916 年美国参议院的一次调查显示,对国内石油储备枯竭而言,重要的已经不在于它是否会发生甚至什么时候会发生了,而在于这是一件短期即将发生且可计算必然性的事件。经过这次调查的测算,美国油田还有大约 70 亿桶石油储备,但是"大部分油田都已经达到甚至超过了其开采极限,并且每况愈下"。"根据最乐观情况下的计算",考虑到之前消费增长的趋势,美国的石油储备很可能在 25 年内走向枯竭。所以换言之,美国石油最迟将于 1941 年枯竭。[53] 一位"石油专家"A. C. 麦克劳克林(A. C. McLaughlin)在听证会上证实,美国逐渐逼近的石油短缺危机很可能是"令人为难的"的局面,除非产量大幅度提升,而他对这种情况的发生持不乐观态度。[54]

由史密森学会赞助的两位科学家切斯特·吉尔伯特(Chester Gilbert)和约瑟夫·E. 波格(Joseph E. Pogue)对此不再持乐观态度,他们担心随着油田被耗尽,石油价格会无限期地上涨。尽管他们承认给出地下还剩多少石油的确切数字不是一件易事,他们也不会对自己估算的能力过度谦虚。他们写道:"与其他矿产资源类似,尽管我们不能精确盘查出未开采的石油量,学术界广泛接受的一个事实是,美国预期的石油储备估算值能控制在一个合理的误差范围内。"他们发出警告:石油消费增长过快以至于如果还维持当前的增速,石油储备将在极短的时间内耗尽。尽管他们承认"将来可能会发现更多的石油,但是即使最大限度地扩大未来新发现石油的储备量也不能从实质上改变问题的本质"。国内石油的底线是无可争辩的,"国内大部分石油都已经耗尽了",而且"未包括在调查内的新油田也不可能充足到能在本质上改变我们的估算量。[战争]仅仅只是把这个本来在接下来几年会出现的问题提前拉到了当前"。他们主张,联邦政府应该尽其所能削减生产浪费,鼓励生产商在落基山脉开采油页岩资源(美国军队不久将更多以这种能源为国内石油的供应源),并且推广用乙醇代替汽油。

他们声称,所有的这些因素都将给石油价格带来负面影响。由于美国石油生产量即将达到峰值,加上石油生产成本的上升,石油价格注定会上涨,对经济造成严重的威胁。他们认为,"由于石油总产出是由处在老年期和年轻期的油田共同组成的,加上处在年轻期的油田已不再占主要部分,总体来说,即便消耗量刚刚过半,石油仍将不可避免地进入缓慢且成本更高的生产状态"。生产率的必然下降以及越来越高的石油开采成本意味着在石油驱动的这一系列问题发生的情况下,一个新的"经济压力时代"到来了,并且在实质意义上的"石油枯竭"发生前便已来临。[55]

毫无疑问,战争的最后几年给美国开采石油的能力上限带来了极大的负担。石油市场上的紧张局势变得越来越明显。1917年,美国不得不从墨西哥进口燃油和汽油以填补国内生产者无法提供的订单。尽管在1914～1918年之间原油价格翻倍的驱动下,钻探的油井数量创造了20世纪10年代晚期的新纪录,新油田的发现仍处于落后状态。甚至连天气也不帮忙。1917年和1918年异常寒冷的冬天使得人们对能为住宅供暖的煤的需求增加,而随着煤价因煤炭短缺而上升,作为替代品的石油的需求也上升了。国内石油消费量在1916～1918年间增加了大约25%。到1917年末,由于石油的消费量已经超过了生产量和净进口量之和,商业原油库存不得不被削减,这也是造成负责规范燃料市场以确保军队有足够资源的官员担心的一个主要原因。石油价格几乎全线上升。从1915～1918年,所有原油及其他石油产品的批发价格指数上升了将近100%。[56]

1918年初,关于美国政府很可能即将实行汽油定量供应以为改善石油短缺进行最后一搏的谣言开始浮出水面。几乎没有主流新闻媒体认为这是可信的。一月份发表在《洛杉矶时报》的一篇文章写道:"没有什么比恐慌更容易大肆传播,关于政府将被迫实行汽油消费限制的谣言已经引起了汽车经销商的极大关注……汽车经销商对谣言感到十分困扰,整天愁云惨淡。"事实上,"汽油的供应量很充足。权威机构的调查已经证实了这一点,全国的汽车车主可以尽管放心。"一名来自帕卡德汽车公司(Packard Motor Car Company)的主管对前些年喜欢曲解石油库存量并且认为美国未来石油储备前景不明朗的那些人感到不胜其烦。"事实上,关于汽油短缺对汽车产业或是美国生活方式造成威胁的谣言是没有任何依据的。"[57]那一年后,类似的呼吁人们保持冷静的言论也出现在了

《基督教科学箴言报》上。"最近关于资源稀缺且会出现更糟糕的局面的公告并没有给出出现这种情况的原因的解释,有石油专家简单地认为这种假设毫无根据。其中一位专家声称,我们处在一个汽油库存量总是处在较低状态的时间点……因此,有关汽油供给短缺的说法可能只是意味着汽油库存量较低而已,这在每年的这个时候都是常态。"[58]

在战争时期,不是所有的短缺预测都是针对长期供给或价格的。在第一次世界大战临近结束时,受一时的供应中断、基础设施建设遭遇瓶颈以及开采和精炼石油的生产力不足的驱使,有很多充斥在广播及新闻报纸中的忧虑是基于短期短缺的。联邦燃油管理局(Federal Fuel Administration)充满焦虑的公开声明激起了人们对石油短期供给短缺的担忧,尽管实际上煤炭的情况更严重。根据行政命令,联邦燃油管理局于1917年8月成立,这个新成立的战时机构的任务是全方位规范美国的燃油市场,包括煤炭、天然气和油基燃料,直到战争结束后不久被解散。它尝试压低平民消费有重要军事应用价值的资源(如煤和石油)的方法之一就是大肆提醒美国人:这些商品是珍贵的、有限的,且存货极其不足。他们还给全国所有燃油加油站发放海报,教导美国的司机五种可以避免浪费的方法。尽管伴随着因煤炭库存不足导致的石油需求增加,1917~1918年的严冬已经过去了,联邦燃油管理局的一些领导仍然对煤炭短缺的最坏局面是否已经过去感到怀疑。联邦燃油管理局资源保护处的处长 P. B. 诺伊斯(P. B. Noyes)在一则敦促美国人节约煤的广告中表示,美国资源稀缺的日益恶化是一场"大灾难"和"无声的悲剧",因为它带来了破坏欧洲战时所需钢铁生产的风险。[59]

煤不是唯一一种达到其最大生产能力的能源。尽管多年之前人们就对其是否会采取如此可怕的措施感到怀疑,然而威尔逊总统观察到,随着战争的延续,石油市场的局势越来越紧张,因此推行了从1918年8月开始实施的"无汽油周日"(Gasoline-Less Sundays)。虽然这项措施只持续了六周,强制的定量配给迫使人们相信,石油需求超过了现成的供给。资源短缺的问题在英国甚至更严重,而美国的新闻里充斥着关于更严格的定量配给政策的报道。[60]当谈到美国石油供给的未来时,一位历史学家说道:"所有的言论都与乐观主义相悖。"[61]随着机械化农业的逐渐普及,一个相对较新的问题出现了:不止一家农业行业期刊公开表示对是否有足够的汽油来支持农业设备的运行感到忧虑。一份美国中西部农场主的文摘写道:"美国正面临着一场前所未有的危机。"文中还预测这场危机可能会造成大范围的饥荒。[62]一些联邦燃油管理局的高级官员针对这些担心发出了警告。根据《汽车时代》(*Motor Age*)周刊的一篇报道,W. 钱普林·罗宾逊(W. Champlin Robinson)在华盛顿的一次演讲中向美国的汽车驾驶者再次保证:"只要我们践行健全的资源保护措施,汽油供应是足够应付我们的战争及日常所需的。"[63]

不是所有人都对此深信不疑。一些人从暂时性的国内石油产出不足中看到,可能在几年之后,美国甚至是整个世界的生产都将因资源枯竭而走到穷途末路的地步。爱德华·艾奇逊(Edward Acheson),曾经是托马斯·爱迪生(Thomas Edison)的雇员同时也是著名的化学家,便是其中的一员。他在一本名为《论坛》(*Forum*)的著名杂志上(经常特载全国最著名思想家的文章)向国人发出严厉的警告:"石油产业即将陷入一次相当黑暗的危机中。"石油,文明的产物,可能不久就将消耗殆尽。他毫不掩饰地警告人们:

当我们考虑到如果不是石油的润滑作用,我们穿的衣服,我们使用的物品,我们住的房子以及房子里的几乎所有物品都将不复存在时,我们就能体会到石油对文明世界的重要性。想象一下我们的大城市,纽约、芝加哥、费城、波士顿以及其他……想象一下当世界的润滑油快耗尽时,这些大城市会变成什么样。

然而他认为,润滑油即将耗竭正是接下来确定会发生的事。艾奇逊表示他乐观地相信"将来会发现很多其他的石油储备是毫无疑问的",尽管新储备不会像美国这么多。虽然未来可能会发现新的石油储备,然而国内的消耗量已经超出了地质开采的极限以至于无法维持1919年石油开采的水准。"我们国家最了解情况的权威机构也认为美国的实际石油储备很可能在16年之内消耗殆尽,更进一步说,他们也不指望任何国家的生产力能超过美国。"艾奇逊打趣道:"但我仍然强调我不是一名悲观主义者,这跟我差得太远了",但是"我承认如果我们仅从表象来判断,我们的子孙后代的前景不是很光明和美好"。[64]

考虑到过去五年内石油价格惊人的上涨幅度,普通美国人没理由不相信石油供给实际上即将耗尽。直觉告诉他们,石油作为一种有限的资源,注定会随着时间的推移变得越来越贵。而市场上的短期价格趋势似乎也使这种看法变得更加可信。到20世纪10年代末,炼油商们大肆哄抢原油,以确保其手中有足够的原油来供应不断上涨的有价值商品的需求,如汽油。俄克拉荷马州的炼油商,几年前还在享受库欣大型油田的石油储备,现在已经无法获取足够的原油来充分利用设备生产能力了。有些炼油商获取到的原油只够运行 50% 的产能。他们的原油竞标大战促使当地的石油价格从 1916 年的 1.20 美元每桶上升到了 1920 年的 3.36 美元每桶。[65]在宾夕法尼亚州,原油的价格从 1914 年的 1.75 美元每桶上升到了 1920 年秋季的 4 美元每桶,而同一时间段内,伊利诺伊州的原油价格从 1.12 美元每桶上涨到了 2.42 美元每桶。[66]原油市场上的严峻形势似乎丝毫没有平息专家们以及普通美国大众的焦虑,他们更加相信国内的石油供给情况确实到了十分危险的地步。有关供给将持续短缺的预言仍未被核实,然而现实的情况却似乎证实了这一预言。

"50 年来的过失所造成的影响……现已逐渐显露"

雷夸在 1916 年被激起的热情——一个美国运用其迅速扩张的军事力量和外交力量帮助美国石油公司获取国外石油的愿景——并没有随着 1918 年 11 月结束了第一次世界大战的停战协定的签订而消退。美国石油公司的高管开始大力游说,假定在美国政府的帮助下获取国外的石油开采许可权,以满足国内迅速增长的石油产品的需求。他们似乎很担心,认为如果不能马上找到新的供应源投入生产以降低价格,石油相对于煤炭就会失去竞争优势地位,而汽油和润滑油的需求也会被抑制。如今,美国石油公司在国外经营的想法已经是司空见惯了。但情况在那时候并不一样。美国直到 20 世纪 10 年代还是主要的石油生产国,出产的石油量占世界总量的 70% 之多。美国当时是所有人都想去钻探石油的地方。美国政府对像英国那样不得不伸手去国外获取石油的想法颇为不满。

然而,由于全世界范围内石油消费的指数型增长,去国外开采石油似乎是维持国内石油储备源源不断的最佳手段。正如一位历史学家所说:

> 美国石油公司痛苦地意识到,到 1919 年的时候,当时只出产不到全世界 5% 的石油量的英国公司,从某种程度上已经获得了全世界超过一半的未来石油储备的开采权。随着美国国内石油供给耗尽的警报的拉响,石油商的未来看上去前途渺茫,他们注意到,由于没能获取足够的海外石油储备开采权,他们可能不得不放弃利润。[67]

在一篇 1919 年广泛流传的《斯珀林杂志》(Sperling's Magazine)的文章中,一名英国石油公司的高管爱德华·麦凯·埃德加(Edward Mackay Edgar)爵士幸灾乐祸地表示,美国人已经愚蠢地耗尽了他们的石油储备,给处在工业霸主地位竞赛中的英国创造了一个新的竞争优势。"美国在 60 年间不计后果地挥霍自己的石油资源,而这些资源如果被适当地保护,本可以供他们使用至少一个半世纪。然而 50 年来的过失和无效率所造成的后果现在已经逐渐显露出来。"埃德加表示,对英国来说,这是个好消息。"美国不断挥霍着国内的石油,而且现在不得不去国外寻求未来的石油储备,"而这些储备"绝大部分都掌握在英国人的手里或者被英国的资本家所控制。不久以后,美国将不得不为了它所需的石油向我们寻求帮助"。英国压榨它那跨大西洋的邻居的机会来了,因为美国正奋力获取那些已经被英国掌控的国外油田。"我们掌握了国外的石油储备也就牢牢掌握了世界石油供给的未来。"[68]

国外石油被垄断的阴影,加上国内储备的即将耗竭,刺激了美国政府展开行动。威尔逊政府想出的其中一个对抗英国海上贸易主导地位的办法就是创建联邦商业船队。在总统的要求下,曾在战时监管商船运输的美国航运局(U. S. Shipping Board)将继续其在第一次世界大战期间开始的大规模舰队建设,以巩固美国在世界上的商业领导地位。航运局的局长爱德华·赫尔利(Edward Hurley)担心美国——事实上是整个世界——可能都没有足够的石油来供给这只庞大的新舰队。赫尔利的工程师根据载重吨位计算了建设完成后舰队所需的燃油量。尽管他们承认计算所用数据"不够充足",赫尔利的团队计算出,要供应全球商船队的燃料可能不久将消耗美国 80％的石油产量以及全世界一半的石油产量。[69]在一个石油生产已经达到峰值的世界里,大国力图在战争及商业上超越对方的游戏规则已经彻底改变。对赫尔利而言,全世界能否在未来的岁月里开采足够的石油来满足它的需要还是未知数。但有一件事是可以肯定的:美国需要尽其所能掌握尽可能多的国外石油储备。

从 1914 年占领韦拉克鲁斯开始,马克·雷夸就极力提倡这种做法,他敦促国内的石油行业尽可能多地获取海外石油土地,防止美国成为这场新的全球收购的落后者。在 1918 年 1 月被任命为战时燃油管理局石油部的部长后,雷夸和他的战略获得了发展的动力。正是雷夸在三年前警告国会,声称美国已经"被正式通知"一场源于石油储备短缺的国家危机即将发生。在雷夸看来,解决危机的方法就是让联邦政府支持美国的石油生产商努力获取海外石油的特许开采权。在一封写给美国联邦燃油管理局局长 H. A. 加菲尔德(H. A. Garfield)的信中,

雷夸和他的两位同事——美国地质调查局局长乔治·奥蒂斯·史密斯和矿业局
局长范·H. 曼宁(Van H. Manning),极力主张"通过在获取额外的海外石油储
备时政府的通力合作以及对已获取储备的保护鼓励石油生产商采取行动"。为
了保卫其日益增加的商船舰队以及扩大美国海外石油储备的所有权,技术官僚
的核心人物提倡"进行世界范围内的探测和开发,石油生产公司由美国资本家资
助,由美国的工程师指导并且由美国政府监督其国际关系。"[70]美国主流石油行
业均对雷夸和他的同事的想法表示赞同,认为如果石油行业想要避免其产品的
需求因前所未有的高价而受到抑制,那就必须获取额外的石油供给投入市场。
分歧主要产生在未来国内究竟有多少需求能够被国内石油生产者以一个能负担
得起的价格满足。即便通过进口弥补相对较小的差额,美国原油生产在第一次
世界大战前仍无法满足国内需求。

　　不管他们认为国内油田还能支撑多久,先前属于标准石油的公司都知道尽
可能多地控制海外石油储备是一桩好生意,特别是在廉价的海外石油进入美国
后理论上可能降低他们的市场份额。虽然一名石油公司高管承认,"大部分石油
商人都不会认真考虑那些有关储备减少的估计",如果这种石油短缺的预测能够
促使联邦政府支持他们的海外事业,他们将十分愿意利用这种预测进行投机。
一名新泽西标准石油公司的高管 A. C. 贝德福德(A. C. Bedford)通过指出美国
地质调查局估计超过 40％的石油储备已经被耗尽这一事实,成功促使美国政府
代表类似新泽西标准石油公司这些公司进行干涉。对于像新泽西标准石油这样
的公司来说,有政府支持海外石油勘探只可能是件好事。连那些忙着获取海外
石油开采权的英国公司高管都不相信美国的石油储备是真的快用完了。一名英
国石油公司高管在写给他的美国同事的信中说道:"我不指望你或者其他任何美
国的石油商能真正相信你们的供给将在接下来 20 年或 30 年枯竭。"[71]

　　甚至在看到 20 世纪 10 年代末突涨的石油需求后,美国石油公司的高管仍
未意识到本国石油生产不久将达到峰值。石油行业的领导人很少会直接处理问
题,但当他们真的这么做的时候,他们通常干脆直接不理会那些有关全球抑或是
美国石油储备枯竭的观念,即便这些结论是得克萨斯大学的戴安娜·戴维兹·
奥里恩和罗杰·M. 奥里恩经过仔细调查得出来的。[72]哈利·辛克莱(Harry
Sinclair)在 1921 年美国石油协会的年会上发表演讲时表示:"石油很充足并且将
一直充足下去,世界石油供给枯竭完全是胡说八道。在我看来,这个话题完全没

有实际讨论的必要。"美国石油协会的第一任会长同时也是加利福尼亚石油行业先驱的托马斯·奥唐纳(Thomas O'Donnell)表达了他对石油枯竭论的看法："公众频繁被那些出于好心且博学的科学家的言论警告,预测我们的石油资源不久就将耗尽。"然而他认为,实际上,国内生产仍然能"在很长时间内(比我国的一些专家预测的时限要长得多)"满足美国的一部分需求。1920年4月,密苏里州批发商协会(Missouri Jobbers Association)的会长H. G. 詹姆士(H. G. James)在回答《石油与天然气杂志》有关他如何看待那些认为世界石油产量已经达到峰值的人时毫不掩饰地表示:

> 我完全不赞同那些一直大肆向公众宣传有关石油产量衰减以及即将发生石油供给枯竭的预测的人,这种悲观的预测造成了公众的恐慌。令人惊讶的是,有些石油商也开始说那些空话或者被那些人说服并开始赞同这种观点……从来没有哪个时代像现在这样,有那么多对石油一无所知的人给出了所谓的专家证词。

然而,大概最深刻的评价出自20世纪早期美国最有名的石油记者之一的A. J. 黑兹利特。对黑兹利特而言,这种短缺恐慌是有周期性的。现在盛行的恐慌状态只是处在钟摆效应的末端而已:

> 25年来,经过我对石油交易来龙去脉的密切观察,每隔固定的一段时间就会出现石油匮乏的谣言,随后就有很多人证实商业原油供给会在一个特定的时间——通常只有几年时间——内枯竭。

然而黑兹利特解释道,这些预言从来没有被证实过。"转机似乎总是在他们的预言快要实现的时候出现,要么是一些爱冒险的投机分子发现了新油田,要么是有人通过一项发明帮助美国成功摆脱困境。这就是为什么我认为当前人们对发现潜在石油的可能性如此悲观是没根据的原因之一。"[73]这种出自石油行业重要人物的言论充分表现出了在这个时代出现石油恐慌是件多么平常的事。他们还通过举例说明那些有关行业内的预测有多么不靠谱,表达了对联邦政府的研究员和分析师的不赞同。

20世纪20年代,随着越来越多的美国人开汽车上路,零售汽油的价格对全国的家庭来说开始变得越来越重要,尽管早前几乎没人关注汽油市场。汽车拥有率的增长规模快到难以想象。美国登记的汽车数量从1916年的340万辆飙升到了1920年的2 310万辆。不仅是路上的汽车变多了,人们行驶的里程也越来越远。1919年,平均一辆汽车的行驶里程是4 500英里,然而到了1929年,这个数字就翻了将近一番。整个石油行业的方向发生了转变,汽油成了人们最需要的最终产品。仿佛在一夜之间涌现出来一样,汽车加油站的数量从 1921 年的 12 000 个增加到 1929 年的143 000 个。1929 年消费的汽油量是十年前的四倍多。[74] 1920 年的原油比之前 20 年任何时候的原油都要昂贵。以 2012 年美元的价格计算,一桶石油的价格从 1915 年的 14 美元激增至 1920 年的 35 美元。到了 1921 年,每桶石油的价格开始暴跌,但不久又恢复了上涨的趋势;到 1927 年的时候,价格回升到了大约 20 美元每桶,然而不久之后又因俄克拉荷马州新油田的发现而大幅下降。不考虑这些价格浮动,随着越来越多的汽油被加入汽车油箱,普通美国人也开始意识到了汽油成本越来越昂贵。原油供给的未来在罗斯福时代更大程度上是一个学术问题或者道德问题,而现在却更多地成为家庭经济话题。

石油"在不久之后就会达到其峰值"——很可能在五年内

随着石油的实际价格在 1920 年达到了 20 年以来的最高值,公众对石油枯竭的担忧开始四处流传。1920 年 10 月《华尔街日报》中的一篇报道中提到:"公众心里对燃油问题存在着深深的焦虑,某种程度上已经近乎绝望。人们的担心是合情合理的,而毫无疑问,那些趁着他人陷入绝境时趁火打劫的人加剧了这种忧虑。"[75] 像往常一样,这些关于世界石油储备是否能维持到下一代的讨论得到了主流期刊和杂志的支持,从刊登在上面深入探讨这些观点的文章中就可以看出。而同样一如既往的是,这些报道引用了联邦政府提出的预测。一名知名的《纽约晚邮报》(New York Evening Post)的前记者阿尔伯特·G. 罗宾逊(Albert G. Robinson)在《新视线》(Outlook)的一篇文章中详细阐述了有关石油时代即将终结的话题:

现在的孩子们很可能在他们年老的时候向他们的子孙后代讲述用作汽车推动力的被称为汽油的发臭液体的故事。作为我们日常生活的必要条件,我们倾向于把煤炭和汽油看得跟空气和水一样重要,因此正如空气和水对我们生存很重要一样,煤炭和汽油也是必不可少的。从科学和官方的调查结果来看,我们得知煤炭供给可以维持很多代。有关煤炭供给持续时间的估计有很多,但从来没有人估计煤炭会在短时间内枯竭。但情况在石油这里却很不同。在过去的几周内,矿业局的局长预测道:"不超过二十年,地下石油就会枯竭。"[76]

换言之,人们通过对美国地质情况的调查得出了一个不可改变的结论,那就是到 1940 年之后,石油注定会成为过去的燃料而不是未来的燃料。

1920 年 5 月,美国地质调查局的首席地质学家大卫·怀特明确告诉美国人:美国石油生产的日子已经屈指可数。他和他的团队推断,美国石油产量将在 1927 年达到峰值并自那以后逐渐减少。考虑到怀特在美国科学界特别是美国政府的地位,这绝不是一次分量小的宣言。美国已经到了石油峰值。这个国家的石油日产量还能否超过 120 万桶(一年前已经达到了 100 万)很值得怀疑:

美国天然石油产量在不久后就会达到其峰值——很可能在五年内甚至是三年内,尽管长期的生产下垂曲线可能会持续到新世纪……但是这个国家的产量很有可能在七年内达到峰值。

根据怀特的推算,这些数字都很明确,并且几乎不存在反对美国地质调查局官方观点的空间。他很快就否定了那些认为油价变化或寻找和开采石油的科技进步会使得局面发生大转变的观点。根据地质调查局专家的"保守估计",地下石油还有 67 亿桶,其中 43% 的石油已经投入了生产中。他承认,这个计算"必然是有高度推测性的",表示"很多地区的信息是很零碎并且不准确的"。然而,他和他的科学家同事们是依靠"大量的"数据证明了他们的结论是高度可信的,这一点已经得到了"充分的证明"。他们对美国石油储备的预测误差"几乎不可能超过 50%。75% 的误差更是不可能的了。"怀特写道,整个世界还剩下多少石油更难说了。为了强调他的观点,1919 年,美国地质调查局出版了一个生产以及潜在石油储备的世界地图,这幅世界地图因表示了对"波斯和美索不达米亚"地区——现在的阿拉伯半岛、伊拉克和伊朗地区——的疑问而闻名于世。[77]

然而,不是所有人都相信原油即将短缺。对短缺持怀疑态度的人在他们的公开声明中表现得与那些试图缓解这种恐慌的人一样强烈。一名来自《芝加哥论坛报》(*Chicago Daily Tribune*)负责汽车板块的编辑 J.L. 詹金斯 (J. L. Jenkins)讽刺"令美国高度恐慌的汽油匮乏纯粹只是心理问题"。"汽油恐慌"不过是一个"幽灵,然而它席卷了全国,并且大范围地造成了汽车行业的经济损失和焦虑。这纯粹只是心理问题。"石油供给的上升趋势意味着"现在世界可以平安地摆脱那些几个月来只知道纸上谈兵的不成熟预言家造成的阴霾"。[78]一些行业内人士倾向于把这种恐慌看作一种周期性现象。1925 年,一名石油商的儿子霍华德·皮尤[Howard Pew,后来成为太阳石油公司(Sun Oil)——现在的Sunoco——总裁]反映道:"我父亲是石油行业的先驱之一。从我还是个小孩子开始就会周期性地出现预测石油短缺的骚动,然而随后几年石油产量总是能超过之前的纪录。"[79]与他同行的来自新泽西标准石油公司的高管沃尔特·蒂格尔(Walter Teagle)哀叹道:"原油供给的悲观主义已经成为石油交易市场的痼疾。"[80]

"令人尴尬的过剩"

在20世纪20年代的前几年,大量石油纷纷开始涌入市场。过去有关石油短缺的争论仍在继续,与此同时,原油涌入的速度默默地加快了,尽管起初行业外的人几乎没有察觉。原油产量在1919~1923年间翻倍,达到了一天200万桶。到1929年的时候,原油日产量将近300万桶。仅仅四年的时间,行业内拥有的原油量从1920年的1.36亿桶飙升到了1924年的4亿桶——已经80多年没有达到过这个规模了。[81]正如一位研究石油市场的历史学家总结的那样,"在整个20世纪20年代,特别是1924年以后,就在政府官员、行业高管,甚至是一般公众都在猜测美国的石油储备是否会很快用完的时候,大量的原油涌入了市场,所以从这一点最起码可以看出那些猜测是不成熟的。"[82]以新闻报道为代表,尽管石油市场已经供应过剩,但有关石油短缺的言论仍然在四处传播。

1923年9月,一篇《洛杉矶时报》的报道大肆宣扬,声称"正如所预料到的那样,美国即将面临极为严重的石油短缺问题,并且已经威胁到了国家的经济结构……除非立即采取行动改善当前的情况,否则美国的工业、经济和政治存在将面临美国有史以来最严重的危机"。[83]然而紧接着的一年,柯立芝(Coolidge)总统却设法试图遏制国内石油生产过剩的趋势。他成立了联邦石油资源保护局(Federal Oil Conservation Board),委任其"通过保护我们的石油资源进一步保护国家安全"。[84]大量开采出来的石油给石油公司保存,避免蒸发造成的损失以及防止资源枯竭带来了巨大的挑战。保护环境再一次成为美国政府的口号——然而最主要的挑战是如何处理石油开采过剩而非不足的问题。

新技术和新油田的接连出现迅速加快了开采原油及精炼厂生产精炼产品的步伐。石油领域地球物理学和其他技术的巨大进步彻底改变了定位、开采以及提纯石油的方式。得益于大量勘探石油的技术和工具,石油商再也不用仅仅依靠直觉寻找石油了。背斜构造理论的出现及普及——人们开始意识到石油、天然气以及水的特定比重会使它们被限制在那些类似于地下丘陵的地方,而这些是可以从地表检测到的——使得石油商寻找地下石油变得容易很多。从 20 世纪 20 年代早期开始,通过仔细检查探井结果来获取更精确的地下石油方位的地层学分析也逐渐在石油行业普及。1923 年,由东欧国家石油行业首次使用的地震勘探开始应用在美国油田。人们在早期通过这项技术熟练地找到了很多资源,包括俄克拉荷马州塞米诺尔大型油田,其在 1927 年的最大日产油量达到了527 000桶。

石油技术的进步不止于此。第一次世界大战期间,美国军队用来追踪军队移动的空中巡线是另一种能更好地识别可能蕴含石油的地质结构的工具,尽管是在地面上操作,但效果出众。此外,还有首次应用在石油勘探上的磁强计,通过测量地球磁场垂直分量的变化来确定石油的位置。[85] 20 世纪 20 年代,钻井技术也有了显著提升。1918 年,人们钻探油井的极限深度为6 000英尺。到 1930 年的时候,深度达到了10 000英尺。[86]下游产业最大的突破在于热裂解(1913 年首次开发出来的一种精制工艺)的使用日益增加。裂解工艺的应用使得精炼机能够从等量原油中提取更多更轻且更有价值的石油产品,如汽油。同时,热裂解还使得精炼机能生产出更多不同种类的最终产品。[87]需求方面的技术也取得了长足的进步。随着消费者对更轻便的汽车的需求不断增加以及汽车燃料效率的提升,人们驾驶汽车的单位汽油里程越来越长。

即便世界需求即将呈螺旋式下降,仍然有比以往任何时候都多的石油涌入了全球市场。石油的发现在 20 世纪 20 年代后半段达到了顶峰。耶茨大油田的发现奠定了美国西南部的二叠纪盆地作为世界主要产油地之一的重要地位。俄克拉荷马州也日趋繁荣。塞米诺尔大油田的石油日产量增长惊人,从 1927 年 1 月的19.25 万桶飙升到了 7 月的 49 万桶。[88]1930 年发现的东得克萨斯州油田是美国除阿拉斯加州以外发现的最大油田,自此石油日产出量达到了以往预想不到的 90 万桶——当时全美的石油日产量达到了 240 万桶。美国国内的石油产量达到了许多人认为不可能达到的水平,1912~1928 年期间,日产量每 8 年就翻一番,平均日产量达到了 250 万桶。

国外石油产量也创造了新高。20 世纪 20 年代,苏联因国内政治动乱而几

乎停止的石油生产逐渐恢复。1918 年,其石油日产量仅为 7.5 万桶,而到 1929
年的时候已经达到了 27.5 万桶。然而 1921 年,墨西哥就超过了苏联,其石油日
产量超过了 10 万桶。1919 年,委内瑞拉的石油日产量只有 1.9 万桶,而仅仅十
年之后,日产量就激增到了 50 万桶。到 1939 年的时候,南美国家成为全世界最
大的原油输出国。[89]

当 1929 年至 20 世纪 30 年代的金融危机爆发时,石油市场很快承受不住。
世界石油需求暴跌。在石油新发现和巨幅缩减的需求压力下,伴随着油价下跌,
对即将到来的石油短缺的担忧很大程度上消除了。油价是十年前的投影。1920
年,美国中部大陆一桶油 3.5 美元。到 1929 年经济冲击后,价格仅占当时的一
小部分,为 1.45 美元。消费不景气开始发挥作用,而美国油田仍以前所未有的
效率持续生产,油价再次减半,如今仅 0.69 美元一桶。[90]第一次世界大战时期的
石油市场彻底颠覆。1926 年在《洛杉矶时报》上发表的一篇文章,嘲讽了"那些
不时预测石油的致命的枯竭的耶利米们",成了未来几年的预言。它表示,"也许
我们不应该对那些杞人忧天者关于石油枯竭的言论太当真。也许,虽然有这些
预测,虽然有些人不断向我们保证'石油枯竭'即将到来,但我们仍然需要建造新
的储蓄池来应对令那些短缺主义者羞愧的石油过剩"。[91]

到石油价格暴跌之时,20 世纪 10 年代到 20 年代一直广为流传的关于石油
短缺的说法,如"石油枯竭""汽油饥荒"等几乎淡出了主流大众视野,至少媒体很
少再有相关报道。在美国环保运动刚刚兴起时,美国地质调查局发表了关于国
内石油前景黯淡的评论,导致许多政府领导人和地质学专家纷纷警告国人国家
石油储备正在快速缩减。需求及油价的暴涨似乎印证了这些预测,第一次世界
大战期间为满足协约国石油需求而大幅提高石油产量,后来则为供给汽车产业
大量增产。

技术进步及美国南部与海外地区大型新油田的发现,导致 20 世纪 20 年代
后半期原油产量大幅提高,再加上紧接的大萧条带来的需求骤减,带来了油价的
暴跌。随着市场上原油供应过剩,国内石油短缺的言论很快销声匿迹。华盛顿
迎来了关于石油的新问题,即如何维持足够的石油高价以拯救 20 世纪 30 年代
早期陷入供给过剩的困境的国内产业。

第三章 1940～1949:
"稀缺与价格高企的新时代"
——战时需求与美国石油自给时代的终结

　　20 世纪 40 年代刚刚来临之际,美国政府与整个石油行业尚未意识到石油市场十年前资源过剩的主题将如何彻底改变——接下来十年石油市场资源短缺将成为关注焦点。石油过量而非过少,使得经历大萧条后需求暴跌的美国石油工业陷入困境。20 世纪 20 年代后期到 30 年代,国内储备估计激增,前几年的石油恐慌看似越发杞人忧天。在美国发现新的石油供给似乎不是问题。1935年至 1939 年间,新发现的石油以每年 13 亿桶的速度超过现有产量。20 世纪 40年代上半期,石油开采速度降至每年仅 4 亿桶。[1]仅在东得克萨斯发现的石油量,就足够对 1929 年的石油市场造成冲击,石油行业被迫接受了一个新的生产配额系统,该系统由得克萨斯铁路委员会与其他联邦及州政府监管部门监管。这些公共政策与行业规范是为防止 20 世纪 30 年代萧条后的价格崩溃而设计的。它们成功了。俄克拉荷马、堪萨斯州地区石油价格于 1926 年至 1932 年间曾降至其价值的约三分之一,到 1934 年又恢复了上升的势头。墨西哥湾岸区的原油价格也受到刺激,由 1929 年的 1.45 美元一桶降至 1931 年每桶仅 0.8 美元。但是到 1937 年,又反弹至每桶 1.29 美元。[2]

"形势危急"

但是,到 1940 年,华盛顿开始着手应对世界石油供应面临的新危机:新一轮世界战争的威胁。第一次世界大战让全世界的军事领导人深刻领会到石油产品,比如柴油,对任何现代战争的重要性。石油不再只是一种普通商品,或者一种能源。它是一种战略商品。获取石油的途径关系到国家存亡。在装配线与战场附近随时保持充足的石油供应关系到国家安全。

但是,尽管战争中的潜在石油需求可能超过现有油田的生产能力,美国政府官员大多仍相当自信,认为本国新发现的石油能够保障足够的产品以供应战争需要。1941 年 4 月,生产管理局(Office of Production Management)的石油专家罗伯特·E. 威尔逊(Robert E. Wilson)向国会报告称:"如今石油产业的生产部门足以满足任何可能的需求增长。"他承认"机械化战争带来的显著的大量需求,以及第一次世界大战中面临巨大需求增长的美国所经历的困境",但他又表示当下美国能保障的资源供应已处于历史最高水平。仅国内产量就足以满足消费需求,无需诉诸任何形式的定量配给措施。[3]用一位专家的话来说,提高产量就像"开启阀门"一样简单。总之,美国所有的石油专家均自信地指出,美国在 1941 年抽出的石油就达到产业历史上前 42 年产量的 1.4 倍之多。[4]当前生产速率与已知产能的差异使得美国官员对于本国石油形势走向未知的未来保持了高度自信。

普通美国民众第一次体会到第二次世界大战在能源市场上的全面影响是在1941 年夏天美国参战之前。1941 年前半年,负责从美国东海岸穿越大西洋运输石油产品的英国油轮船队遭到德国 U 型潜艇攻击,损失惨重。富兰克林·D. 罗斯福总统应英国求援,借出 50 艘油轮支援英国舰队。接下来的 6 个月,他又借出了 50 艘以上油轮。这些油轮原先是被分配到由墨西哥湾岸区到美国东海岸间的航线上,负责往返运送精炼油。[5]如今,服务于墨西哥湾航运枢纽到东北部城镇需求中心的重要航线的油轮的减少意味着一个运输瓶颈即将产生。

到 1941 年春天,时任内政部长,身为罗斯福总统的石油问题重要负责人的哈罗德·伊克斯,开始担心石油供给危机即将显现。伊克斯当时并不出名。他曾被一位参议员嘲讽"被高层官员耳提面命却自我感觉良好"[6],但后来由于主张保护自然资源的末日预言获得了一定声誉。作为罗斯福新政的长期成员,他经常警告美国人改革滥采滥用的方式,开始保护石油及其他不可再生资源,否则美国将面临灰暗的未来。一位历史学家曾说过,伊克斯是"一种新的危言耸听的代表",就像很多敌人那样,他通过批判美国人生活方式的生态不可持续性,成就了自己的名声。[7]一旦他扬言要逮捕任何突然发动汽车、浪费汽油的司机时,他的事业可能就走向极端了。[8]伊克斯在共和党中非常不受欢迎,以至于该党派1944年的总统竞选人托马斯·杜威(Thomas Dewey)在竞选活动中承诺,一旦入主白宫就解雇伊克斯。

伊克斯,时任国防部石油统筹局[Office of Petroleum Coordinator for National Defense,OPC,后来成为战时石油管理署的一部分(Petroleum Administration for War)]主席,对人员不足的美国海上舰队供应东北部城镇并不抱乐观态度。但是他与他的团队也知道立即投入替代手段运送石油是不可能的。通过管道、铁路或货车扩大陆上运输网络需要耗时多年,扩充美国油轮船队替补借给英国的船队也不是一蹴而就的事情。由于供给问题较为棘手,国防部石油统筹局正考虑如何降低石油市场平衡等式的另一侧——需求。但是这并不简单,因为伊克斯不具有推行正式定量配给项目的权力。石油统筹局选择了与石油行业合作,促使美国民众自发地减少消费,这从来不是件容易达成的事情。在1941年秋天,东北地区的一波报纸与广播广告使得人们为了欧洲战争自发减少了完全消耗石油产品的使用。石油公司甚至分发贴纸给司机们贴在汽车挡风板上,上面写着"我节约了三分之一的油气"。恳求消费者减少本产业产品的消费实属罕见现象。美国人不会愿意的。他们缺乏兴趣,部分原因在于他们"无法理解为什么几个月前还宣称石油资源丰富,转眼就石油短缺了"。[9]

早在六个月前,伊克斯就提醒过报界,白宫可能需要采取油电限额以防止年底前出现石油短缺。[10]在暑期号召民众自发节约汽油却无疾而终时,他推行了更强硬的措施。到1941年8月,国防部石油统筹局号令逐渐减少对加油站和其他商店的汽油输送。每个层级的输送都立刻下降了10%,9月时相对战前水平又降低了5%。该机构没有正式权力实施消费者限额,但是它可以通过向石油公司下发正式的战时"正式建议",对整个行业产生实质性的影响。[11]

这些新的配额措施让美国民众感到困惑,他们已经习惯性地认为本国拥有足量的石油资源。所谓的星期天减少汽油供应的不好的记忆仍然挥之不去。各州官员,尤其在东海岸,都尽力采取措施减轻州民们的担忧。美国官员们宣称这次石油危机将会是暂时的,这让依赖大量、便宜的石油进行房屋供暖和汽车发动的美国人不再躁动不安,再次安下心来。康涅狄格州的一位官员告诉他的州民们"我丝毫不愿意以任何方式发表任何哪怕会增加一丁点恐慌情绪的言论"。[12]但是恐慌恰恰是华盛顿推行的新配给制度的影响。伊克斯和他的联邦政府石油官员经常将石油市场的现状描述为"危急的",这一点也不奇怪:

> "东部石油已急剧短缺⋯⋯我们必须从现在起节约汽油储量,防止今年冬天我们的油轮必须用来运送燃油时出现极度匮乏现象,否则我们的民众就要受冻,我们的国防工业也将由于能源短缺而被迫关停。我们预料,这是石油供应急剧下降的开始。目前形势危急。"[13]

对于大多数美国人来说,汽油供应过少令人恼怒,因为他们得少开车。但是供暖石油太少更令人恐慌,因为冬天许多人依赖石油给房屋供暖。国防部石油统筹局宣称即将到来的危机非常严酷,使得人们对形势得到控制丝毫没有信心。

一些官员无情地批评了伊克斯与国防部石油统筹局解决声称的东海岸汽油短缺问题的方式。由于东北部各州民对于 1941 年秋天紧缩性措施感到愤怒,国会领导人展开了一项调查。罗斯福的反对者坚称不存在实际的短缺问题,控诉罗斯福政权助长当年夏天石油短缺恐怖情绪的滋长。他们认为华盛顿顶层能源官僚应为不实的短缺预警与不必要的配给政策负责,号称这实际是威吓美国人投入战争计划的部分尝试(如何具体利用这些短缺现象达成该目的还不清楚)。纽约市众议员汉密尔顿·菲什(Hamilton Fish)表示:"我已经得出确切的结论:东部石油短缺的消息是捏造的,是企图渲染战争狂热情绪的一种策略。"[14]参议员弗朗西斯·马罗尼(Francis Maloney)暗示罗斯福政府可能想在"从心理战术上"扩散恐怖情绪。换句话说,为了让不情愿的美国公众参与欧洲战争做准备。[15]

包括国会调查员在内的其他官员虽不认为这是政府的阴谋,但认为联邦政府妄图限定国内石油消费量不免过于自信。马萨诸塞州参议员大卫·I. 沃尔什(David I. Walsh)将石油短缺的预测称为"官僚浮夸的典型例子",暗示政府不是刻意欺骗,而是根本没有能力做这种预测。一名记者指责伊克斯"不致力于如何解决未来大众会切身感受到的物质资料的日益短缺",反而"愚弄公众"。[16]在掌握所有证据后,国会调查员同样对罗斯福政府处理整件事情的方式表示不赞同，他们表示："我们认为这种不必要的警示完全是由于那些掌控石油态势发展的人们的过度狂热导致的。东部其实不存在石油短缺的问题。"[17]

但是伊克斯与他的同事并没有放弃斗争。他们控诉反对其石油短缺报告的国会议员们为"近视的先知"，他们在将美国推向一条有害的道路。国防部石油统筹局副局长拉尔夫·戴维斯（Ralph Davies）更是断言，那些通过否认问题存在，企图对石油形势混淆视听、制造分歧的人，用心险恶，蓄谋破坏。[18]但是调查得出的残酷结论——石油短缺是不存在的问题，已经造成了恶劣的影响。用一位历史学家的话说"很多人认为伊克斯只是再次虚张声势"。[19]这严重忽视了伊克斯和戴维斯试图强调的一种情况，一国需要在战争期间保护它的石油资源，否则可能要面对可怕的后果。事实是，石油资源的确短缺，这对公众一直以来的认知是个严重的打击，最终，大众选择了支持配额政策。

事实上，美国这时候将油轮借给英国是不合时宜的，因为国民对石油的需求和战争需求都在攀升，这使得美国石油供给设施建设遇到了瓶颈。英国石油存货在急剧下降，所以此时华盛顿想召回自己的油轮几乎是不可能的。幸而政府战时能源官员采取了一系列强硬措施，墨西哥湾与新英格兰之间的足量供应才得以保障。而加勒比地区的油轮运输被无限期推迟。东部各州向西部墨西哥湾方向的石油运输被削减。最重要的是，为发展更节约成本的管道和油轮，已退出使用的铁路罐车被迫以惊人的规模再次投入运营。到10月份，由铁路运至东海岸的石油量攀升至一年前的45倍。[20]

但这些细节并未被主流媒体报道出来。关于谁是散布石油短缺谣言、企图误导大众的一系列阴谋论的幕后推手，在全国上下炒得沸沸扬扬。针对恐惧源头的投机交易开始泛滥。有些报道宣称不久后的石油短缺的真正原因其实是美国将彻底用完所有的原油。[21]其他集团，比如纽约石油供热协会（New York Oil Heating Association，NYOHA），认为石油短缺预测是石油行业的阴谋，石油行业企图通过"在燃油经销商和公众之间制造恐慌"推高价格并且在欧洲战争期间取得反垄断法的豁免。[22]石油加热器卖家完全有理由对于石油短缺感到失望，因为油价上涨或供应不足很可能导致市场份额转移给使用煤炭的加热器供应商。加利福尼亚—得克萨斯石油公司（California-Texas Oil Company）总裁詹姆士·A. 墨菲特（James A. Moffett）召开了一场特殊的新闻发布会，向公众表示政府宣称石油短缺完全是赤裸裸的欺诈行为，目的是一劳永逸地掌控整个石油行业。他说伊克斯正在建立一个"烟幕",背后动机是"暗中给行业制造混乱",玷污行业名声,从而为自己一直追求的国有化目标寻求公众支持。[23]怀疑论者一致认为铁路行业有20 000辆闲置的油罐车,可用来解决石油运输中的瓶颈,但是政府拒绝将它们投入使用。国会的诸多鸽派人士则认定政府炒作石油短缺的恐慌情绪是为了让不情愿的公众加入战争做准备。[24]

到1941年下半年,同盟国战时石油供给线的连接点开始起作用。尽管一场危机差点无法避免,但事情并没有美国政府某些人害怕的那么严重。整个夏天,英国归还了75艘油轮中的25艘给美国运营商。到当年秋天,经铁路从全国各地运至东海岸的石油从6月份的每天仅5 000桶增至每天141 300桶。[25]美国西部与南部额外的石油管道建设和启用也弥补了部分海运量的下降。由于10月、11月的国民配额项目的落实,以及政府对零售点汽油输送量的限制,石油需求压力也得到缓解。当伊克斯满足于可怕的短缺不会再发生时,在一次公众大规模抗议后,战时生产委员会的输送配额命令于9月30日被撤回。

"一个石油无产国家"

罗斯福宣布美国承诺作为第二次世界大战中"民主的兵工厂"向同盟国服务。但是这个宏伟的承诺需要新基础设施的巨额投资以及破纪录的行业产出和效率,这让美国猝不及防。本国的工业生产能力受到了严峻的考验。战争期间,美国企业所面临的所有挑战中,以石油行业承担的任务为最,它需要满足同盟国集团巨大的能源需求。总的来说,1941~1945年间,同盟国消费的70亿桶石油中,将有60亿桶由美国供应。[26]石油行业在战争期间获得了相当可观的收入。国内产量从1941年的每天380万桶不断增长,到1945年,产量每天约470万桶。[27]精炼厂也进行了产能扩张和现代化革新,平均规模的精炼厂每天的产能由1939年的9 000桶上升至1945年的13 400桶。同盟国战争中超过500种极为重要的产品使用了美国石油这一关键原料,这其中有许多产品是国民没有预料到的:合成橡胶,甲苯(汽油燃料中的一种辛烷值促进剂,TNT的一个重要成分以及一种工业溶剂),火焰喷射器及烟幕弹用燃油,炉子和采暖用灶用煤油,以及医用产品。要取得这样的产出增长,国内整条供应链上的基础设施建设都必须进行巨大的投入。战争期间,国内超过17 000英里的输油管重新铺设或拆除重建。[28]

战争促进了联邦政府和国内石油产业的合作关系的发展,这在和平时期是无法想象的。从洛克菲勒时代开始,见证过他的石油王国被联邦法院裁决分解后,石油公司经理们就对政府干预非常谨慎,甚至怀疑联邦政府颁布的法规下很有可能掩藏着一个更为野心勃勃的目的,比如直接将石油产业国有化。这种不信任的态度到战时也没有消失,虽然在这种特殊情况下,石油公司经理们,不管如何吝啬,还是勉强配合了联邦政府的严格监管。1942 年,国防部石油统筹局被并入新成立的战时石油管理署,或简称 PAW,哈罗德·伊克斯仍然作为该机构的统筹者,继续承担着监管国内石油行业的角色。战争期间,美国联邦政府通过战时石油管理署对国内石油产业进行规范的权力得到了扩张。联邦政府保留了在生产的各个阶段修改价格的权力,以及控制产量、分配资源、监督石油精炼、运输、分销与营销的权力。两位历史学家说:"战时情势危急,需要一个中央管制的经济,在这段时期,对于此基本问题的意识形态与物质的争辩可以暂时搁置……不可避免的分歧与争论应该发生在一个和解、妥协与让步都可能发生的舞台上。"[29]战时石油管理署的人员几乎全部来自石油公司自身,这使得妥协的过程得以平和地过渡。当然,由于明显的利益冲突,有些国会成员对这种安排表示抱怨。伊克斯,不出意料地对此情势非常满意,毕竟这给了他史无前例的巨大权力,可以管控世界上最强势的一大产业的大小事务。

在美国 1941 年 12 月对日宣战后的不到六个月内,即将成立的战时石油管理署颁布了国内汽油及其他石油产品消费限额的法令。需求激增,且由于运输瓶颈和基础设施不足的问题变得更为严重,因此大西洋沿岸与太平洋西北部的石油存量也变得紧张。到 5 月份,伊克斯已将准备充分的汽油配给计划在东海岸推行到位。汽油零售商需要求消费者购买时出示政府发行的配给券。这个体制很不受欢迎——一名目击者称:"东部地区的抗议声震耳欲聋。"[30]有些愤怒是源于只有本国一小部分人需要服从配给制度,这对东海岸的人们来说似乎不公平。问题并不是没有足够的石油支撑,石油是有的。只是分布在了这个国家错误的地区。要有足够的火车,轨道车与管道将石油从炼油中心(墨西哥海岸区、中东、加利福尼亚州)运到东部城市和港口并不容易。1942 年 12 月,面对东部地区官员对于只有本州州民们需要遵守汽油配给的抗议,伊克斯将石油配给政策延伸到了整个国内市场。[31]该政策变化的目的是为了尽可能地共同使用国内汽油资源,资源短缺地区可以从相对充裕的地区获取资源使用。

伊克斯与他的同事们担心的是整个国家的石油储备已经在永久地下降了。鉴于最近的趋势,得出这种结论表面上看并不奇怪。新的储备并不像过去那样可以轻易预订,尽管已开始钻探的初探井自 1937 年的 2 224 个已跃升至 3 045 个。[32] 1942 年,原本紧缩但仍可控的石油市场在步入 1943 年后情形越发糟糕,正巧又在美国军队向欧洲、亚洲加速驻军的时候。对伊克斯来说,此时正是警告全美人民石油市场存在的问题的时候。他在 1943 年 2 月份,通过电视广播向全国观众传达了一条严肃的信息:

如果我能够清楚地告诉你们同盟国 1943 年的进攻计划需要消耗多少石油的话,你们就会理解我无法对于未来民用石油的供应表示信心。但是,我能告诉你们的是将海运的石油量扩大一倍或两倍都无法解决民用石油存量严重不足的问题。并且这种令人沮丧的局面不仅存在于东部海岸及中西部地区,西海岸同样如此。[33]

可以期待的最好情况是这只是一个短期物流问题,用更多的管道与油轮就可以解决,并且这不是美国石油供应走向枯竭的开端。罗斯福战争小组的其他高层都不再那么乐观。战时石油管理署的储备负责人在描述国家能源形势时用了非常悲观的语句:"边际效益递减规律开始适用……随着新油田不再形成且既有数量终究有限,石油供应枯竭的那天迟早会到来的。"美国石油产量再也不会像过去那样美好了。"那些发现石油的繁荣的年份,在很大程度上,已属于历史。"[34]

伊克斯已经连续几年警告罗斯福美国探明储备量与年产量之比在不断下降。到 1943 年,清算的时候到了。1943 年 6 月发行的《时代》杂志上刊登了一篇文章《汽油用完了?》(Out of Gas),用富有时代特色的词汇残酷地揭露了这个事实:

美国会在几年后用完石油吗?会,海军部长弗兰克·诺克斯(Frank Knox)上周在众议院海军事务委员会上说。他预测不到一年原油将出现严重短缺。他说,14 年内,美国将成为贫油国,所有油田中的最后一滴石油将干涸(如果现在的比率持续下降)。同一天,副石油署长助理罗伯特·E.艾伦(Robert E. Allen)警告说,除非"奇迹般地立即"发现新油田抵消产量的下降,否则美国两年内将受到威胁。美国必须一年新增 20 000 口新油井,他说,才能维持现产量。[35]

1941 年后的钻探活动的确剧降,其中以探井作业为最。勘探活动的减少使国内原油储备增长率不断下降,至 1943 年,原油产量仅小幅超过新增储备量。战时石油管理署担心的是如果这种趋势持续下去,加上战时需求成倍放大,同盟国就会真的陷入严重危机了。[36]

一个新的"石油短缺且价高的时代"

现今登上各大媒体头条的美国石油告罄的消息,在当时唤起了五年前就叫嚣着油荒的预言家们重新关于石油短缺的可怕预告。这些预测通常暗示着美国油田的干涸,除了会将油价永久推高,还将让美国军事霸权主义陷入困境。但是,由于这个国家刚刚经历了一个过剩的石油市场,这些预测几乎没有引起公众或媒体的注意。

总的来说,早些年曾有过石油短缺的预言,但是在流行刊物上并没有明显体现全国性的关注。1935 年,美国化学学会在旧金山举行的年会上预言美国将于1940～1943 年间进入一个新的"石油短缺且价格高启的时代",激起了关于石油资源的未来的热烈讨论。现今发生的事件证实了他们不好的预测,使得全国人民的目光重又聚焦于他们的警示的细节。科学家们提醒人们,即将来临的原油的永久稀缺意味着汽油价格的永久升高——"当价格上升时,石油资源就不会枯竭"。"石油产品短缺且价格高启"的新时代将"远在美国油田全部耗尽之前"来临,因此人们长期争论的关于地下还有多少石油的问题说到底是无意义的(虽然他们宣称已"相当准确地知道"总的国内供给介于 100 亿～120 亿桶)。

在出具这份报告的科学家们看来,这场迫近且持久的石油市场紧缩给美国带来的影响是令人痛苦的。这些预测中部分是非常有先见之明的,其他的则不幸是错误的。该协会认为,美国海军和空军有义务承担保护主要石油出口商的贸易路线的"新的艰巨的职责"。汽车产业被迫将"汽车型号彻底向便宜的轻型汽车转变",从而使每加仑汽油可以跑得更远。替代产品尚无法快速进入市场以扭转短缺的劣势。即使是他们认为相当具有前景的两种替代产品——油页岩与煤炭中提取的石油——也无法解救美国于危机之中,更不用说战争中了。远在这些产品能大规模上市之前,危机影响就会显现。至于乙醇,20 世纪 20 年代起就被大肆吹嘘为石油的替代品,且获得了越来越多的支持者,就更不用指望。除非下游价格能达到近几年价格的 5 倍才可能派上用场。但是美国化学学会的科学家们对石油消费上升的一种影响预测得极为准确:不久的将来,唯一避免美国石油短缺的方法就是大量进口本国需要的产品了。南美洲是最有可能的进口源头,俄罗斯和伊朗也是可能的。[37] 总而言之,美国化学学会 1935 年的警告预示着这个国家将进入新的石油时代。20 世纪 40 年代开始,美国能源历史将充斥着无止境的价格上涨,进口、能源替代产品的仓促开发。

石油产业领导强烈反对这类预测。"对于即将来临的美国汽油短缺与价格飞涨的担忧……被夸大了",他们辩诉道。虽然他们承认美国"在某个时间必然会面临石油资源短缺",但这会是"在很远的未来而不是五年内"。他们认为,就算没有发现任何新油田,国内"探明的"石油储备量 132.5 亿桶就足够满足至少 13 年的国民需求。单单 1934 年发现的 6 亿桶原油,如果能代表未来储备量的增长速度的话,无需依靠额外进口就能满足国内未来需求。此外,即使未来价格上涨,高价也不会对大众消费产生任何影响。他们还提到,学会宣称年供应量比上年减少必然导致价格上升是错误的。这种说法对于市场运作原理的描述过于简单。他们引用了近期"政府统计员"的研究成果,"并没有发现汽油消费与价格或者石油供应与价格之间存在关系"。[38]

面对战争期间激增的需求,产业代表继续否认美国石油即将耗尽。他们表示,美国石油储备量远远超过美国化学学会及其他批评者所认为的量。一位来自标准石油开发公司——标准石油的技术子公司——的首席科学家公开批判美国石油即将供给不足的谣言,声称至少要 300 年,"地球上的石油才会耗尽"。他的这种"适度乐观"的观点假定目前的生产速率会一直持续下去,新油田会在"合理地需要时"被发现,并且向标准石油这样的石油公司可以不受政府干预钻探油田。根据他的计算,美国拥有得天独厚的石油储量,其中蕴含了超过 1 000 亿桶的石油。他计算出其中将近一半的石油已经用掉。但是在用完所有的石油之前,世界其他地区将开采出超过 5 000 亿桶石油。[39] 在他看来,没有哪个数据是需要担心的。

真正使石油商们不满的问题随着战争推进,华盛顿没有提供给他们经济激励和重要物资,比如用来保证石油产量增长的钢铁。战时石油管理署的确对原油价格施行了严厉的管控。而早在 1941 年 6 月,物价管理局(OPA)就已经实施了非正式的价格上限。不论是加利福尼亚、俄克拉荷马还是其他地方,每个产油州都被分配了自己的价格标准,为了在各州生产成本之上设置“合理的边际利润”。但是,没多久物价管理局和后来的战时石油管理署就发现价格控制阻碍了战争期间需要的新的大规模石油生产。石油商们认为,如果物价管理局和战时石油管理署让市场更完全地发挥作用,供给问题就会自然地解决。但是美国经济稳定局(Office of Economic Stabilization)——1943年战时石油管理署经常由于价格上涨去上诉的部门,不愿意原油价格上涨。他们表示,物价管理局只允许第二次世界大战期间石油价格上涨一倍。战争期间钢铁供给长期不足,因此石油产业常常感到在分配物资不足的情况下,扩大钻探与管道建设是不可能的。上游供应链严重低效的最佳证据就是,在战时石油管理署的管理下,战争期间钻井数量从1941年的32 053口惊人地下降至1943年的仅19 431口。[40]

关于政府固定价格的争议是1943年众议院州际及对外贸易委员会听证会的主题。石油行业代表罗伯特·福尔(Robert Fall),将最近石油产量的下降归咎于政府固定价格导致的石油价格虚低。他提出,有大量的石油将被发现,但是由于现在的原油价格上限锁定了1937年的石油价格,新石油的发现缺乏足够的刺激。如果物价管理局不将每桶石油价格提升至少25％,国内产量就会下降。普利茅斯石油公司(Plymouth Oil Company)董事长沃尔特·哈拉南(Walter Hallanan)发表了类似的声明:“现在这不仅是会对我们的国民经济产生消极影响的国内问题,也是严重威胁到战争有效进展的国际问题。”他认为只有价格上涨能解决问题。对于物价管理局断言的这种价格上涨是“不必要且通货膨胀的”,哈拉南认为这是“显而易见的”。“将对抗通货膨胀并且可能输掉战争,或者延长美国年轻一代需要负担的代价有什么好处呢?”[41]尽管有这些充满激情的证据,物价管理局仍然不为所动。尽管它允许某些商品的价格上涨,但它选择采取了另一条措施促进生产,给予勘探钻井补贴,并且奖励任何从老油井中抽取石油的尝试。虽然对这些措施有很多质疑的声音,但是石油产量的确提高了。一项估算将1.77亿桶原油的产量直接归功于补贴的作用。[42]

“进口石油的噩梦”

最关键的是,第二次世界大战期间国民关于石油耗尽的争论与以前有了本质上的不同。随着美国对同盟国集团燃料供应的压力加大,政策制定者、专家和行业领导人开始提升共识。对他们来说,美国石油经济即将面临的局势很简单:在现行价格下,国内储备越发难以满足国内需求。他们甚至可能用尽所有产品。或者说,美国将不得不进口越来越多的石油。外国石油是唯一且不可避免的答案,除非美国需求下降,这看起来并不可能。总得有所舍弃。

在美国能源思想者越发一致的看法中,国内石油资源耗尽并不意味着全球石油贸易的终结,但它确实意味着生产中心从美国转移到了世界其他地区,这些地区的石油开采不像美国那样,历史不长且开采不多。1943 年,饱受赞扬的美国地质学家埃弗雷特·德高乐(Everett DeGolyer)总结道:"我们(石油)发现率的低下与其说是因为努力不够,不如说是由于矿产的低质量,也就是当下利用已知技术可发现的矿产已经枯竭。"当然,将当前"已知的技术"视为技术条件的外部限制是愚蠢的,但是一些分析师的确感觉美国的石油产量在未来几十年不会有很大增长。他们认为,"问题在于自然资源本身的性质——可获得的石油资源的绝对数量",国内部分不久就会耗尽。[43]

华盛顿的战略家们不愿意美国成为一个石油净进口国,他们制定本国战略时,习惯建立在美国总是拥有应对危机所需要的所有能源的假设前提下。一名石油公司经理说:这实在是令人震惊,得知"一直以来作为世界上最大的石油及石油产品进口国的美国,可能不得不依赖进口满足本国需求的那天已经不远了"是"切实可能的"。[44]伊克斯与战时石油管理署、罗斯福、国会等政府领导人对这种观点十分不喜。在他们看来,美国用自身储备满足第一次世界大战、第二次世界大战中国内与军事石油需求是一种必不可少的先天战略优势。他们从来没有需要以任何规则请求其他国家满足自身的能源需求。是的,20 世纪 40 年代以前,美国曾突袭墨西哥、委内瑞拉与其他产油国家。但是这些冒险是为了企业利润与国际地位,而不是国家需求。政治家们一直都支持国内企业去获取海外石油储备,因为如果操作谨慎,将有利于提高国家的经济政治地位。但事实上,依靠从外国进口来满足本国对重要战略商品的需求是完全不一样的。对于白宫来说,这可能意味着失去与产油国之间外交关系的谈判筹码。这与美国的传统美德——理想化的自给自足,即自行谋生的能力——完全相左。美国本土石油资源丰富对于美国的同盟来说也有巨大的好处,他们在战争期间可以放心地依赖直接从美国运输过来的石油资源。

对于石油产业的人来说,这个国家已经为企业主义、工程技术和得天独厚的自然资源的发展扫清了足够的阻碍。这些都是美国石油商的骄傲所在。除了以上这些,商业运营对于美国的石油公司来说再简单不过,尤其是小规模的独立石油公司,他们不需要考虑长远,只需要找到足够多的大油田。最大的美国石油公司,比如前标准石油公司,实现了跨国垂直一体化生产。尽管最有前景的新油田发现于海外,但这些大公司不会受到多少影响,因为他们能在全世界范围内熟练经营。如果真的像很多人认为的那样,国内储备接近枯竭,小公司将会受到最大的威胁。如果跨国公司用低价的外国石油冲击美国市场,国内小供应商可能就无法继续生存。

人们普遍认为,美国石油储备已无法满足战争需求,且如果需求增长持续强劲,石油资源不久将濒临枯竭。这迫使政府领导人重新评估他们的石油战略。对于一个石油储备不断缩水的国家来说,很多人认为最明智的举措是在保护国内储备的同时尽可能地购买国外的石油开采特许权并生产。一封 1943 年由密歇根参议员普伦蒂斯·布朗(Prentiss Brown)寄给伊克斯的信中总结了现在危急的情况:

在你过去的两封信中,你一直在深入思考提高国内原油产量的必要性。但是我认为,你最近针对供给问题的举措,即增加国外石油储备的使用,才是真正的答案。既然我国的储备不是用之不竭的,那么只有最大限度地利用他国的供给满足我们的军队及国民的需求才是合理的。如果像石油行业的流行标语说的那样“石油就是弹药”,那么就让我们最大限度地保存我们的弹药。在战争期间,我们可以利用也应该最大限度地利用国外的原油和残油,从而保存我们的国内资源供未来使用。[45]

美国已无法继续像 1943 年以前那样生产石油了,否则美国将变成一个“贫油国”,海军部长弗兰克·诺克斯说。美国的资源需要被保存,而国外的资源则应该被开发。美国应该尽可能地保存自身资源,以防有一天资源耗尽,不得不完全依靠国外的石油供给。

在 1943 年 10 月份一次国防计划的参议院调查会上,五位参议员组成的委员会号召联邦政府官员们采取任何必要措施减少国内油田的开采,转向利用他国的石油。他们警告说:鉴于华盛顿面临着“无法在下一个十年结束时与世界平等谈判”的风险,“美国必须尽快采取可行措施保护快速减少的石油储备”。来自佐治亚州的一位参议员痛心地说道:“迄今为止,我们一直在以一种毁灭性的速度耗尽我们的石油资源,不仅供给我们的军队还有我们联盟者的军队。现在是时候利用世界其他地区的石油存量了。否则,战争结束之时,就是我们自身资源真正耗尽之时。"他们觉得自私的英国尤其应该承担罪责。它有与美国"至少相当"的石油储备,但是"美国消费的石油量只有8%来自英国,而80%的量来自美国自身"。如果这种趋势持续下去,"在下一代登上社会舞台之前",美国可能就不得不低声下气地向外国求取石油了,变成一个无法满足自身需求,所以"在世界的会议桌上乞讨石油的乞丐"了。[46]美国必须有所行动。

"世界石油生产的重心正在转移"

1943年石油短缺的恐慌情绪让美国将注意力再次投向伊本(Ibn)当权的沙特阿拉伯王国,就在两年前罗斯福曾以"有一点太远"的理由否决了对其任何形式的政治干预。南加利福尼亚(So Cal)与德士古(Texaco),两家美国石油企业,1938年曾在那里发现可投入商业化生产的油矿。觉察到纳粹和英国都有在此地部署的计划后,他们很早就致信美国政府以期获取支持。然而并没有得到关注。但是随着战争的推进,伊克斯请求罗斯福重新考虑采取措施保障该地区美国石油运营。多亏了当时一位杰出的石油地质学家埃弗雷特·德高乐及伊克斯的战时石油管理署的一位副署长,联邦政府意识到沙特阿拉伯存在多么庞大的石油储备,1943年,伊克斯委派这位地质学家去波斯湾评估该地区的石油资源。

德高尔回国时带来一个令人震惊的结论,这预示着世界石油市场分布将发生剧变。他估计中东地区已知石油储备已达160亿桶,而可能的储备在250亿~270亿桶。这项估计远远超出华盛顿的预想,也远超美国石油储备估算值几个数量级。事实上,对该地区总资源储备的最初的估计值远远低于实际值。如今,波斯湾地区探明石油储备估算已超6 500亿桶,不包括可能的储备。德高尔在1943年写下的关于中东地区未来石油供应的记录,由其同事约翰·马雷尔(John Murrell)在1945年9月再次公开出版,这激起了全球石油秩序的重新预估:"世界石油产量的重心正在从墨西哥湾—加勒比地区转移到中东地区,到波斯湾地区,并且会持续至扎根于该地区。"尽管早期的资源评估都是"高度投机的",但还是"不可避免地"得出了同样的结论——波斯湾地区"有超大数量级的石油资源仍待发掘"。[48]

伴随着 1943 年后期对美国即将来临的石油短缺的忧虑,伊克斯总结出美国政府的最佳行动方针可能就是直接购买沙特地区的油田。1943 年,陆海军石油委员会(The Army Navy Petroleum Board)告知美国大众未来几年的预测并不乐观,"石油资源的严重短缺"可能"威胁军事行动"。由于美国无法履行其承诺,保证石油供应导致同盟国无法锁定胜局的后果是不可想象的。伊克斯决定采取措施。他向德士古与南加利福尼亚石油公司的主席提出交易:将你们在沙特的全部石油业务卖给联邦政府。美国政府将介入石油产业。伊克斯告诉他们,政府所有的石油企业在国外将以石油储备公司(Petroleum Reserves Company,PRC)的名义运营。同时,为获取科威特的特许经营权,石油储备公司还在涉足一个类似的与海湾地区的交易。面对对方的拒绝,伊克斯将提议从 100％的完全所有权降为 51％的主要控股权。最终,交易达成:联邦政府将以 4 000 万美元的价格购买阿拉伯标准石油公司(也被称为加利福尼亚阿拉伯标准石油公司——由雪佛龙和德士古公司共有的沙特阿拉伯地区的特许经营公司)1/3 的股权,包括和平时期认购 51％石油产量及战时认购 100％石油产量的权利。[49]

当收购的消息传开时,石油产业的其他人表示了激烈反对。但是即将任职石油储备公司第一任主席的伊克斯,极力捍卫这场运动顺利推进,并表示美国作为少数几个强国之一,将不与本国石油产业合作,仅通过政府保障海外钻探面积。在 1943 年最后几个月里,迫于国内独立石油生产商和国会大部分反对意见的强大压力,伊克斯最终放弃了这笔阿拉伯标准石油公司的交易。但是他并未放弃利用石油储备公司介入石油贸易的想法。

随着阿拉伯标准石油公司计划破产,伊克斯设计了一个新的计划:由石油储备公司赞助,穿越阿拉伯半岛架设价值 1.2 亿美元的管道,通过管道将石油输送到地中海地区,进而出口到大西洋地区。由参议院附属委员会于 1944 年 2 月发布的报告总结了国内目前面临的能源危机。报告写道:"石油资源的耗尽并不会立即带来灾难,因为幸运的是,毋庸置疑,我们拥有足够的石油供给直至赢得战争胜利。"但是战后石油供应能否保障就无法确定了。这个国家还能"支撑另一场战争石油消耗"是值得怀疑的。他们表示,"我们的国家安全和工业进步"的未来"悬而未决"。"今天美国的安危取决于足够的石油资源供给。"国会必须采取措施。委员会建议成立石油储备公司,作为保障美国战后原油军事与经济需求的供应的机构。[50]

美国军队的最高指挥人直言站在国家安全的立场上,支持石油储备公司。海军部长弗兰克·诺克斯,对石油事务直言不讳,警告美国正在"飞速地"耗尽自身的石油资源。它正在"售卖自己的石油储备,好像我们的资源是无穷无尽的一样,但并不是"。他补充道,这种"危险的石油提取速率",是由于允许"许多自私自利的石油企业"脱离国家能源政策的实施造成的。如果另一场战争打响,石油短缺将会造成灾难。他提醒美国人,90%的"战争石油"供给来自于北美与南美地区。除非美国"开始为战争开发新能源,否则美国会成为贫油国"。[51]甚至于很少公开发表石油形势言论的罗斯福,也于1944年3月的新闻发布会上告诉记者他"很担心石油供给问题"。这位总统不仅表达了"对未来5年国内石油资源状况的担忧,更对未来50年石油供给不抱乐观态度"。[52]

尽管有军队与白宫的支持,国会及行业对国有化计划的不满最终阻止了石油储备公司对美国石油贸易的介入。1944年,伊克斯连续几个月不断尝试说服国会与大众国有化才是正确的选择,但最终无果,该计划不了了之。这将是美国政府第一次也是最后一次企图直接介入石油产业。整个石油产业甚至在计划破产后都鲜少就该计划发声。这些石油公司经理们认为,战时石油管理署和美国军方1943年发布的"危言耸听"的报告都只是政府为煽动民意做出的宣传,只是为了剥夺他们的生计。在他们看来,美国政府官员企图混淆大众观点,散布石油供给即将用尽的谣言以恐吓大众使其同意他们掌控石油产业。1944年3月,美国《石油与天然气杂志》发表文章称:

很显然,数百万消费者确信在美国石油资源将永久短缺,正是基于这种担忧,支持美国政府参与国内外石油商业运营的民意不断上升。普通消费者尚未意识到由于战时经营限制,石油配给制度已完全投入实施。如果公众被引导去相信任何一个宣称可以确保未来石油供给的项目,进而支持它,而不管对公众自身及未来各个组织的经济政治影响的话,是非常危险的。[53]

批评家认为,不管未来是否会出现短缺,这项计划与国营资本主义的目标相距甚远。用一个石油产业游说集团的话说,石油储备公司所提出的跨阿拉伯半岛(即从波斯湾到地中海东部)的管道计划,是"法西斯主义方向的举措"。它重申道,美国战时石油发现量下降与生产力上升的"真实原因"是由华盛顿主导的虚低价格以及暂时的劳动力、生产资料短缺,而不是地下石油短缺。[54]

当战争结束时,在全球石油市场上与新竞争平台达成协议是石油产业的当务之急。战争期间无止境地担忧能否持续保障同盟国石油供应的日子终于结束了。毫无疑问，美国石油公司完全能满足第二次世界大战期间紧张的石油需求。战时石油管理署工作越来越顺利，分配和输送物资给石油产业更加高效。国内石油产量从1941年的每年380万桶攀升至1945年的每天470万桶。这种激增到1944年中期已略微超过最大有效开采水平（超过该生产率，给定油田的最终可采储量就开始下降）。[55]这些胜利缓解了供求关系的紧张。汽油配给制度以几乎是欢庆胜利的姿态，在日本投降后的24小时内解除。随着1946年的结束，物价管理局终于解除了战时价格控制，并取消了低产井的补贴制度，战时石油官僚主义完全画上了句号。

“自我维持期间必要的需求”

第二次世界大战的结束并未终结全球范围内宝贵石油资源的争夺；它只是重塑了石油资源博弈的新舞台并见证了新的能源对手的崛起。在美国的政策制定者看来，战后世界一分为二，一部分是美国阵营，另一部分是苏维埃阵营，世界石油供给也应该依此划分。这种分裂加深了石油供给安全问题的紧迫性。美国军事战略学家担心一旦另一场战争发动，美国的同盟者可能缺少足够的重要大宗商品供应。美国有必要“为与苏联长期对峙做准备”，而石油在这场新型较量中占据了“战略安全的中心地位”。[56]1947年2月，一位参议员在报告中写道，华盛顿应该推行一项适应“这个尚不清楚如何避免战争的混乱的世界……”的石油政策。“和平时期这个国家的石油政策无论如何都应该以不可避免的自我存蓄为主导”，而不是“寄希望于在本国境内发现足够的石油”，更好的行动方针是激励政府勘探国内石油矿藏的同时制造出除石油以外的“合成的液体燃料”。[57]

美国石油供应是否足够捍卫美国的国家利益成为一项新的紧要议题。后来成为美国第一任国防部长，当时的海军部长詹姆士·福里斯特尔（James Forrestal），在1945年说，在估计国内储备的问题上，“海军部门不能犯乐观主义的错误”。“美国的威望和影响力在某种程度上，与政府的财力和国民拥有的国内外石油资源相关。石油财富拥有量的积极扩张是非常需要的。”[58]接下来一年，福里斯特尔向国务卿詹姆士·贝尔纳斯（James Byrnes）表达了他的担忧：

我认为[伊克斯]是对的，关于美国石油储备的问题。在这方面，我深受当年在私营企业雇用的一位工程师 E. L. 德高乐的影响。如果再次卷入一场战争，我们很可能无法获得中东石油资源的支持。但同时，使用那些地区的石油能防止我们的资源消耗，这种消耗在未来 15 年将变得非常严重。[59]

来自国内产业上游数据加深了这种紧张气氛。1935～1939 年间，探明储量的年度净增长平均为 13 亿桶，形势较为缓和。但是，在接下来的六年间，尽管每年平均新增约 19 亿桶的发现量，但战争的额外消费需求相抵，导致储备储量每年净增长量仅为 4 亿桶。

不是每一位美国石油分析师都认为石油产量在未来几年一定会遭遇困境。美国关税委员会(U. S. Tariff Commission)1946 年出具的一份报告表明关于美国石油的未来有两类学派观点。"一些专家坚信美国对进口的依赖注定会上升"，而其他专家则认为"过去几年石油发现量下降很大的一部分原因是战争条件限制，而现在战争已经结束，发现率将再次回升"。问题就在于战时令人沮丧的低发现率究竟是意味着进口依赖上升的新时代的开启，还是由于战时监管机制导致的国内探索不足，是人为因素造成的短暂现象。他们发现，"关于美国未来石油供给的悲观预测，在过去很长一段时期不断被提出，但它们通常很大程度上是基于对探明储量的现有估计"，而不考虑未来的发现量。但是最近几年新增储量的增长"远不如以前突出"，这可能预示着一个转折点。如果新发现量与现有产量之比继续下降，那么美国石油产量将超过石油发现速度，永久短缺的"时代不久就会来临"。[60]

"更艰难且成本更高"

1946 年与 1947 年美国高层官员连续发表了许多言论，几度强调对于石油短缺的担忧。对他们来说，石油进口增加意味着进入一个油价上涨的新时代，因为全球石油储量质量在衰退，而原油运输成本将计入美国的石油价格。1946 年 8 月，来自国务院的顶级能源专家及陆海军石油委员会成员通过电视广播警告美国人，除非通过陷入僵局的《英美石油协定》(Anglo-American Oil Agreement)，否则二十年内，美国人将面临石油短缺(本文中"短缺"是指进口增加还是石油的绝对短缺难以区分)。这项立法用意在于发展一个英美联合决策共同体，从而"平衡石油供求的错配，管理盈余，给过度供给的市场带来秩序和稳定"。[61]英美政府为这项措施获取公众支持的策略就是强调自身未来国内石油资源供给的不确定性。国务院石油部门负责人说："我不是预言家，不能预测准确的数据。但我认为，保守来讲，从现在起的 20 年后，除非发现新油田，否则我们近一半的石油消费需要依靠进口。我们不能指望发现新油田。"[62]这场电视广播"引起了一场轰动"，但《国家石油新闻》(*National Petroleum News*)紧接着就再次向大众保证它"不相信任何石油供应短缺的危机明天会发生"。它乐观地列举了生产商们正在寻求的从非传统资源和精炼机中提炼更多石油的方法，一旦这些方法成功应用，就能低成本地将油页岩和煤炼成液体燃料。[63]

继伊克斯后，由总统哈里·杜鲁门(Harry Truman)任命为新任内政部长的朱利叶斯·A.克鲁格(Julius A. Krug)在 1946 年夏天的电视广播中带来了一个对于任何关注廉价石油的坏消息。他说，油价在上涨，而且很可能是无限期上涨，因为美国的油田产量在下降。他宣布："关于我们希望通过未来石油勘探发现的石油数量，专家们的意见表明，美国石油发现量已经达到这个国家全部资源的一半了。"未来将不再像过去那样美好："发现另一半储量将是一个更长、更艰难、更昂贵的过程。"美国石油主宰的时代正在走向结束；它现有的产速将不再可持续：

专家表示，美国最终的石油资源约为全球石油资源的六分之一，而我们正在生产和使用的石油资源占全世界的三分之二。这意味着在世界其他重要产油区出现类似的不足之前美国的石油资源就将面临短缺……我认为石油产业必须调整其针对大量石油进口的需求的思路，以提高我们的安全性，防止威胁到健康的国内产业。[64]

克鲁格看到了不祥之兆：石油生产在阿拉伯及波斯湾地区比在美国大部分地区都便宜。他正好知道，生产将流向成本最低的地区。唯一符合逻辑的结论是，美国必须接受现实，外国石油供应不久将占据国民消费的大部分甚至主导部分。但是他关于美国油田储量已经进入永久下降阶段，且激增的进口将不可避免地上升，价格也将上涨的估计是不准确的。

并非"我们好像即将而是已经耗尽石油"

除了关于新供应是否以及何时将被发现的骚动之外，石油市场的另一侧也在经历着巨大的变化:需求正在激增。战后由于人们变得富裕,美国人口成倍增长,驱使国民石油需求达到了半个世纪前无法想象的水平。1939～1950年间,美国汽油与柴油的消费翻倍,达到每天270万桶。而石油产品的消费几乎增加了两倍。仅在停战后五年内石油消费就增加了32%。[65]这个国家的轮子转动起来了,有无数的小汽车、火车和巴士上路。制造商的生产速度几乎无法跟上订单提交的速度。1945年美国公路上2 600万辆的汽车到1950年增至4 000万辆。[66]交通运输并不是唯一促进石油需求增长的部门。1950年,这个国家取暖器和油燃器的消费量比上年增长了40%之多。[67]

面对需求的激增,石油产业奋力发展战时繁荣的能源经济向和平时期过渡所需的基础设施。精炼厂必须为生产消费者日常所需用品,比如加热用油,进行重新配置,而不是军需或非民需的燃料,像战斗机使用的航空用油。这种转换是非常耗时且昂贵的。[68]对于扩建拥挤的石油基础设施非常重要的钢铁,仍然供应不足,使得运输瓶颈仍然存在。石油企业在1947年做出了数十亿美元的基础设施建设投资,来解决这个问题。但是这远远不够,并且太迟了。虽然地下仍有大量石油,但它们不可能在1947年双重厄运之前快速及时地到达需要的地方——前所未有的驾驶热潮之后紧接着一个难以忍受的寒冷的冬天。

那年夏天起,石油短缺开始出现在美国某些地区,不仅影响了常规消费者还有政府购买者。印第安纳标准石油公司不得不采取配额措施,限制输送到中西部服务站的石油数量。[69]内政部油气部门的负责人马克斯·鲍尔(Max Ball)预测这个冬天将会出现更严重的短缺,如果天气变得非常冷,并且正在进行的海上打击行动继续拖延下去。[70]陆海军石油委员会在7月份宣布其已经面临航空汽油短缺,无法满足军队实时需求,导致商务部出台禁令,直至政府存量上升前禁止汽油出口。海军部门最终被迫从波斯湾进口了340万桶石油,这在他们看来是万不得已的做法。[71]在冷战环境中,军队无法获得必需的石油产品用以保护和防卫的预期使得形势对于华盛顿来说更为严峻。

随着国民对价格上涨的不满情绪不断升温,对华盛顿负责人的指控声音也越来越大。国会在1947～1948年间举办了20多场关于石油价格及石油短缺的听证会。"这周,石油产业的供给问题已经占据了报纸上更大、更醒目的头条新闻,在国会记录上也占据了更大空间",《国家石油新闻》表示了不满。"石油产业本身仍然没有感受到形势发生变化",中西部地区的运输瓶颈仍然阻碍着石油运到东海岸的顾客手中。[72]政治家们抗议在国内供给短缺的情况下,美国的石油公司仍然继续向外出口原油。1947年6月,商务部公开批判当年将近3 500万桶石油及石油产品出口到俄罗斯、欧洲及加拿大,与1946年国内尚不存在短缺问题时一样多。一位参议员控诉石油公司"喂饱了战争机器俄罗斯,而俄罗斯却拒绝在世界大局上合作"。

石油公司也对指控做出了强势回应。他们严责钢铁制造商没有提供足够的钢铁来供应运输设施的建设,导致石油无法遇到需要的地方。美国国家石油委员会(National Petroleum Council)控诉道,甚至在美国石油产业还缺乏那些基础材料之时,"仅苏联,在过去的20个月,就收到了50 000吨管道、套管及其他管类材料"。[73]经理们批评国会将石油产业作为替罪羊,虽然消费巨幅增长,市场条件却不出意外的紧缩,这才是导致短短几个月的紧张情绪转变为一触即发的公众恐慌的真正原因。该产业呼吁大家冷静,并否认这些季节性的短缺会变为任何一个严重的大问题。"你听到我们面临石油即将用尽的危局,"美国独立石油协会(Independent Petroleum Association of America)执行副总裁哈罗德·B. 费尔(Harold B. Fell)说。"但事实是,石油并不短缺。新油田的发现仍在继续。已知探明储量是220亿桶——达历史最高点。不存在石油短缺的风险。权威地质学家已经证实还有很多石油资源亟待发掘。"[74]一些石油运营商则将这种担忧直接归咎于更有权势的同行。例如,据《芝加哥论坛报》报道,一些芝加哥的石油经销商们宣称,这种石油短缺只是"主要石油生产商为了将独立分销商挤出行业链蓄意制造的工具"。他们告诉国会,所有关于石油短缺的谣言都是一场骗局,只是主要生产商为自身利益而刻意散播的。

但是显然如今的形势很容易被误解得更为严重:美国正在沦为长期缺乏石油满足自身基本需求的国家。由价格与公开声明表现出的市场问题,"给了冷战期间的石油供给更耸人听闻的紧迫的信号。它不仅向普通人传达出好像我们即将用尽石油资源,而且好像已经用尽的消息"。[75]油价上涨并不能缓解这些担忧。到1948年,油价已经上涨到1946年政府限制价格时的两倍。汽油价格在1946年7月至1947年12月间上涨了将近25%,达到0.18美元一加仑。[76]

虽然1947年夏天关于石油供给的辩论异常激烈,但随着天气转冷,情况变得更为严重。美国油田的确比以往抽出了更多的石油。但是对于石油产业来说,交通运输瓶颈,不仅在美国,在全世界,都仍未解决。供暖用油存量过低。马萨诸塞州众议院议员约翰·W.赫塞尔顿(John W. Heselton)发布了一条警示消息,警告美国到1948年2月20日,将用尽所有石油。10月,石油公司被迫开始对自己的石油存量实行限额配置,并谨慎地保卫所有手头的资源。[77]对于很多美国人,包括政府官员来说,越来越难辨别这只是一个由运输能力限制导致的暂时性短缺,还是这个国家真的进入了痛苦的石油短缺的新时代了。当然是前者,但是战争的迷雾已经开始笼罩石油市场上的争论了。《纽约时代周刊》在9月份正确地解释了当下的局势:"当今世界上拥有足够的探明石油储量满足我们的需求——500亿桶只是一个保守数字。但是没有足够的船只、管道、油轮、驳船和精炼厂将它们以需要的形式运送到需要的地方。"[78]像往常一样,石油公司高管对媒体"夸大"报道即将到来的"石油饥荒"感到不满。他们将全国上下广泛流传的说法——国内的加油站随时可能用尽最后一滴石油,归咎于这些误导或误传的新闻故事。[79]

"最终发生了"

但是,其他有很多人——包括杜鲁门的内阁成员——做了很多事情煽动民众恐慌,支持石油可能会永久短缺的消息。内政部长克鲁格,对于这个国家即将发生的石油灾难发表了令人沮丧的谈话。"当今的石油短缺不只是暂时的,它是会持续下去的,而且情况越来越糟糕,"《基督教科学箴言报》总结克鲁格的发言报道说:

它最终发生了——地质学家预测了四分之一个世纪,而石油团体说一百年都不可能发生的事情。美国的石油需求最终远远超出了供给……自从印第安人在宾夕法尼亚州的沼泽中发现了泛着彩色光芒的浮油,石油供应就仿佛会永远持续下去。事实上,美国的石油产量正在停滞,尽管它的油井正被无情地开采,它的脊背像被奴役的马一样被鞭挞。但是,需求大幅上涨。简而言之,正发生于1947~1948年寒冷的冬天的是美国已经走向了一个时代的终结……我们不能再仅仅依靠自然石油资源来满足自身需求的时代已经来临了。他说:我们必须开始将天然气、油页岩,以及最重要的,煤炭转换为石油。"合成液体燃料的时代破晓正在降临,并且快速降临,"这位内政部长宣布说。[80]

毋庸置疑,克鲁格在某些方面是对的:美国的石油消费不久将超过石油生产。但是他似乎唯独忽略了通过进口补贴国内生产的可能性。美国正在变成一个原油的净进口国,这对它来说,将是在石油市场的角色与地位的永久转变。但是暗示那种转变意味着石油"短缺"将是今后的新秩序,或者"仅天然石油"无法满足这个国家的需求,是半真半假的,这不会阻止危言耸听的媒体的报道。如果美国的石油即将枯竭,有希望在更远的地方找到大型油田吗?有更多的不确定性的国外石油储备,能够供给美国像上半个世纪一样多的足量的石油吗?

美国为这个冬天做好了准备。杜鲁门命令所有政府办公大楼与宿舍温度不得超过68华氏度以节约供暖用油,而政府车辆限速每小时48英里以节约汽油。[81] 4 000万加仑石油从海军储备中调出去支援新英格兰以备不时之需。[82]石油产业则通过多余油轮保障墨西哥湾到东海岸的供应,缓解了这个冬天的供油局势。东海岸的精炼厂将大量生产供暖用油,减少汽油产量。但是尽管1947年国内产量已达到530万桶每天的空前高度,这个国家的原油需求却超过1945年战时需求的14%,超出了国家的生产能力。[83]

1947年对于美国石油经济来说标志着重要的第一步,它彻底改变了美国人将石油视为一种能源的看法。这一年也标志着美国一直以来坚守的石油及石油产品净出口国的地位的结束。美国再也没有向外输出比进口更多的石油。美国作为世界上最大的石油供应国的时代结束了。1947～1948年间进口增长了约13.2%,达到每天约50万桶。比同期出口量高出约75 000桶每天。[84]从那以后,美国将不得不依赖其他国家来达成足够满足本国不断增长的需求的边际产量。

到1948年,几乎每个公开发表的意见对所谓的石油短缺能被解决都表达了质疑。"石油短缺"这个短语似乎就代指了人们的担忧——国内的油田将再也无法生产足够的石油来满足不断上升的需求,至少在他们的有生之年。这个担忧最终被历史证实了。有些观察员开始总结石油产业一直以来对未来的乐观预测是毫无依据的:

现在看来,那些石油产业巨头开始公开承认美国已不能指望通过新油田发现和优化的提炼方法来保持自给自足只是时间的问题。石油公司高管在表达他们从前的乐观主义时不仅是抱着求好运的心理,而且更加寄希望于能从其他资源而不是美国大陆上的油田中提取石油。[85]

如果美国在快速开采石油上遇到了困难,而它又是世界上最大的石油生产国,那么全世界石油供应的未来都不太乐观。从美国不断增长的进口中很容易推断出一个错误的观点——各地的石油产量不久都将下降，紧接着全球石油匮乏的时代即将来临，使得早些年的石油低价与充足产量成为历史的遗迹。

石油高管为捍卫目前不存在石油短缺灾难的观点，对于国内外仍能发现新石油，继续保持乐观态度。他们认为，"石油短缺"总会让人想到地下石油绝对缺乏的画面，可能伴随着永久的油价上涨，这看上去不可能发生在可预见的未来。在这个意义上，历史也会给出证明。新泽西标准石油公司总裁尤金·霍尔曼（Eugene Holman），在1948年向国家记者俱乐部保证"石油危机不存在"。他没有向媒体表达未来几年流通石油量不够的悲观看法。"这个国家没有人需要因为石油产品的缺乏对自己的生活方式做出重大改变，"霍尔曼强调说，"我说这些时完全了解人们对于供给困难的关注，我也知道有些人控诉我对于供给形势过于乐观。我认为有很多值得我乐观的地方。"[86]即便如此，许多石油产业的人显然认为由交通瓶颈导致的石油困境可能持续三年或以上。[87]

无论他们对于"石油短缺"的定义是什么，毫无疑问，尽管石油企业企图"创造生产奇迹"，美国人似乎认为这个国家未来的石油需求达到已经高到可耗竭资源无法满足的地步，这预示着油价上涨时代的到来。[88]"64美元的问题……石油产业的未来，"一位作者说，"是'随着国内消费稳步增长，超出它现有以及未来油田可供应的范围，美国应该从哪里获取它未来的石油供应呢？'"他提到石油公司已经进军中东和委内瑞拉，但是他认为这两个地区都不会贡献太多石油。现在的短缺问题只是等待着这个国家的长期能源问题的一个投影，而这个国家正在以超出自身能力的方式生活。用《基督教科学箴言报》的话来说："燃油短缺并不是某个季节的紧急情况。冬季结束时它也不会结束。下个夏天时，汽油供应将会处于短缺状态。现在种种迹象表明，未来愉悦驾驶会受到真正的限制。甚至意味着限额……"前所未有的高消费水平不仅不经济，而且是不道德的。这是不正确的，就算拥有了已有的所有石油资源，"美国人还是想要更多。他们想要比以前拥有的多上数百万加仑的石油"。[89]

然而，对于有权势的军事领导人和众议院军事委员会来说，石油问题是存在主义的，而不是道德的。他们认为，即将袭来的石油短缺只是老生常谈，美国人之前已经担心过数次。在呼吁采取紧急措施解决可能发生的石油灾难上，没有人比这些官员更加直接。在1948年5月的一份报告上，众议院军事委员会发出了又一个红色警示——美国即将面临黯淡的石油危机。"我们想表达得越简单越好——我们想强调，”委员会宣布，“抛开这份报告的所有其他部分，我们想让你们每个人记住最重要的事情——我们的国家面临着惨淡的石油困境。”美国石油生产，以及国家的存亡，都处在危险中。美国已经耗尽“远远超过一半”的国内石油总供给。委员会警示：“石油供给只能维持约 12 年。”它敦促政府采取紧急措施。它提出的解决措施有恢复自愿限额，设置军事储备，另设立军事储备，资助阿拉斯加地区的石油勘探，开发这片大陆架，投资研究合成燃料。[90]

华盛顿的其他呼声和石油公司发言人一致，断然否定了这项新研究的储备预测结果。内政部油气部门长官马克斯·鲍尔，质疑说这个国家可能面临任何危机，但绝不可能出现石油供给问题。除非爆发一场完全的战争，他预测，“未来几年，美国公众将以更低的相对成本获得比以往任何时候更充足、质量更高的石油产品”。内政部否定了这种看法，并表示“石油资源供给再也不可能变得充足，而且世界石油需求的过快增长将达到整个行业无法承受的水平”。是的，看起来美国确实需要进口越来越多的石油。但是这并不意味着石油真正用尽了，也不代表价格一定会持续上涨。鲍尔宣称：“这些预测忽略了经济史，忽视了石油产业的生命力和各大企业，并且低估了竞争的驱动力量。”只要“允许普通竞争力量正常运作”，这个产业的未来就会同以往一样光明。[91]但虽然他对未来的展望与国会就在几天前提出的预测截然相反，但他也难以清晰地描述石油供给的未来前景具体如何。

次年，美国独立石油协会发言人 L. 丹·琼斯(L. Dan Jones)在众议院外交事务委员会为鲍尔的预测做了证言：不论在国内还是国外，石油资源都没有可预测的枯竭迹象。“世界石油不处于短缺状态，”他向立法委员再次保证。事实上，1949 年，世界市场“面临着石油过度供给问题，反映在美国市场，就是飞速增长的不必要的石油进口”。被问及他是否相信“大概两年前发表的一条言论——我们已知的储量只能维持 14 年的用量了”，琼斯并不相信。将已知储量按照预计消费量划分是不正确的：难免会忽略未来可能新增加的储备。“二十年前”，如果你做过计算，“你会发现我们只剩 10 年、12 年或 15 年的石油供给了，早在 5 年前我们就应该已经陷入绝境。”但是这些数据是误导性的，原因很简单，“我们总是能找到比实际使用的更多的石油”。[92]这种乐观主义对人们来说不啻于“平地惊雷”，内阁的一位成员说，因为它“直接否定了我们从现届政府的负责任的成员中得到的证词”。[93]

"产业满足了全部需求"

正当关于石油短缺的新时代是否即将到来的争论激烈开展的时候,高油价开始带来石油产量的增长。自从战争结束油价就开始激增。1946～1950 年间,各产油地油价均不同程度增长。加利福尼亚地区由井口价格 1.5 美元每桶上涨至 2.37 美元每桶,东得克萨斯由 1.7 美元每桶上涨至 2.65 美元每桶,中陆地区由 1.62 美元每桶上涨至 2.57 美元每桶,阿巴拉契亚地区由 3.55 美元每桶上涨至 4.1 美元每桶。[94]但是市场风向在变化。新技术刺激了上游石油公司的能力显著改善。20 世纪 40 年代末期,近海采油开始投入运转。在稳定的浅水中的固定平台钻井已经不算新鲜——路易斯安纳州与委内瑞拉都已经投入实践。但是克尔—麦吉公司(Kerr-McGee)在距离路易斯安纳海岸 10.5 英里处钻井的冒险的确是新举措。但是当他们采出石油时,其不可思议的冒险终于得到回报,也诱使竞争对手相继投入,近海采油开启了全新的局面。这些年天然气也成为强势的新能源。过去油气运输是一项挑战,但是由于 1947 年两条主要管道的建成,东北地区的主要消费区的天然气贸易大幅增长。到 1950 年为止,州际天然气贸易流量已经到 2.5 万亿立方英尺——为 1946 年惊人的 2.5 倍。天然气流量的增长大大减轻了石油需求的压力。据估计,天然气消费量的增长减少的石油需求相当于每天 70 万桶。[95]

到 1950 年,国内市场的情况发生的变化,是不可能被两年前为石油供给而着急的人们所关注到的。国内原油产量由 1946 年每天 470 万桶上升到 1950 年的每天 540 万桶。已证实的国内原油储备和液化天然气比 1948 年提高了 20 万桶,是 1937 年以来最大的增长年份。[96]记录在案的馏分油库存积累到 1949 年冬天比前一年度高出 50%。[97]俄亥俄石油公司总裁 J. C. 唐奈尔(J. C. Donnel)在 1949 年公司股东大会上指出,情况出现了巨大反转,"去年的这个时候……(石油)行业最大化地使用设施,以满足日益增长的需求。然而,到了秋季,产能利用、产量和存量都达到了很高的水平,石油短缺已经成为历史。"[98]

对现在和未来的石油短缺恐慌像石油潮汐波动一样停止了,很大程度上是因为中东大量的新油田被开采,从而(大量的石油)涌入美国。然而,预测向外国石油进口将有一波上升趋势的人们是有先见之明的。这些石油进口有助于终止

国内市场短缺,维持价格稳定。原油净进口开始出现惊人增长:由 1945 年每天
118 000 桶增长到 5 年后的每天391 000 桶。到 1959 年,进口达到令人产生顾虑
的每天 100 万桶。这些年里,石油总供给中外国石油起到了重要作用,从 1945
年的 2.5% 增加到 1949 年的 6.2%,最终于 1959 年接近翻番,达到了 11.9%。[99]
总之,在新世纪到来之际,石油产业面对的挑战是过剩的问题,而不是稀缺问题。
原来关于石油需求增长过快而产量无法跟上的焦虑烟消云散了。

1950 年《时代周刊》回顾过去几年的石油恐慌,指出时代已经发生了怎样的
变化:"一年前,美国石油产业还在思考,产业长期繁荣当是细水长流。在石油产
业拼命扩张的过程中,不仅全面解决了需求问题,而且,自第二次世界大战以来,
第一次出现石油产量大于销售量。"[100]虽然只是暂时的,仍值得高兴,石油充沛
的状况将持续超过 20 年。

第四章 1970～1986：
"历史上前所未有的问题"
——欧佩克(OPEC)时代的美国焦虑

在美国历史中,1970～1980 年间可以说是石油市场的混乱期,某种意义上也可以说是咎由自取。在 1972 年之前,美国油田的闲置产能就消失殆尽。这部分闲置产能是石油公司实际产量与理论上最大产量的差值,也是防止产品价格因短期供给不足而达到峰值的紧急措施。闲置产能不足,缺乏缓冲的局面使得原先西方最强大的能源巨头如履薄冰。一些主要的生产者一方面嗅到向西方进口石油的地缘战略,一方面疲于应对 OPEC(石油输出国组织,成立于 1960 年)制定的价格游戏规则,最终导致了石油产业国有化和产量下降的浪潮。"能源危机"一触即发,针对能源危机的专业预测始于 1969 年,随后这种看法变得普遍起来。美国国务院发布了悲观预警,罗马俱乐部也发布了极度悲观的预测。在上述紧张的气氛中,两场理所应当的石油供给危机被政治冲突引爆了,一场在 1973 年,另一场由 1979 年延续至 1980 年,长期以来人们口中"在路上"的石油短缺危机达到了高潮。一场不可逆的石油供给短缺不断迫近,像这样的预测随处可见。调查表明美国民众感到"石油用完了"的现象与日俱增。对许多美国人来说,伊朗革命和 1979～1980 年爆发的两伊战争是先前十年征兆的必然结果。但是,这波恐慌总会过去,并且戏剧性地仅 5 年后就被遗忘。

美国石油产业的格局——生产者、价格、政治和政策,在 20 世纪 70 年代发生了剧变。先前十年的经济繁荣很大程度上归功于便宜的石油。苏联以外的石油消耗水平从 1965 年的 3 000 万桶/天急剧上升为 1970 年的 4 500 万桶/天。3
年后可能升至 5 500 万桶/天。[1]石油被用来制造一系列产品,比如塑料或纺织
品。世界经济,从发电厂到汽车油箱,都变得越来越依赖石油。横跨美洲和欧洲
的全球石油巨头们牢牢掌控着世界上最大的油田,根据自身利益极富技巧地控
制了市场供给。这些公司被意大利的石油商人恩里科·马太(Enrico Mattei)嘲
弄地称为"七姐妹"。与此同时,它们和发电厂、政治权力、金融资本完成了融合,
并管理了全球石油行业。尽管石油行业是世界上最强大的行业之一,然而其无
可匹敌的地位并不是永恒不变的。

变革之风升级为飓风

对美国的消费者和抽取石油的公司来说,20 世纪 50 年代末期和 60 年代是
黄金时代。价格低廉的石油迅速遍布了人们的生活。为了反映这段石油市场的
欢乐时光,一位专家在 1973 年《外交事务》的一篇文章中,描述了"黄金时代"中
人们对未来石油价格预测的过于自信。他写道:

基于充足的石油供给,低廉的生产成本,遍布全球的石油储备,人们预测未
来的石油将会以其经济均衡的价格出售。该价格显然在 1 美元/桶或者更少,该
价格区间一度被人们自信地预测为 1970 年波斯湾产石油的普遍价格。这是 20
世纪 60 年代流行的,或者说是几乎全民认可的理论,直到今天仍然被它几位早
期的拥护者所支持。

当时并没有更好的证据证明普遍的"石油永久低价论"和"美国未来无需大
规模进口"比尼克松总统的专门工作组在 20 世纪 70 年代早期对石油进口的发
现更具说服力。这个专门工作组,由劳工部长乔治·舒尔茨(George Shultz)领
导,对未来更加乐观。石油价格会在 1980 年缓慢上涨。在全国每天 1 850 万桶
石油的消耗中,预测几乎有每天 500 万桶石油是国产的。其他主要的进口将来
自于西半球。这幅美好的前景理所当然地不会来临。进口的数量在 1973 年之
前就跃升为每天 600 万桶石油,大大超前于专门工作组预测的 1980 年。原油价
格上涨至尼克松总统的幕僚做梦都想不到的高位水平。但是这份报告并不是几
个独立学术机构的观点,它的结论是由美国最大的石油企业组成的国家石油委
员会(1946 年由杜鲁门第一次常规化的咨询委员会,负责向白宫出具石油与天

然气的行业见解)和内政部提供支撑的。[2]

世界石油市场的第一个拐点发生在 20 世纪 70 年代,却被石油行业外的几乎所有美国人所忽视。这也为几年后发生的石油危机奠定了基础。在 1971 年 3 月前,美国油田耗尽了全部产能,曾经的美国油田能生产远多于当下水平的石油。这个国家丧失了所谓的"闲置产能",或者说丧失了在有限时间里迅速恢复产出的能力。这是一个巨大的转变。在美国石油产业的第一个百年中,这个国家总是能生产出多于所需的石油。事实上,产能过剩在需求减弱的年代,对于国内钻探者来说是个长期存在的威胁,因为他们承担了向市场过度供给的风险。就像产能过剩在大萧条之前反复发生的那样,在大萧条时代也发生了严重的产能过剩。尽管当时洛克菲勒的标准石油公司被认为是幕后黑手,这种极端的自私也有着被广为忽视的益处:那就是他阻止了美国石油市场价格的崩溃。在标准石油公司解体之后,几个监管机构——像得克萨斯州铁路委员会和俄克拉荷马公司委员会——最终不得不决定出手干预市场。他们按比例实施减产,保持石油的高价来避免浪费产能和保持市场的正常运转。

一系列因素导致了 20 世纪 70 年代初美国损失了其石油闲置产能。而这场变革,对石油价格和地缘政治有重要影响。一方面,国内石油消耗水平快速提高,仅在前 5 年就增长 25%。与此同时,原油价格处于谷底。按照今天的美元换算,在 1961~1971 年间原油的年平均价格从来没有涨到每桶 14 美元以上。[3]世界上没有其他国家像美国一样开采过度。另外,例如在中东和北非存在许多未经开发的处女油田,可以生产便宜得多的石油。这意味着这些地区接受了大部分份额的新投资。而进口配额也使石油能够快速进入国内市场(虽然由艾森豪威尔在第二次世界大战期间创立的进口配额,旨在限制美国对外国石油的依赖程度。但是一旦国家的剩余产能消失,进口配额就自然而然被市场所淘汰)。

随着美国石油盈余产能的流失,对华盛顿所谓的现货石油生产的安全缓冲垫来说,如果需要的话它也已经不复存在了。在紧急情况下,无论是以供应中断的形式还是战时需求的激增,美国将不再有安全缓冲。也就是说,美国和它的西方盟友们,将越来越多地依赖于中东石油的供应以满足其日益增长的需求。这个事实,最终在构造美国战略石油储备时发挥了重要作用。对于美国来说,不可预见的石油消费量跃升,将没有潜在的国产石油供应来弥补。美国的石油经济,如今依赖丰富的廉价能源供应,这使它曾处于一个脆弱的位置。而这是史无前例的。同时其他石油生产商很快发现可以利用这一点获得好处。中东地区曾经只是美国的政客们次要的政治考虑,而现在的中东则是美国(石油)的核心利益所在。

西方石油巨头和中东政治掮客之间的关系在 1970 年前一度恶化。在中东和北非的新石油巨头,基于其丰富的、易于开采的石油储备,越来越意识到自己在世界经济中的中心位置。他们挪揄石油企业发布石油价格,根据自己对市场基本面的解读,或多或少地向买家直接宣布他们的石油卖价,而主权政府对他们所钻探的土地投入极少。在一个特定的国家,企业提价或降价的决定可能对其经济非常重要。已发布的低价可能意味着公共收入方面令人恐惧的骤降。石油行业一直有着生产太多石油的坏习惯,这必然推动了价格的下降。原油价格从 20 世纪 50 年代中期到 60 年代持续低迷,进一步加大了不同生产国的收入差距。

在 20 世纪 50 年代和 60 年代初,主要石油出口国家涌现了一批新一代的民族主义领导人,如利比亚的穆阿迈尔·卡扎菲(Muammar Qaddafi)等,引发公众对跨国石油公司的滥用行为的不满。这些人并没有按照既定的游戏规则出牌——向石油公司投资和支持特许体系。他们对事情应该怎样办持有不同看法。他们认为,石油是他们的财产,而不是欧美地区的石油。在他们看来,石油公司代表着西方政府。而这些石油属于本国人民,它的所有权和开采是一个国家主权的问题,而不仅仅是企业的问题。他们将尽其所能,以恢复对该行业的控制权。因为他们才是石油合法的所有者——被上天眷顾而拥有石油储备的各国政府。

受挫于 20 世纪 50 年代结束的一系列石油价格的下跌,一些主要石油出口国政府终于决定采取行动。当埃克森在 1959 年 9 月再次降价时,此时阿拉伯轻质原油的价格被降到每桶 1.91 美元,随后其他的跨国公司也纷纷效仿。他们在 1960 年 8 月将原油价格又下调了 10%。[4] 石油出口国已经忍无可忍。委内瑞拉的矿业和能源部长胡安·帕布鲁·佩雷斯·阿方索(Juan Pablo Perez Alfonsou)认为,这是西方石油公司对石油的控制,造成了委内瑞拉该主要出口产品价格的走低。佩雷斯·阿方索几年前曾起草过在委内瑞拉颇具影响力的 50：50 利润分享公案,以在一定程度上增加了国家的石油收入。但他说道,如果全球石油价格趋于稳定,就要出台更为严厉的措施来应对该局面。

1960 年 9 月,他号召了来自委内瑞拉、沙特阿拉伯、伊拉克、伊朗和科威特的代表们在巴格达进行商讨。基于各个国家经济和公共财政的长期未来,各个国家的代表讨论了如何能够互相联结并付诸行动,以获得对石油贸易更大的控制权。在会议过程中,欧佩克——石油输出国组织——诞生了。根据它的成立愿景,欧佩克作为一个集体谈判和防御的工具,它将夺走石油公司在决策过程和管理中的主要角色,这些公司目前在其领土上从事石油生产与售卖。这将有助于欧佩克集团努力和石油公司联合,合力协商价格、生产、税收和政策等议题。[5]最后,总的来说,主要的出口国已经采取了手段,以稳定价格和长期生产水平,这将使他们能更好地控制其长期财政状况和经济发展战略。

在 1960 年成立之前,欧佩克并没有在全球石油供应上展示其力量。在它早期的几年里,用一个历史学家的话来说,新生的商业联盟都是"雷声大雨点小"。[6]尽管一旦成功,他们将获得大量的互惠互利机会。这五个组成石油输出国组织的国家,却在一开始就很难一起合作,甚至比他们在 1960 年的巴格达预想的还要困难。伊朗和沙特阿拉伯,二者互为石油贸易中的死敌,争着成为西方在波斯湾最强大的盟友。而科威特则渴望得到更大的市场份额。内部的嫉妒所导致的争吵破坏了欧佩克这个新生制度的有效性。但欧佩克创始五国并未迷失最初的创立目的。在 20 世纪 60 年代和 70 年代初,他们对主要石油公司采取的措施越来越大胆。

成功的运势似乎站在欧佩克这边。单个欧佩克国家一旦在与一家外资企业的谈判中获得了成功,重新商议了生产合同中的许多条款,就不可避免地引发了多米诺骨牌效应。其盟友也要求一个平等或更优的条件。这意味着,一个政府成功强制完成了石油公司国有化或与石油公司重新修订了合同,其盟友也能获得更好的谈判条件。在 1971 年年年中前,欧佩克成员国已经与石油巨头签订了协议,保证他们获得 55% 的石油利润并可以向所有生产国报出高价。在少数一些国家,国有化并不是遥不可及。1971 年,阿尔及利亚对所有外国公司的油气业务强制要求 51% 的控股权。同一年,卡扎菲在利比亚夺取了英国石油公司(BP)51% 的当地资产。随后,伊拉克效仿了利比亚,在 1972 年强制获得了伊拉克石油公司的资产。[7]对石油巨头们来说,游戏已经发生了变化。

沃尔特·利维(Walter Levy),隶属于战略服务办公室(Office of Strategic Service),美国中央情报局的前身机构。他当时是石油部门的负责人。1971 年的夏天,他在《外交》杂志中描述以下情况:"世界石油贸易的经济环境已经发生了根本性的变化。在生产石油并出口的国家和消费石油并进口的国家之间的平衡已经被打破。"至少截至目前来看,在生产国的石油公司自身都了有决定性的转变。用更诗意的语言来说,这股"变革之风"已经"搅乱了1950年之后的几十年世界,如今早已升级为飓风"。[8]西方石油巨头们对世界石油贸易的控制倒退回了几代人之前。这种现象正在迅速蔓延。

西方国家能源结构的波动在任何情况下都会是剧烈的。但考虑到20世纪70年代初的供求状况,其对全球市场造成的不安情绪更为强烈。世界能源需求不断攀升,1970～1973年的年增长率是4%。煤炭、天然气、核电和水电却难以快速增长。石油似乎是最有潜力的能源,可以填补供应缺口,但产量需要在全世界范围内以创纪录的速度增长——约8%的年增长率。专家们很难看到这样令人震惊的产量增加程度或找到能够填补差距的新供应源。美国石油生产显然不能完成任务:在1970年11月,原油产量较低的48个州的产量达到峰值,随后年复一年呈下降趋势。苏联曾经是世界上最大的石油出口地区之一,但似乎准备成为石油净进口国。这出反转戏大大困扰着西方能源方面的官员们。苏联不愿披露其能源生产和使用方面的数据,这使得石油市场的总体情况更加模糊和更不可预测。

石油行业正在以极快的速度来试图满足能源需求的增长。从井口到加油站,供应链上每一个环节的投资额,都是巨大的。在1970～1973年间,年增长率大约为50%,比前十年的数据增加了一倍多,而前十年被认为是自身有了实质性增长的时期。上游的投资高度集中于中东。在20世纪60年代和70年代初的供应增长中,仅1970～1973年的增长率就高达52%。新的炼油能力也在快速增长。超过70个新炼油厂正在兴建,1970年世界各地扩大为120个。到1975年底,世界炼油产能比5年前超出了30%。全球油轮的数量仅1970年和1971年就增加了22%。[9]石油成为20世纪70年代初经济增长的引擎,也是中东(如今的欧佩克组织)的代名词。因此,所有的现实目的都是为了满足世界不断上升的石油消费需求。

永久的卖方市场

许多石油行业的分析师对15年内有充足的石油供给满足全球需求的看法

持怀疑态度。在 1969 年 7 月,《石油经济学人》(*Petroleum Economist*)的前身——《石油新闻服务》(*Petroleum Press Service*)——指出,石油需求在 20 世纪 60 年代末仍在"积极扩大",而且甚至可能在 1968~1980 年间翻番。能找到足够的石油来满足渴望吗? 对于是否能够完成这项艰巨任务表示了担忧。"石油行业面临着寻找新的大型储备的任务,它必须在新的生产、炼油、运输和分销都有持续的大规模投资,或者在需求增长的情况下降低风险。"[10] 1971 年 4 月,英国石油公司的首席地质学家 H. P. 沃曼(H.P. Warman)怀疑石油行业能否执行这项"艰巨的任务"——找到 9 000 亿桶石油。他认为,在 1985 年前需要找到快速消耗的石油储量的替代品。美国国家石油委员会估计,在自由世界的石油消费量将从 1970 年的每天 3 700 万桶上升到 1985 年前的 9 200 万桶,这是一个看似不可能满足的需求量。在这个时间框架下,美国因此将需要进口多达 300% 以上的石油。沃尔特·利维的咨询公司警告称,全球需求将在 1980 年前每天增加 3 500 万桶,即从 1970 年开始要增长 80%。壳牌和德士古都警告说,世界石油需求将增加近一倍,从 1970 年的每天 4 000 万桶原油到 1980 年的每天 7 000 万~7 900 万桶原油,而美国 1985 年需要进口六倍多的石油来满足国内需求。[11]

这些都是 20 世纪 70 年代典型的对新型石油市场的预测,几乎所有预测都导致了石油行业的不安。石油出口和石油进口国的政府和民众都表示不安,他们质疑:石油在未来几年还是一个可靠的能源吗? 尽管只有少数观察家认为这是一个严重的问题,但对于该问题严肃性的看法则不尽相同。[12] 各种形式的能源需求迅速增长,这是一个公认的事实。但几乎无人看到供应将从何处而来。在美国,联邦能源法规使事情变得雪上加霜。对油井石油价格进行管制,这是尼克松 1971 年用来抑制通货膨胀的。这项政策对降低石油勘探水平和产量产生了意想不到的后果,鼓励不可持续的消费廉价石油并鼓励进口。甚至上述因素都似乎在密谋如何让能源形势变得更糟。1969~1970 年的冬天,是 30 年来最冷的冬天,由于石油和天然气短缺,导致了公用事业被迫中断服务。对低硫石油产生了额外的新需求,这是因为越来越多的电力公司已经由燃煤机组升级为燃油机组,这也意味着从利比亚和尼日利亚进口的低硫石油不得不增加。接下来 1970 年的夏天,限电是大西洋沿岸十分常见的事。区域基础设施根本无法提供足够的电力来满足需求。谈论能源短缺已不再是一个学术问题,它现在是一个公共问题,获得了美国普通消费者的关注,并将站上国家新闻的中心舞台。

詹姆士·埃金斯(James Akins)是国务院的中东专家与后来尼克松总统和卡特总统的顾问。他是"即将在美国能源格局中引发肆虐的风暴"的人。埃金斯是华盛顿多年来在石油问题上的主要专家之一,被认为在1968年担任能源部门最高负责人职位。此后,他于1973年被任命为美国驻沙特阿拉伯大使。那个时代对石油最具争议性的思想家、麻省理工学院经济学教授莫里斯·阿德尔曼(Morris Adelman)说,无论是作为一名外交官还是作为一名公共知识分子,他在国际事务中都是一个多产的评论员。他的预测对美国石油市场迫在眉睫的灾难提供了一个有价值的"窗口"——对石油市场的想法和假设。这种看法同时席卷了美国政坛。他认为埃金斯在20世纪70年代对石油市场的著作使人们得以了解国务院精英的"所思所想"以及石油生产和价格的未来走向。[13]

当谈到石油的未来时,埃金斯几乎是一名乐观主义者。在1971年,作为国务院的燃料和能源办公室的负责人,他写道,美国正进入一个永无止境的石油短缺时代。华盛顿正享受着"买方原油市场的最后喘息"。就供给本身而言,美国最乐观的结果是从外大陆架开采更多石油和在干酪根和煤炭中挤压出任何液体。这只可能带来高成本。"在1975年之前,"埃金斯写道,"甚至更早,我们会进入一个永久卖方市场。任何一个主要的供应商都能够通过切断石油供应,造成我们的供应危机。"[14]美国国务院预测,石油价格将在1970～1980年之间比翻番还高,上升到"替代能源的成本水平"。这是一个不可思议的现实。埃金斯还预测了,在美国墨西哥湾,本十年末期,每桶石油的价格将达到5美元。国务院官员们并不羞于在国会面前和全国演讲中大肆宣扬他们的预测。事实证明,埃金斯和他的团队的预测——1980年的石油将贵于1970年,不能再正确了。虽然他的预测在当时被嘲笑为"危言耸听的挑衅",但在日后将被事实证明是太谦虚。在1980年,阿拉伯基准轻质原油在波斯湾平均售价为每桶36美元,大幅高于埃金斯所猜想的价格。[15]尽管他对石油价格的走势判断正确,但是,他设想的"永久卖方市场"并没有随石油价格的增长出现。

埃金斯和他的同事们在1972年继续拉响警报。随着全球基准石油价格跨越了每桶2美元的障碍,接着就跨越了每桶3美元的障碍。美国很快就发现自己处于一个"绝望的"位置。华盛顿需要承认的事实是,石油是"所有大宗商品中最具政治性的"。我们必须认识到这点,因为石油输出国组织承认这点,"他援引了利比亚官员最近宣称的话,"我们必须挥舞……石油武器……使我们能够赢得这场战斗。"认为美国在未来会获得"廉价的外国石油",这大错特错,甚至是危险的想法。[16]副国务卿约翰·欧文(John Irwin)在 1971 年提醒经济合作与发展组织的领导人们。"到 1980 年前,他们都将面临严重的能源供应短缺。"总之,当时工业化国家每天可能额外需要 2 600 万桶原油,大约相当于增加当时美国和西欧共同的石油消费量。如果石油输出国组织不愿意分享石油的话,石油将从何而来?这是一个令人恐惧的问题。[17]

这次狼真的来了

　　埃金斯 1973 年发表于《外交》杂志的文章中对石油价格的警示引起了美国精英们的关注。这篇文章的标题,"石油危机:这次狼真的来了",没有给埃金斯的看法立场留下任何斡旋之地。他承认过去对石油的预测事实上是错误的,但这次真的不同以往:

　　近年来,石油专家、经济学家和政府官员们曾试图预测石油未来的需求和价格,他们的预测准确率只比那些成功预测地震的到来或者弥赛亚再次降临人间的概率略高一些。最近有人告诉我们石油和天然气会用完就是一个例子。在 20 世纪 20 年代和 30 年代末,第二次世界大战期间,石油短缺的预测层出不穷。但是以上预测都没有发生,于是针对供给端的预测者走向了另一个极端:过去关于石油短缺的预测是错误的,他们推理道,因此所有这类对未来的短缺预测肯定是错误的,只要我们需要,我们可以得到充足的石油供应。

　　埃金斯说,这种乐观的预测也是种很愚蠢的错误。假设继续强劲增长,美国和它的盟友们正在变得更加依赖中东石油,这种情况十分危险。如果中东石油出于地质或政治上的原因,未能实现该有的产量,"很有可能造成一场全球范围真正的石油供应危机"。这并不是一个好兆头,埃金斯预见性地观察说,仅在 1972 年,"在任的或极有影响力的阿拉伯人构成了起码 15 种不同的威胁,可能会使用石油作为武器对付他们的'敌人'"。而华盛顿就是他们的头号敌人。这一切对石油的未来意味着什么?它最终是作为对美国来说现实可行的能源,还是成为全人类的?"简单地看着全世界的石油储量,然后得出结论,这些足以满足未来全世界的石油需求"是很不可取的。埃金斯写道,这样的"愚昧"太幼稚了,必须被永久杜绝。

然而有理由相信,虽然未来看上去黑暗,但不是没有希望。世界很快将面临能源危机,"对人类而言不会漫长"。当石油储备减少时,价格将上升,将会掀起一场看不到终点的国际危机,迫使消费者从其他能源获得动力。"到本世纪末,"埃金斯预测,"油价作为燃料可能不再主导能源市场。"太阳能和地热能源将成为解决方案的一部分。其他来源,如核聚变的力量,他承认这暂时还是"纯粹的假设",也可能成为石油的替代品。考虑到替代能源完全市场化的时间,即使是这些能源也无法迅速发展到具有足够规模,能够挽救美国即将到来的能源危机。没有白衣骑士能够在风暴中拯救工业化世界。

埃金斯不是唯一对自然能源驱动下的世界经济持悲观态度的人。20世纪60年代中期和70年代初,现代环保运动获得工业化世界民众的广泛支持。人们重新思考人类与自然世界的关系。环境问题成为美国政治意识的前沿议题,挑战了人们对现代工业可持续发展的深刻看法,并使人们开始关注反环境现象。对环境最不友好的就是石油巨头们,事实上,在过去的40年中他们也并没什么改变。基层的努力使更加环保的公共政策越来越普遍、流行并获得强大的政治支持。雷切尔·卡森(Rachel Carson)的畅销书《寂静的春天》出版于1962年,最初向人们播下环保思想的种子,极大帮助了环保运动的推进。化工企业对环境造成了巨大破坏,民众的健康状况日益恶化,卡森抨击公共官员们为了美元对大企业轻描淡写的处理方式,这以牺牲全世界的生活质量为代价。[18] 1967年,美国继纽约市限制在城市烧煤之后,参议院以压倒性的优势通过了《清洁空气议案》。三年后,在任何重大开发项目开工前,联邦立法授权强制性的环境影响声明。世界地球日,由来自威斯康星州的美国参议员盖洛德·纳尔逊(Gaylord Nelson)倡议,始于1970年。借反战运动的战术,纳尔逊帮助发起了一个两党竞选运动,试图将"努力保护环境列入全国性的政治议程",在美国的街道上、公园里、大礼堂中聚集了2 000万的美国人,在4月22日承诺一个更加清洁的未来。[19]

即将到来的"全球矿产衰竭"

关于人类黑暗的前景,1972年出版的《增长的极限:罗马俱乐部关于人类困境的报告》是最具警示意义的,它为精英思想者和美国民众敲响了警钟。[20] 麻省理工学院的研究人员开发了一个在当时看来先进到令人叹为观止的计算机模拟程序,《增长的极限》用一系列数学方程模拟未来的全球生态系统,推算出来的历史趋势令人印象深刻。罗马俱乐部的模拟程序使用了1900～1972年五个相互关联的变量——工业化、污染、食品生产、死亡率和生育率以及资源消耗(包括石油和天然气),模拟出了它认为可能出现的结果。它的目标是模拟这些变量如何在下个世纪和以后的时间里相互作用,并最终预测在2100年的世界状况。

这个模拟程序描绘的未来令人十分悲观。根据模拟的结果,重要的资源如石油和煤炭将被快速损耗,到2050年可再生能源就几乎绝迹了。这段时间指数级爆炸增长的污染和迅速减少的人均食品供应,会导致死亡率爆炸性增长。到20世纪90年代中期石油就很难被发现了。然后,到2030年在人口猛增至不可持续的高峰后,这个星球上的人类数量会急速下降,因为世界一头扎入了增长的"极限"。工业文明和现代生活的富足会在2050年和2100年之间下降到非常低的水平,也许再也不能翻身。人类数量将下降到难以想象的水平,面临着近乎无效的不可再生能源资源和生产得极少的食物。人类唯一的希望是严格抑制人口数量和工业增长,否则世界将面临灾难性的崩溃。寻找更多的石油或其他资源只会拖延最终日的清算,而这终究无法被避免。

这项研究并没有预测到未来危机的确切时机,但它警告说,碳氢化合物经济是危险的、不可持续的,很快就会枯竭。但事后看来,关于未来石油供应和需求的基本假设都存在严重缺陷。考虑到了所有"增长的极限",却忽略了一种可能性:关键资源的高价将推动消费者转向替代产品。它笼统地把所有可耗竭资源,从传统的原油到沉积磷块岩,都归到一大类,但没有考虑供给、需求和价格三者在这类独特的大宗商品间的动态相互作用。该报告还不切实际地假设,世界剩余石油储量仅达5 500亿桶,到1992年消费的复合增长率将以每年4%的速度无情增长。这两个假设都没有道理。事实证明,尽管世界从1972～2004年生产了超过7 000亿桶,消费的增长率还不到预测的一半。即使这数以亿计桶的石油都抽光了,在2010年可靠的石油储备仍超过了1.38万亿桶。[21]在20世纪70年代和世纪之交石油价格急剧上升,但都没有像罗马俱乐部设想的未来那么疯狂上涨。关于其不准确的预测,几十年后,一位学者将曾经轰动一时的《增长的极限》称为"误导的和混淆视听的,而不是一个包含高价值洞见的模型"。[22]

对于普通人来说,最可怕的事莫过于《增长的极限》中预测的情况似乎要成真了。按照罗马俱乐部预测的那样,能源会变得越来越稀缺。对美国来说,在

1970 年石油产量达到峰值后,阿拉斯加州以外的石油产量都是不可持续的。随着全球石油需求正在攀升,美国的石油进口量大幅增加,连续创下了破纪录的数字。与此同时,世界人口增长并没有放缓的迹象。这一切正如作者所预见的那样。《增长的极限》在出版后的几年里,似乎越来越多的预言成真了,看上去就像被不可阻挡的经济、环境和人口趋势所佐证了。关于未来的愿景成为 20 世纪70 年代时代精神的一部分。就如同一位历史学家后来形容的一样,"20 世纪 70年代,在预测的即将到来的短缺和资源的限制中,强有力的恐惧和悲观变得如此普遍,影响了石油进口国和石油出口国的政策和反应"。[23]

此外,当时其他的官方预测也证实了该结论。1973 年 9 月,美国矿产局局长预测,到 20 世纪末,美国将与世界上其他矿产资源丰富的国家竞争这些外国矿物产品,包括原油和天然气。这种情况可能导致全球矿产短缺,对比之下,这将使我们目前的能源危机看起来像是过去的好时光。[24]这只是一个经济自身决定其爆发时间的问题。

"市场化"的价格在"异常的分裂和波动"中消失了

甚至在 1973 年 12 月之前,在石油市场的烟花熄灭之前,市场状况已经十分紧张了。在 1970～1973 年的夏天,阿拉伯轻质原油的官方价格涨幅超过一倍。以前各个石油条线的记者和行业新闻只要跟踪石油市场并发布价格波动信息这种简单的工作,对行业分析师来说,开始变得令人恼火。自第二次世界大战之后,市场变得极其分裂。到 1973 年的 8 月,全球市场的价格波动剧烈。《石油情报周刊》(*Petroleum Intelligence Weekly*)——一份在迷茫中引导石油行业走向的周刊,描述了这种现象。据通讯社观察"一直都很难获得准确和严谨的石油报价"。"但这对于目前瓦解的市场来说(准确报价)是近乎不可能的……疯狂涌入市场的人们如同羊入虎口。"各种成品油价格之间的差价,现货石油、其他折扣和定价方案开始疯狂摇摆。"价格上行压力"格外剧烈。《石油情报周刊》描述道:

把所有的行业数据和心理因素列入对原油价格的计算,最终得出的结果和真实的价值相去甚远,但有一件事是肯定的:全国各地都有人卖原油,另一方面原油价格有股坚定上涨的压力。[25]

很久以前,"七姐妹——石油公司"(Seven Sisters)在严格控制的价格范围内严密地管理石油价格。这样的日子似乎是很久以前了。与此形成鲜明对比的是,当今的石油市场已成为全球最具"异常分散和波动"的市场之一。[26]

这是第一次,为期几周到几个月内,一桶立即交货的石油价格,换言之石油的现货价格,大幅偏离了石油公司官方公布的价格。炼油企业担心石油存在短缺的可能性,于是他们哄抬任何在市场上尚未售出的原油的价格。其结果是,越来越多的石油——虽然仍然只有总交易量的一小部分(小于 3%)——正在现货市场上被买卖,而不是以官方宣布的价格通过长期合约销售。现货原油的价格跃升到每桶超过 5 美元,甚至每桶 6 美元。那段时间官方发布的价格从来没有高过每桶 3 美元。[27]1973 年 8 月,《石油情报周刊》报道称"美国、欧洲、日本的独立投资人近乎恐慌地购买行为"使得原油的价格越来越高。火爆的石油现货市场使得石油生产者对其地位更加自信。石油输出国组织意识到现货石油价格等于官方报价加上一部分的溢价,将现货价格看作一个信号,表明他们的官方报价也许终究不够高。[28]如果消费者愿意支付超出官方报价很多的价格购买石油,在没有更多需求的情况下,官方报价难道不能提高吗? 七姐妹一直将需求不足作为 OPEC 应该保持较低官方报价的论据。也许,就像具有丰富石油的中东国家领导人总结的那样,他们可以比过去更加大胆地控制石油报价。

与此同时,当 1973 年过半的时候,阿拉伯世界问题频发。1972 年的慕尼黑奥运会上,巴勒斯坦自由组织(Palestine Liberation Organization,PLO)的成员劫持了以色列奥运团队的几名成员作为人质,这是一种令人震惊又被广泛宣扬的恐怖主义活动。1967 年六日战争造成的旧伤口仍旧在化脓,在中东兴起了暴力反西方国家的种族主义运动。埃及的新领导人安瓦尔·萨达特(Anwar el-Sadat)与他的同僚们一直积极地在该地区发起反以色列的军事行动,以重新占领以色列在 1967 年从埃及手中夺走的领土。他坚信阿拉伯国家应该团结在一起,如果他们能有效使用被他称之为"武器"的石油——在他看来这是对付西方国家最强的博弈底牌,对以色列军事胜利的机会就能高很多。他知道美国是以色列忠实的盟友,在以色列与一个阿拉伯国家或者更多阿拉伯国家开战的时候,绝对会帮助以色列。他坚信,威胁对美国停止石油供应就能把尼克松和基辛格挡在波斯湾之外。为了使用石油武器,他唯一需要做的就是与中东主要石油生产国达成协议:在美国要干预反以色列战争时,切断美国的石油进口。1973 年 5 月,沙特阿拉伯的国王承诺萨达特,沙特阿拉伯会停止向任何帮助以色列的西方国家供应石油。叙利亚也答应向埃及提供军事援助。

1973年10月6日,以色列和埃及—叙利亚联军的战争爆发了。这场战争被称为赎罪日战争,也叫斋月战争。在崩溃边缘,以色列总理请求尼克松为以色列提供军事援助。尼克松马上回应了,打算秘密向以色列空运弹药。然而,当飞机准备就位时,这项计划失败了。OPEC威胁对战争中任何帮助以色列的西方国家停止出口石油,迅速引起了很大反响。

10月16日,波斯湾国家中所有的石油输出国组织成员国——沙特阿拉伯、伊朗、伊拉克、科威特、阿联酋和卡塔尔——的代表单方面宣布将阿拉伯轻质原油的基准价从2.99美元每桶提升到5.11美元每桶。[29]76%的巨幅价格增长震惊了全世界的石油市场,但是更高的油价的影响远不止这些。OPEC在10月的宣言标志了报价系统的非官方落幕,在该报价系统中西方最强的石油生产商能够对每桶石油定价。几十年前由洛克菲勒开始的对石油定价活动结束了。但是对于OPEC来说,这只是个开始。之后一天,阿拉伯石油输出国组织的成员们,也就是OPEC的地区性集合,宣布:它们将每月按5%减少其生产规模,直到以色列及时、有效地将1967年六日战争以来占领的领土还给埃及。只有支持以色列的国家会受到石油减产的影响。这是对以色列和它的盟友的"选择性禁运",尼克松先前一周对以色列空运战争补给意味着美国将不可避免地承受"石油禁运"。

这封宣告对石油市场的影响是激进的、立竿见影的。价格一飞冲天。到1973年末,利比亚的原油价格是每桶9美元,一年前它还是每桶2.80美元。11月,伊朗将它对亚洲出口的原油价格从每桶2.88美元提升到每桶3.85美元。伊拉克也将它的原油价格提升到每桶9美元。在11月16日对突尼斯现货原油的拍卖中,售价已达每桶12.64美元。没有人知道原油的确切市价是多少,但是也没有企业会依赖市价做生意。无论是航空公司、能源中介商还是石油精炼企业,都没有充足的紧急存货,所以他们持续地购买石油。

石油价格还在飙升。德黑兰在12月中旬的拍卖会上以每桶17美元的价格售出了45万桶石油。同月,尼日利亚和阿尔及利亚的原油价格超过了每桶16美元,同时伊朗的新一轮销售再一次超过了每桶17美元。承受着向本土供应石油压力的日本交易商在尼日利亚的拍卖会上,与超过48个买家同场竞争,最终成交价是每桶22.60美元。交易从来不是完美的,但是交易失败的消息却传得人尽皆知。尽管油价上涨损害了长期需求,但石油输出国组织并不担忧飙升的石油价格,他们在 12 月决定将标准原油的报价翻倍,达到每桶 11.65 美元。考虑到涨价的间隔时间太短,这是个艰难的发展过程。现在的价格比 4 个月前的价格上涨了 4 倍不止,比 1970 年的价格整整高了 10 倍。新价格将在 1974 年 1 月 1 日生效。[30]

如果有什么事关于石油的未来是确定的,那就是疯狂地关注价格、一路向下的石油产量还有石油禁运的真实影响。一名观察家这样写道:

> 市场化的价格已经消失了。没有人知道"市场"是什么,它要往哪里发展,抑或是它怎样作为卡特尔的价格指引。事实上,石油市场依然单薄。它不是机构化的。市场上并没有稳定坚实的参考点位,只有一堆交易报道中零散不定的交易。人们对于市场的认知仅限于他们自己做过的交易,他们在交易报道中读到过的内容(这些内容不完全准确且经常缺少很多细节),还有他们从做生意或者人际交往中获得信息(往往需要注意这种信息的真实性)。[31]

关于不同交易中的石油价格点位的流言和故事——有些是真实的,有些不是——流传于交易者、管理层、生产者、咨询师、经纪商和媒体。

部分对石油的需求是避险性质的。石油精炼商和一些其他购买石油的人,想要通过储存石油以避免未来的高价和供应短缺造成的风险。这是一种自我保险的手段。没有人知道这场危机会有多严重,也没有人想被置于短缺的不利位置。如果未来石油产量满足不了消费者的需求,这些人将承受极大损失。对"死亡的恐惧"进一步推动了石油危机。[32]与其担忧明天能不能获得足够的石油供给,买家们更青睐手头有超过日常需求的石油存量,储存这些石油来降低不断恶化的供给所带来的威胁。[33]于是大量买家涌入石油市场,石油价格随即飙升。不断上涨的价格和日常大量的需求只造成了市场的恐慌——有一种大事不妙的预感。

其他一部分石油需求是投机性的。事实是,考虑到大部分石油买家在之前令人难以置信的价格水平上都不会被人劝阻,OPEC 试图通过削减石油产量抬高石油价格进而从中获利。OPEC 知道他们会从卖更少的石油中赚更多的钱。基于这种担忧,部分市场玩家开始担心 OPEC 会永远保持石油的低产量。至少看上去他们有理由这么做,这种现象起码会维持到人们找到其他方法减少对石油的依赖。那些购买石油的人有理由担忧,石油禁运只是这个永久供给短缺和高价时代的开篇。1973年12月,当时的美国国务卿亨利·基辛格(Henry Kis-singer)形容这场危机不只是"阿拉伯—以色列战争的产物"。按照他的理解,石油短缺是"全球石油需求爆炸性的增长进而影响供给这种逻辑产生的无法避免的后果"。[34]透过这面镜子,并不是所有"恐慌购买"都是真如"恐慌"一词所表明的那般缺乏理性。相反,从一个投机者的角度来看,这是对未来石油高价的可能性进行押注。当时,合同甚至石油实物都是可以转售的。[35]如果OPEC再次提高石油价格,1973年末购买的投机性石油就能卖出从而获得暴利。对一个石油极度短缺时代的恐惧驱使市场走向了反常模式。

石油禁运的结局,与它戏剧性的开端相比,显得比较平淡无奇。剧情发展在啜泣中逐渐熄灭。12月4日,沙特人宣布他们将不再遵守既定的约定,本月不再进行5%的减产。对于不再参与禁运他们也没有给出理由,一些人推测说这是因为伊拉克和伊朗没有减产。[36]到12月的后半程,短缺的高压得到了缓解。石油短缺的可能性和几周前的担忧都得到了缓解。12月29日,《纽约时报》报道称油轮都一排排地等在大西洋沿岸的主要港口等待卸货。到1974年早期,减产才结束。以色列的支持者们和阿拉伯石油输出国组织的成员国从来没有进行任何正式文件宣告或官方调解,阿拉伯石油输出国组织的成员国就停止了石油禁运。但是那些开始禁运石油的人向从业者表明他们放弃了减产。12月25日,阿拉伯石油部的部长们在科威特进行了会晤,呼吁在1月增产10%。阿拉伯国家推行的政策最终都没有实现。以色列最终赢了斋月战争,很大程度上依托着美国的支持。到1974年的前几个月,石油危机很明确地结束了。

等到一切尘埃落定,1973年石油危机的实质是真正意义上的石油短缺并没有发生。尽管这是一场"危机"。1971～1974年并没有发生真正的石油短缺,美国大多数储存了石油的公司蒙受的损失都降到最小。在石油禁运期间,石油市场的数据完全没有持续性,没有一个人能说清楚供应水平到底是怎样的。到12月末一些专家发现事情并没有那么可怕。与1年前同期相比,阿拉伯国家最终在1973年12月的第一周出口的石油增加了近40%。数据说明了中东的产油国并没有"像他们所宣称的那样减产"。[37]之后,整个故事变得清晰起来。虽然并没有官方数字,但大多数预测都与实际情况相吻合。1973年9月波斯湾的总产量是每天1 940万桶。在石油禁运的高峰,这个数字跌到了1 540万桶。非阿拉伯国家的石油生产者,利用飙升的价格,每天增加了约90万桶的产量。因此,在禁运时期平均大约每天有 310 万桶石油离开世界石油市场。损失的数量大约是全球每日石油消费水平的 5％和世界交易量的 10％。[38]然而,禁运结束时,石油存货的数量表明了减产并没有减少商业存货。美国私人持有原油存货的情况,在 1973 年 7～12 月完全没有变化。事实上,石油储存正常的季节性下降情况,先前几年更加常见,也比平常更加温和。[39]

毫无疑问石油禁运给市场带来了压力。减产直接导致了石油的短缺。美国的汽油站也经历了一段没有石油卖的时光,这导致了如今出名的场景——人们和车排队等待加油。一些特殊品级的燃料发生短缺。但是统计数据表明,首要原因是国内针对汽油糟糕的经济政策,并不是真正意义上的缺少原油。[40]尼克松政府几年前实行的价格管制和分配使美国进口石油更加复杂。人为干扰了供应水平,对石油精炼和零售商们来说更难调整以应对石油短缺的冲击。糟糕的信息和暂时松散的交易网络是这场危机的核心原因,却"被狂热和暴力的情感掩盖"。结合所有要素来分析,避险性和投机性购买石油放大了价格的损失效应。但是不可能精准地说明前几年层出不穷的(未来十几年)石油短缺预测有没有造成市场的恐慌情绪,但他们显然不会减少恐慌性购买行为和平息市场的恐惧。

石油禁运成功了吗?阿拉伯国家的产油国最终有没有像他们之前威胁的那样使用了"石油武器"?这场石油禁运事实上成功地提高了石油的市场价格,这毫无疑问。买家对石油短缺的恐惧掀起了一波避险性购买行为,抬高了石油的价格。OPEC 通过威胁激发了人们的恐惧心理,增加了基准石油的报价。上涨的石油报价锁定在了他们威胁的高价位。通过这样做,他们给石油净进口国带来了沉重的负担。但是这次石油禁运并没有达到一开始的政治目标:粉碎外国对以色列的支持,重新夺回埃及在西奈所丧失的领土。

最终,当时很多目标没有实现,就像他们构想的一样,"选择性禁运"是不可能完全实施的。他们尝试了,阿拉伯联盟没有足够的能力在他们选定的国家造成真正的石油短缺,尽管他们能够毫无疑问地造成石油价格的大幅上涨。原因很简单,石油交易是由生产者、运输者、炼油厂和零售商组成的复杂网络。

然而当时几乎所有美国政客都没有意识到这个事实。就像基辛格在几年后说的那样,"石油市场的结构并没有被深入了解,直到石油禁运成为关注的焦点。接下来的 5 个月提高石油的价格成为一种风尚。部分原因是尼克松认为这样的奇观最终能够转移"水门事件"的注意力。事实上,阿拉伯石油禁运事件是他们影响力有限的标志。"他是对的,基辛格还写道,"沙特阿拉伯和阿拉伯石油并没有运到美国",但是"买家们只是因此将其购买对象转移到其他产油国"。他总结说,石油禁运的"真实影响"是"心理上的"。[41]沙特阿拉伯的石油与能源部长谢赫·艾哈迈德·扎基·亚马尼(Sheikh Ahmed Zaki Yamani)最终做了相似的让步。他承认说,石油禁运"并不意味着我们可以减少美国的进口数量。全世界是一个市场,石油禁运只是浮于表面的现象"。[42]但这并不是一个美国人可以很快忘却的标志。

廉价石油的终结

1973 年石油危机的遗留效应是"能源依赖"这个政治概念的诞生。这也是在一个美国总统们之间常年流行的政治战斗口号,直到今天的美国总统仍在谈论这个概念,还导致了国际能源机构的创建。1973 年 11 月,基于能源短缺可能再一次来临,尼克松呼吁美国需要新的能源政策。他警告美国人民说,他们必须"面对一个事实:我们正在面临自第二次世界大战以来最大的能源短缺"。他说,在接下来的那个冬天,石油供应将预计至少下降 10%。这一切都发生在阿拉伯石油禁运之前。显然,尼克松承认了美国官员们在巅峰时期——石油禁运开始之前——就在担心石油短缺问题。

现在,中东的战争还没有爆发之前,潜在的石油短缺已经在我的内阁成员、国会领袖、州长、市长们和其他成员之间引起了激烈的讨论。从这些讨论中,我们达成了共识:我们,作为一个国家,必须在新的情况下有所准备与行动。

对尼克松来说,答案是清晰可见的:这个国家需要消除对进口石油的依赖。"让我们把这件事当作我们国家未来的目标",他宣布,"在阿波罗计划的精神下,以曼哈顿计划的决心,我们将在本十年末实现不再依赖外国能源满足美国的消费水平。"[43]1974 年成立的国际能源机构就是出于这个原因。从官方角度来看,国际能源机构是由最强大的能源进口国组成的国际组织,但是这个组织的战略目标是制衡 OPEC。尽管早期国际能源组织只是一个技术性论坛,但它后来成长为一个正式组织。这个组织的参与国都持有一定数量紧急储备的石油以防未来石油短缺的情况发生。

也许,最重要的是 1973 年标志着 OPEC 在世界石油事务中扮演了重要角色的萌芽。OPEC 成员国见识了自己对石油进口国和跨国石油公司的影响力后，他们有胆量去操纵其控制范围内的石油公司了。1974 年，科威特将其国有化了。科威特石油公司这个英国石油公司与波斯湾共有的企业向科威特让步。委内瑞拉也国有化了该国的石油行业，自 20 世纪 30 年代以来该国石油行业一直被埃克森和壳牌所主导。在 1976 年 1 月 1 日，它变成了委内瑞拉石油公司(PD-VSA)。下一个倒塌的多米诺骨牌是石油世界的皇冠——沙特阿拉伯的阿拉伯—美国石油公司。沙特政府在 1974 年 6 月控制了该公司 60％的股权，一轮一轮小心翼翼地完成国有化，直到 1981 年最终完成。

但是，1973 年的事件引领了一场对世界石油市场影响深远的剧变，这场危机导致了美国能源议题的第二次改变。这可能很微妙但影响很深远。这是一次对能源态度的全国性转变，而且事实上对美国人民来说，自力更生是他们民族精神的支柱。1973 年的汽油成为一个标志，标志着一种刚刚被发现的脆弱。他们的生活理想有可能被世界上一部分国家的命令所影响，而这些国家是他们从来不曾在意过的。不像其他大部分产品，汽油价格会在美国的每条街道上咆哮，当需求超过价格时不停地带来坏消息。对于美国的每个灵魂来说，石油价格的波动就像一台小型的股票报价机。飙升的石油价格造成了全民的忧虑——不仅担忧钱包还担忧冷战中的美国未来。一份由尼克松团队委托的民调显示了这场石油危机对美国人的幸福感所造成的打击程度之深。"人们愈加担忧这个国家的能源会有耗尽的一天，"报告显示，"一系列因素造成了不稳定的情绪——错误的信息、不信任感、困惑和恐惧"，这些都是"恐慌的早期标志"。[44]

这场危机导致美国民众感受到了很大的不确定性。不停上涨的石油价格既是征兆，也是内因，而且看上去与过去和现在的预测(石油市场黯淡的未来)相吻合。罗马俱乐部看上去有预知能力，它在 1972 年批评了西方国家不可持续的经济模式。《增长的极限》的作者已经预见了一个供给失控的时代，基于这个原因，那个时代里不可再生能源的价格将不受控制地上涨。会不会对全球来说已经跨过了那个不可逆转的时点？ E. F. 舒马赫(E. F. Schumacher)是 1973 年出版的《小即是美》(*Small Is Beautiful*)的作者。他警告西方国家说经济增长和行业的膨胀最终将会带来悲惨的后果，全球都将为不停膨胀的石油需求所烦恼。1973 年的石油危机看上去是终结开始的标志。西方国家必须适应关于能源新出现的现实，抑或是毁灭。

　　甚至连伊朗的国王都相信石油行业的未来进入倒计时。在 1973 年末，其在中东经济调查中发表了演讲，预计石油作为能源"30 年内会耗尽"。能源的旧秩序(充足又低价的石油)永远成为过去。国王称这并没有真的损失，将石油用于"化工行业或医药行业"比单纯作为燃料烧掉它更好。对于美国人来说，1973 年之前的旧石油秩序是令人怀念的，但这没什么用。"工业世界"的人们将"必须在低价石油不复存在的情况下，创造一个进步巨大，更多财富和收入的时代。他们必须找到新的能源。最终他们将不得不勒紧裤腰带。"[45] 德黑兰传达的信息并没有什么错：曾经的黄金时代已经过去，人们最好习惯这点。

　　与 20 世纪 60 年代之前民众关于石油的看法相比，石油禁运时期的民调结果并没有什么改变。这暗示了美国民众对于能源的困境有多么悲观。1973 年 4 月的一份哈里斯调查显示，在石油禁运发生之前，超过半数的受访者相信"美国正在耗尽石油和天然气"。47％的受访者形容 1973～1974 年的"石油危机"为"非常严重"。30％称之为"一定程度上很严重"。根据盖洛普民意调查，1974 年前，美国民众从来没有将能源列在"国家面临的重大问题"清单上。然而那年，它火速上升到了清单的首位，仅在危机结束时下降了一位。当被问到为什么他们觉得这次危机这么严重时，大多数(75％)参与调查的美国人说他们预料到了"考虑到汽油、供暖和空调的成本，石油价格将急速上涨"。只有一半参与调查的人相信"在不引起许多问题的条件下，美国有足够的能力找到足够多的能源来满足需求"。其他人显然相信他们将很可能永远面临石油的高价。

　　美国人民对于这场危机背后的原因是非常愤世嫉俗的，他们从官方渠道获得的信息并没有起到什么帮助。他们反倒倾向于认为这是来自石油行业天花乱坠的宣传，其目的在于迅速地赚一笔大钱而不是需求与供给上的问题。一名分析师曾这样描述，"民众似乎被割裂为两派：一派感到这场危机是真实的并且很可能恶化，而占大多数的另一派则认为这是人为的危机"。1974 年 2 月由(美国)哥伦比亚广播公司和《纽约时报》进行的民调显示，将近四分之三的美国人不相信这场能源危机是"真实的"，反倒认为他们是被精英阶层"告知的"。当被问到谁应该为这场危机负责时，事实上没什么关系的石油公司是最普遍的答案(56％)，总统排在第二位(39％)。OPEC 和阿拉伯国家领导人排在第四位(22％)。在这种怀疑的氛围下，那些试图向人民解释发生了什么的人，无论是新闻记者、石油行业发言人还是政治家，事实上都增加了人们对石油市场的焦虑感。

石油价格在禁运结束后就停止上涨了，但其在结束后的几年里也没有下跌，这让美国的官员们和这个国家的其他人如坐针毡。1974 年一桶美国进口的石油平均在 12.52 美元。之后的几年里，它缓慢上涨到了 13 美元，到 1978 年是 14 美元刚出头。考虑到当时较高的通货膨胀水平，这样近乎停滞的石油价格事实上意味着 1974～1978 年的年平均实际石油价格是略微下降的，尽管消费者们不太可能注意到这点。1973～1974 年飙升的天价并没有迅速消失不见，石油市场并没有就这样返回正常状态。禁运结束时，司机们长舒一口气，但是当务之急是 OPEC 接下来会做什么。《时代》杂志和《新闻周刊》是美国最受欢迎的两本杂志，他们发表的关于能源话题的文章数量在 1974 年和 1975 年几乎同样多，都是关于能源危机可能迅速地再次发生。这些主题，在一个研究中被称为"石油政治"和"OPEC 政治"。[46]这两个话题在 1973 年的喧嚣之前从没有进入讨论的范围。石油市场的新常态（石油的价格几乎是 10 年前的 4 倍）逐渐安定下来，吸引了美国消费者和他们选举的领袖们的注意力。

"石油高价将持续至少十年，甚至更久"

1973 年的波动导致了以前石油行业中相对罕见的事情出现了：价格预测。石油行业月报《石油和天然气趋势》(*Oil and Gas Trends*)写道，"每个人都在这样做"，汇聚成了不断增长的家庭手工业。"如今人们也开始在民意调查的基础上编制许多有关能源的预测。"真正的问题是这些预测究竟有没有用。"民意调查的独一无二之处在于，"这名行业记者认为，"他们告诉你很多人们的观点却不表明自己的看法。"[47]国际能源机构的对比是把 1977 年 1 月到 1978 年 6 月发布的近 80 份预测汇总成一个资料库。这其中的预测机构主要是国际能源机构、各种基金会（石油研究基金会、洛克菲勒基金会等）、各大企业（埃克森美孚、壳牌石油、太阳石油公司等）、美国政府机构（中央情报局、美国内政部等）、外国政府机构（日本贸易及工业部、加拿大国家能源部等），还有难以计数的其他机构。预测爆炸性增长的原因很简单：石油价格以及它对全球商业、政府、消费者们具有重大经济意义，预测的实际数量比任何人记得的都要庞大。不用说政治生涯，国家命运和经济发展都需要平衡。那些愿意为价格预测付费的人想要得知会不会有另一个 1973 年即将到来。但是即使在计算机时代,成功预测未来十几年乃至二十年的石油市场状况,与其说是科学不如说是艺术。与未来供需相关的假设仅有极少数是可以确定的,这个预测还被大量的主观判断所左右。

尽管它们本质上有很大的不同,但这些预测展现了极大的一致性。他们都同意,像阿拉斯加和北海这样产能在增长的地区,也许足够将不可避免的那一天延长到 20 世纪 80 年代早期或中期,但最终没有一个体量大到足以解决更长久的问题。他们只是短期的止痛药,并不是真正的治本之策。[48] 这些预测还共同使用了一个假设,假设 1976～1978 年全球石油需求将每年增长 4％,在接下来的 10～20 年仍将以如此快的速度增长。如果这样的事发生了(事实上并没有)且石油产量也像预测的那样(事实上也没有),如此悲剧实际上创造了一个超乎寻常、供应紧俏的石油市场。许多预测都表明,另一场石油危机将发生在“10 年内或以后,即 20 世纪 80 年代的后半段,需求会再一次超过实际的供给水平”。其实实物供给仍然十分充足,他们相信,不合作的主权政府将挤压生产水平,使市场更加渴求石油并进一步将石油价格推高到离谱的地步。这种共识(无法避免的石油高价)不只是一个时代的反映。它是帮助塑造未来三年石油市场的终极范例。

其中有几份预测鹤立鸡群。中央情报局在它第一份非保密性的能源未来展望中,持续到它展望的最长年限 1985 年,看到的全是堆积的坏消息。华盛顿最高情报机构认为世界对石油的需求不久就将超过它能生产的数量。虽然 1977 年这个观点在分析师中十分普遍,该机构承认这份预测报告“与其他官方和私人预测有许多相似之处”,但是不同之处在于这份中央情报局给出的报告“寓意更加悲观”。该机构称 OPEC 不可能保持现有的步调。沙特阿拉伯将需要“每天生产 1 900 万～2 300 万桶石油来满足 1985 年的需求水平”(整整比 1985 年生产水平高出 5 倍还多,是当时产量水平的 2 倍)。苏联的石油产量已经不可避免地开始下降,或在不久的未来开始下降。“在这种状况下,”该机构宣称,“无论沙特阿拉伯怎样做,价格都会快速上涨到理性应有的供应水平。”除非人们开始较少地使用石油,否则石油市场的命运或多或少是注定了的:更高的价格将至少持续到下一个 10 年,甚至可能持续更长的时间。[49] 就像这些预测本身并不足以令人畏惧,它们是整个国家部分最优秀、出众的战略家预测未来的产物,这才是更加不祥的。

官方和非官方的其他声音也会表示赞同。六个月后,1977 年 10 月,美国能源部部长詹姆士·施莱辛格(James Schlesinger)更严肃地警告人们,20 世纪 80 年代中期,一场"重大经济和政治危机"即将到来,"当世界的油井开始耗尽能源,能源的发展随即被打乱"。随后由天价石油和绝对短缺引发的危机,能给美国带来"一定程度的政治和社会动荡——20 世纪 30 年代大萧条中也没有发生"。[50] 洛克菲勒基金会还向全世界发出了关于石油供应前景的警告。供应充足的末日即将来临。"专家意见的权重,"报告称,"反映在众多基于定量分析的研究中,这是一个关键的实质性协议:世界正在走向一个慢性供应紧缺,甚至石油供应会严重短缺。"这将导致 20 世纪 80 年代末发生的罢工。当时,"对石油的担忧成倍增加。目前的盈余将逐渐消失",导致"政府之间对石油供给的竞争可能是前所未有的激烈"。洛克菲勒基金会的报告还说:"国际社会可能面临的一个前所未有的局面。当前有效的石油供应将不足以维持经济增长和实现政治及社会目标,甚至也许连保持现有的生活水准都做不到。"全球政府会不得不进行干预;细细想来,"失败的代价"太可怕,其可怕程度并不输给勉强维持平衡、摇摇欲坠的世界和平。[51]

全世界即将面临石油供应危机,总统卡特对这种观点持同情态度。如果一名悲观主义者会这样来定义卡特总统:他通过电视转播向全世界表达了石油——不只是在美国,而是向全球——即将耗尽的忧虑。这是他执政期间最不可磨灭的形象。正如一位历史学家所描述的那样:

美国对石油需求的上升和国内产量的下降,这种可怕的集合运动抓住了卡特的想象力。迅速增加进口将是不可避免的结果,这是最危险的状况,因为它会越来越依赖中东国家。这些分析都建立在全球石油都将耗尽(其实中东最终也会耗尽石油)的背景下。[52]

虽然令人恐惧,但总统的范式的本质是美国需要摆脱对外国石油的依赖,以免在 20 世纪末面对上涨的油价和脆弱的经济。这完全符合许多美国人,包括能源专家们,对美国未来的看法。

"本世纪情况可能变得更糟"

1977 年 4 月 8 日,卡特总统向美国人民发表了他声名远扬又"令人不快"的演讲,这场演讲在全国范围内进行了电视转播。他说明了美国面临的能源危机究竟有多糟。对卡特来说,这是"美国历史上前所未有的问题":

> 除了防止战争,我们的国家在我们这些人的一生中还面临着许多挑战。能源危机并没有击倒我们,但是如果我们不能迅速反应并行动的话,就会被它击倒。在未来几年里我们可能并不能解决这个问题,到本世纪结束它可能会更加严重。

对那些"质疑我们面临一场真实的能源危机"的美国人,他告知这些人简单的算术就能毫无疑问地证明这个问题:

> 全球目前每天使用大约 6 000 万桶石油,需求每年增长约 5%。这意味着保持现状,我们就需要一个新得克萨斯州一年的石油产量,阿拉斯加北坡 9 个月的产量,一个新沙特阿拉伯三年的石油产量。显然,这样不能持续下去。

底线非常清晰明了:"到下一个十年末,我们会用尽全球已发现的石油储备。"如果人们使用能源的方式没有发生"深远的改变","我们现在认为,相比现在能够生产出来的石油,20 世纪 80 年代早期全球将需要更多石油"。这带来的后果远比更高的价格影响深远。甚至于他们可能解决不了威胁美国的总体石油短缺。"十年内",他宣称,美国"将没有能力从任何国家以任何能够接受的价格进口足够多的石油"。[53] 其结果将会是一场"威胁美国自由的经济、社会、政治危机"。这是一场令人压抑的演讲,但卡特绝不是唯一担忧美国能源未来的人。

混乱市场的恐慌情绪席卷了一切

如果白宫总统办公室的言辞引起了美国人对石油危机的担忧,1979 年和 1980 年的政治动荡足以与枪炮相比。这回,导火索是 1978 年末发生在伊朗的伊斯兰革命。这即将终结 50 年之久的巴拉维王朝政权。一名伊朗中部的宗教学者阿亚图拉·霍梅尼(Ayatollah Khomeini)使革命达到了高潮,他宣布整个国家为伊斯兰共和国,并引进伊斯兰律法,终生拥有国家的领导权。国王的失败立即让西方石油公司的人们开始思索他们能够储存什么。因为在 1978 年末的伊朗,整个国家的石油产量占全球产量的 10%,只有美国、苏联和沙特阿拉伯的产出超过它。1979 年 1 月国王一逃出伊朗,伊朗的石油产量就暴跌到每天 4 万桶的水平,此时西方石油公司们一起逃跑了。到 4 月石油产量就会反弹到每天

400万桶,但是短期如此巨大的石油减产对市场造成了灾难性的打击。在该压力下,美国进口的石油价格在1980年翻倍了,从每桶15美元涨到了每桶30美元。[54]

根据几位历史学家的说法,1979年的石油危机历经了两个阶段。[55]第一个阶段从1978年12月持续到了1979年的秋天。在这个阶段,伊朗石油的大幅减产导致了其出口几个月的崩溃。沙特阿拉伯站出来填补了空白,提高了石油产量,虽然它最终也没能完全补上缺口。1978年最后一个季度到1979年第一季度,全球的石油产量每天下跌了200万桶。下游厂商恐慌性购买并储存原油和相关产品。这种供给上的避险导致现货市场上任何可以出售的石油索取更高的溢价,这种情况一直持续到商业储存设施没有空间进一步储存石油了。

危机的第二阶段发生在1979年的秋天。现货市场的石油价格还没有稳定,1980年9月两伊战争(伊拉克和伊朗)就爆发了。到1981年2月美国进口石油的价格从34美元每桶上涨到39美元每桶。这场战争削减了OPEC的产量,在1979年的高峰到1980年8月,每天减产了400万桶。在敌意爆发的几个月中,两个国家的骚乱使伊拉克的石油产量从每天350桶下降到每天不足100万桶。由于革命的影响,伊朗的产量当时仅略微下降了一些。再一次,OPEC的其余成员国弥补了两国削减的部分产量,但那也是滞后的。全球产量在1981年恢复了正常。危机的第二阶段在1980年末结束了。

是什么导致了第二次石油危机对石油市场造成了毁灭性的打击?随着近几年全球石油消费水平的上升,根据看上去完全不会改变的未来需求增长,市场实际已经为石油供应吃紧做好了准备。预期中的高价和市场未来持续的供应紧张诱发了恐慌性购买。伊朗革命毁了全世界的合约供应渠道。伊朗石油产量的大幅下降与行业其余从业者息息相关。如果只是暂时的,就会导致对巨额的世界石油交易造成毁灭性的多米诺骨牌效应。这样的世界石油交易是由供应者、生产者、精炼商、运输商和其余从业者组成的复杂关系网络。由七姐妹塑造的一个无缝融合的全球市场,被20世纪70年代国有化的浪潮击破,现在完全成为碎片。1979年和1980年发生了更多的石油国有化,这意味着石油巨头们按交易量计算的市场份额在1978~1979年末下跌了10%。[56]意识到当前的处境,石油出口者利用这场剧变牟取了暴利。他们自身的机会主义行为推高了价格,然而并不是所有上述的石油公司都利用了这场危机赚到了超额收益。

在战争的迷雾中,石油市场参与者的情绪加倍助长了石油价格的戏剧上涨。关于市场状况一直缺乏可信的消息,这增加了混乱并且造成了价格的双重损失。这场危机的实质并没有当时它看上去的那样糟糕。但是它表现得像是几年前那些绝望的预测就要可恶地成真了。它就像许多分析师曾经预告的那样,长期供应危机终于到来了,导致了一个看不到尽头的石油高价时代。[57]混乱中夹杂着恐慌,对未来供应短缺的恐惧使情况进一步恶化。这与石油行业一样古老,但是从来没有如此大规模地抬高价格。这种价格的剧变甚至超过了实际损失的供应造成的结果。就像帕拉(Parra)说的那样:

没有什么因素能够解释原油短缺的那几个月石油价格翻了 3 倍。这场1978 年末发生的经济灾难是唯心主义对唯物主义的胜利,信仰战胜了事实,信念战胜了相反证据的巨响。混乱市场的恐慌情绪横扫一切,包括消费者、生产者、企业和政府;但是原油从来没有短缺过。[58]

零售商和机构消费者又一次开始大规模地储存。预测者们设想的最坏情况——石油市场恐慌情绪全方位爆发——正逐渐实现。可以说,挤兑发生了。只是人们取的不是现金,而是石油。供应链上的消费者们相信更高的价格和更短缺的供应正等着他们,于是这些人倾尽全力购买石油。这种方式下,价格如预期那般一路上涨,这些人可以通过在现货市场卖出石油获取暴利。汽车驾驶员、工业用户、公用事业和石油精炼厂商都是应该被指责的对象。根据某个预测,仅这些消费者建立的紧急存货和储备汽油就造成每天 500 万桶石油离开了市场。[59]

"价格将不可避免地上涨"

但是华盛顿并没有在意大多数这样细微的差别。石油危机使卡特总统团队的重要人物确信,一个供应短缺的新时代即将到来,用卡特的话说,它本身也预示了更大的美国经济衰退"在几个沙漠国家"的控制中,这无异于给伤口撒盐。詹姆士·施莱辛格 1979 年夏天从美国能源部长的职位上离任,他用尽可能严酷的词语形容石油市场的问题。"以丘吉尔百年前形容过的话说,今天我们面临着一场全球性多极化的危机,石油问题带来了更加不祥的未来。"在未来 10 年,他警告说,国家间"争夺石油控制权"的冲突将成为"中东事务的决定性因素"。对美国和其他消费者来说,这是一场毫无疑问会输的战争。"如果有的话,未来也只有很小的希望,"他预测说。他还对那些寄希望于找到更多至今尚未发现的油气资源的同僚们嗤之以鼻:

人们普遍幻想美国持有巨量的石油储备,但是被藏起来了或者没有被报道。这事情很难解释。这只是精神病理学的标题,但那是少数的无良之人造谣的产物,意图以不同方式表明在某个地方储存着能横扫一切不快的巨量石油。散布谣言并不能为原油找到替代品。

对石油市场来说,一个永恒高价的时代就在眼前。"面对着全世界的经济衰退,价格将不可避免地上涨,"他预测,这反映了"不断增加的需求压力和不断收紧的供应水平。"简言之,只要美国人民还在担忧,"能源的未来就是没有指望的,十年后甚至更加没有指望"。[61]施莱辛格在1979年8月的《华尔街日报》上重申他的警告。"直话直说,除非我们在下个十年能够更多利用煤炭和核能,否则这个社会就完了。"[62]

当谈到抽取石油的时候,全球最强大的两家石油公司也看到了近在眼前的严峻问题。1979年英国石油公司出台了一项政策,简要描绘了几十年后可能会十分普遍的石油供应问题。这和石油巅峰的时期没什么太大不同。"已经有征兆预示:在接下来的十年及以后,全球石油资源将以不可持续的速度消耗殆尽。"不,世界并没有"像媒体宣称的那样,会耗尽石油"。但是,它将不得不面对"下降的供应水平"。全球的石油产量"在接下来的5年里"将"几乎确定地"开始萎缩。不晚于1985年,苏联以外的石油产量都达到了峰值。所有人都被告知,到本世纪末全球石油产量将比1979年的水平下降25%。[63]虽然实际发布于1980年春季,埃克森在1979年发布的年报预见了之后几年"世界对能源的需求和实际可获得的供应将达到危险的平衡状态"。廉价石油的旧时代已经成为过去。是的,尽管20世纪80年代宣称"巨量石油气资源储备会被找到",但是"因为世界用掉了比发现的更多的石油,许多被发现的石油将仅仅有助于抵消现有油田损失的石油产量"。继续发展下去,"所有理论上的新石油储备"都将"很难被找到和开发"。接着挑战将在一个不断上涨的生产成本和减少的石油供给下不断出现。[64]

中央情报局支持两年前对市场恐慌的预测,决定双倍下注。"1979年前半年汽油和石油价格的快速增长是潜在的石油供给问题的先兆。"这个情报机构最具智慧的人在 1979 年 8 月写道:"全球不能再指望石油产量的增长来满足自己的能源需求。"地球已经在报复我们了。石油消耗速度比它被发现的速度快得多,这意味着产出水平在不超过 10 年之后将达到无法逾越的巅峰水平。"地质学家们之前的主流观点"是"发现足够多的快速可开采石油机会可以抵消已知油田产量的不断减少"。这是显而易见的马尔萨斯人口论。中央情报局宣布,"就广泛意义来说,全球能源危机反映了世界石油资源的有限。"当 OPEC 的石油生产者理论上可以决定提高产能时,中央情报局看不到他们要这样做的理由,其实他们有能力做到这一点。他们更有可能生产得更少,而不是更多,来迎合对高价的偏好。就供给来说,世界石油的产量"将在 20 世纪 80 年代开始减少"。美国和其他发达国家将不得不长期"调整到在稳定或减少的石油供给下,一种缓慢的发展模式",最终将"猛地影响"世界经济。所有这些对石油市场意味着什么? 实际石油价格很有可能反复上涨然后"加速井喷"。当前虚弱的石油需求造成了"石油供给充足的幻觉,再一次掩盖了问题",最终长期危机将不可避免地到来。[65]

该机构还做了另一个更加预警性的预测,被中央情报局局长海军上将斯坦福·特纳(Stansfield Turner)用作礼貌的证词,该预测发布于 1980 年 5 月。我们曾经是对的,现在我们是错的。特纳说,这是由于我们对石油的未来太过乐观了。用他的话说:

1977 年中央情报局对国际能源未来做了第一份非保密报告。当时,这份报告被广泛批评太悲观。事实证明我们还不够悲观。去年的事件再一次证明了能源问题是如此严重并渗入生活的方方面面。

至少石油产量即将碰壁或触顶。"我们相信世界石油产量已经达到或接近了峰值,此后的 20 世纪 80 年代将不断下降。"并没有足够多的"黑色黄金"遗留给我们开发。"简单来说,石油产量的预期下降是常规原油快速消耗的后果。"是的,目前已知加拿大西部有巨量的焦油砂,但是它们极度坚硬且很难开采。除此之外还有其他形式的液态石油存在。但是全世界的焦油砂都不能解决一个问题,那就是不再有容易的开采方式。这名中央情报局局长接着说,"有足够说服力的原因相信,最富饶多产的石油生产地区已经被发掘并钻探过了。即使有现代科学技术的帮助,发现巨型油田的机会也在消失"。因此,"发现更多石油和找到燃料替代品都不能弥补未来 10 年的能源短缺"。石油稀缺的新时代最终会导致战争的爆发吗？20 世纪 70 年代的石油危机可能已经预示了。这位海军上将毫无疑问地认为，"从政治的角度来看，最重要的事是对能源供应的获取最终会变得多邪恶"。[66]

许多华盛顿的当权者把 1979～1980 年的短缺事件看作短缺与暴力拖沓剧情的第一阶段，而不仅仅是恐慌的随机事件。前任美国驻沙特阿拉伯大使詹姆士·埃金斯先前不再掌权时曾为此发声，在 1979 年为再一次即将到来的短缺危机提高了声音。他预测不久，世界将会进入"永久的石油短缺"并且"在能源问题的半无政府状态下，最富有和最强大的消费者将与 OPEC 达成双边交易"。[67]亨利·基辛格在离开国务院 3 年半后评论了当时的处境，他并不相信石油造成的浩劫会在之后结束。"所有的前提条件都具备，"他在 1980 年 7 月 31 日写道，"未来的 4～5 年将成为危机时期。"[68]如果 1980 年 11 月一份为美国参议院能源和自然资源委员会准备的评估报告被视为一个标志，国会两党却什么都没做。三个月后两伊战争爆发，从华盛顿的角度来看，有关能源的地缘政治看起来愈发容易爆发冲突。

到本世纪和下个世纪，为了安全获取石油，世界将面临越来越多的困难。过去累积的能源危机需要政府部门将该事务置于首要地位。没有多少更加复杂的其他问题，也没有多少更难解决的其他问题。另外，许多我们为处理能源危机实施的政策只会使情况变得更糟。

这份报告并没有带来希望。委员会呼吁美国"重新制定应对过往能源危机的办法"。即使做了精心准备，这问题既不能拖延，也不会在短期消失不见。这份报告还得出结论，"我们必须认识到能源问题不仅是一个长期问题而且需要立即行动"。[69]

美国、日本和欧洲的高级官员都在担忧石油供应的短缺。OPEC 大佬对自己的油井也有私人顾虑。弗朗西斯科·帕拉（Francisco Parra）是卡特总统的前任秘书长。他之后写道，20 世纪 70 年代"过度的开发计划"强烈地引起了 OPEC 的顾虑。"其中主要的顾虑是会过早地耗尽石油，这个问题自早期就是该行业特有的。"石油短缺的流言一直广为流传，OPEC 也无法充耳不闻。"要充分意识到"，帕拉继续写道，恐惧"必须被视为背景下的产物，当时行业人员和政府都达成了共识，能源将会永久处于短缺状态"。中东国家的生产者担忧他们把水龙头开得太大了，一旦太快地卖光了"黄金"，他们可能会加速消亡，还没有换来什么。

各个石油王国还担心一旦他们不合作,西方国家就会对他们采取军事行动。但同时他们又不爽于被逼迫生产超过基本盈利需求的石油量。这样做等于打开一扇命运的大门,"在一段时间无序的发展后,他们不仅耗尽了石油而且会被无情地抛弃"。[70]

根据帕拉所说,沙特阿拉伯,尽管作为生产者和储备持有者,有着深远的影响力,却并不是出于以上考虑实施石油减产的。1979年美国参议院发布了一份外交报告,名为《沙特阿拉伯的石油生产未来》(*The Future of Saudi Arabian Oil Production*),表达了对沙特的怀疑。他们怀疑沙特是否能够继续保持现有的产量。沙特人显然不是唯一担忧其石油储备会耗尽的那批人。报告称,"一批阿拉伯官员从科威特了解了一次前往美国西部衰败的能源鬼城的经历,他们显然看到了自己的未来。毫无疑问地,他们动摇了"。按照帕拉的判断,OPEC坚定地拒绝了降低石油报价和移除石油产量的上限,这是出于私人的恐惧。他们担心自己的石油储备还能持续多久。他们最终在1979年第三季度同意将产量上限提升到每天950万桶。

从短缺到过剩

事实证明,20世纪80年代开始,OPEC唯一需要对付的幽灵不是石油短缺,而是严重的、甚至病态的石油过剩,原因是消费正在下滑。在1979年,全世界每天消耗超过6 500万桶原油。但是随着石油价格的上涨,美国和欧洲经济仍然在急剧上涨的价格中蹒跚前进,消费者的习惯也开始改变,这些导致石油的消费量在1981年急剧下降到每天6 000万桶左右。油价为何回升?首先,世界领先的经济体在20世纪80年代中期开始实行的节能工作已经有所成效:在1975年通过的《能源政策与节约法案》(The Energy Policy and Conservation Act)中强制规定,美国制造的客车,其平均燃油效率在10年内必须翻番;美国司机也要减少在途时间。在全国范围内,美国司机需要3年才能跑完1979年一年的驾驶总路程。由于人们找到了使用比石油更便宜的能源来发电的方法,所以石油的需求也减少了。受到放松管制浪潮的推动,石油和天然气价格对市场中资金力量的反应更加敏感,天然气、煤炭和核电开始在国家电力结构中发挥更大的作用。[71]所有这些因素加起来导致全球对石油的需求下降,这与几乎所有人的预期——

近在眼前的能源末日会引起无休止的原油价格上涨——形成鲜明对比。

此外,大批非 OPEC 产油国生产的石油以惊人的速度流入全球市场,接连打破预期。与往常一样,突破新高的井口油价带来的巨大财务回报前景诱使世界上各个偏安一隅的国家/地区进入该行业,而且勘探和生产技术的进步使这些国家/地区有能力进入这个在多年前不可能进入的行业。然而,飙升的油价并没有立刻在供给端施展魔力。对于新兴油田的原油来说,最终一定能在市场中形成相当规模,但实现这一过程则需要多年的时间。

阿拉斯加、墨西哥、北海和苏联的石油产量的上涨浪潮,提高了石油的全球供应量。1977 年春天,在普拉德霍湾——位于阿拉斯加北坡的北美最大油田——从零开始发展至每天生产超过 150 万桶石油的规模仅需三年,该产量约占美国原油产量的 20%。墨西哥是另一起成功案例。该国曾经是一个重要产油国,占 1921 年世界石油产量的 21%,仅次于美国。[72]但是,1938 年该国油田采用国有化的公共管理模式,在此后几十年内大幅减少原油产量。不过,因为墨西哥南部发现了大型油田,且墨西哥城对财政收入有急切需求,所以墨西哥石油公司(Pemex)获得了更大额的投资,石油产能开始飞涨,从 1973 年到 1977 年翻了一番,到 1980 年再次翻了一番,1981 年已达到每天 310 万桶。北海的第一个主要油田发现于 1969 年,英国、挪威和丹麦各占其三分之一的储备,此后出产于此的石油在 1975 年首次通过管道到达克鲁登湾。在其他地方,第一次石油危机造成的价格冲击使得开采北海石油在经济上有利可图。北海原油在 1974 年才开始开采。然而,十年后,它每天的产出超过 300 万桶。[73]与此同时,被中央情报局分析师和无数人认为注定要下降的苏联石油产量并没有符合预期。相反,它从每天 860 万桶暴涨到 1981 年的每天 1 210万桶,自第一次石油危机以来惊人地增加了 40%。

随着消费的下降和新供应源在世界各地的涌现,OPEC 开始紧张不安。为了稳定价格,它必须采取行动,但统一减产的实施可没有随口一说这般简单。1982 年初,OPEC 第一次在其成员国之间达成一项协议,坚持每天 1 750万桶的严格生产限额。沙特人将限额定为 1979 年产量的 50%,不允许成员国产量超出协议配额。但是,利雅得的 OPEC 支部不适应这种自上而下的紧缩政策。德黑兰,犹如在两伊战争中备受束缚,必须受沙特人规定的约束,包括何时通过何种方式出口他们的国家财富——石油。OPEC 成员国对沙特的恳求不予理睬,继续出口原油,现货价格持续暴跌。市场正在从稀缺向过剩过渡。随着全球库存上升,OPEC被逼到角落,第一次在大幅降价的路上迈出了一步。沙特人在1981～1982年期间不得不接受下降产量34％以稳定现货市场,将阿拉伯轻质原油的价格削减了每桶5～29美元。欧佩克在1982年1月至1983年3月期间削减了官方价格的14％。

欧佩克在1983～1985年期间努力阻止原油市场成为一个过度供应的市场。仅仅从英属北海油田出产的原油——不包含几年前的四舍五入误差——就超过了阿尔及利亚、利比亚和尼日利亚的产量总和。在这样的价格灾难之中,沙特人对肆无忌惮地过度生产的OPEC同行已经表现出了明显的不耐烦。当欧佩克部长们于1985年6月在沙特阿拉伯塔伊夫集合时,利雅得已在位20多年的石油和矿业资源部长谢赫·艾哈迈德·亚马尼大声宣读了来自法赫德国王的信。这位君主批评那些欺骗配额和降价的国家造成了“沙特阿拉伯市场份额的损失”,沙特永远不会支持这种鲁莽的行为。法赫德写道:“如果成员国觉得他们有自由行动的权力,那么所有人都应该享受这种权力,而沙特阿拉伯肯定会维护自己的利益。”[74]毫无疑问,利雅得正在尽一切努力使市场重回正轨。当时沙特的产量已经减少到每天220万桶,这只是五年前产量的很小一部分。更屈辱的是,这甚至比起创业公司布里茨(Brits)在北海寒冷的水域抽出的水还要少。然而,塔伊夫会议后的几个星期,欧佩克的其余成员国仍没有打算接受利雅得的请求。

夏季接近尾声,沙特人已经忍无可忍。亚马尼在1985年的牛津能源研讨会上宣布,沙特将不再通过限制自己的份额来承担维持价格稳定的代价。他表示,沙特王国将在未来长期捍卫高油价:“我毫不怀疑在未来几十年内石油会出现供应短缺。”如果沙特愿意,他们完全可以让这一预测成为现实。但是,未来是“模糊和未知的”。正如亚马尼所说,利雅得正在考虑采取之前从未采取的措施:恶意侵占市场。“大多数欧佩克成员国依赖沙特阿拉伯承担限额的负担以保护石油的价格。“现在情况已经改变,”他宣布,“有些国家不要再想当然,沙特阿拉伯已经不再愿意或有能力承担这么沉重的负担和责任,进而我并不认为欧佩克作为一个整体将能够保护石油的价格。”[75]他是对的。不久之后,OPEC打开了释放每日800万桶产能的阀门,改变了他们的石油定价方式,采用所谓的网络定价,允许沙特在其他地方削减官方定价。

结果是自20世纪70年代初以来决定市场的供需格局几乎完全逆转。石油危机正在形成,但这一石油危机和美国害怕的石油危机恰恰相反。这一次,石油生产者,而不是消费者,惊醒了整个世界。这是一个源于供给过剩而不是稀缺的危机,在此之前这是难以想象的。虽然边际量不大,但新供给仍以一个缺乏可持续性的速度进入市场,迫使油价下跌。沙特石油终于攻破了已然千疮百孔的堤坝。出口国,而非进口国,一边担心着该向谁销售石油,一边担心着自己的收入将遭受多严重的挤压。随着价格震荡下跌,买家们被困于追逐底价的竞争当中,试图以任何市场可以接受的价格出售他们的石油。一些 OPEC 成员国生产商做了一些微妙的动作,在不会造成混乱的地方提供了议价空间。石油卖家们则试图以创新的方式构建合约,以一个能接受的价格锁定他们的市场份额。然而,针对他们防止油价下跌的企图,市场另有打算。

油价崩溃的严重性是惊人的。在 1985 年秋天到 1986 年夏天之间,美国基准原油——西得克萨斯中质原油——的价格跌至原来价格的三分之一,每桶9.83美元。迪拜原油下跌至每桶 7 美元。到 1986 年 9 月前,原油价格已上升至14.36 美元,仅在 11 月小幅下跌至 13.33 美元。[77]美国产油成本,抵消通货膨胀后,在 1986 年达到了历史上禁运之前的最低水平,因此尼克松和卡特时代的石油危机的影响逐渐消退。美国的司机们感到欣慰,因为实际汽油价格下降到这一世代的最低水平,名义价格低于每加仑 1 美元。局面终于得以反转。现在轮到欧佩克,而不是美国和其他主要进口国,去担心他们的财政状况了。欧佩克1986 年的收入不到 20 世纪 80 年代初创纪录的2 750亿美元的四分之一。[78]对于 OPEC 来说不幸的是,这一次没有约翰·洛克菲勒、得克萨斯铁路委员会或七姐妹石油公司等巨头通过垄断来抬高油价。扣除通货膨胀后的美国汽油价格,在 20 年内都不会回到 1985 年的高点。

石油无处不在,但仅一两年前发布的关于石油短缺还是石油过剩的预测已无处寻觅。他们至少暂时无话可说了。

第五章 1998～2013：
"石油价格持久而又剧烈上升"
——华尔街上的石油股票价格从高点向下跌落

"石油冲击"，对于《经济学人》一篇描述 1998 年石油市场情况的文章来说，这是一个恰当的标题。[1]这个市场确实正经历冲击。但是，这种冲击几乎不是经历过 20 世纪 70 年代油价无序上涨的美国人所习惯的那种。它刚好是相反的极端：石油价格已经跌到彻底的低谷并且随着接近年尾，油价每周都在下降。一桶西得克萨斯中质原油在 1998 年元旦当天大概以 18 美元销售。11 个月之后，该油价已经跌到略微超过其一半。在美国，一加仑汽油仅仅花费不到 1 美元。沙特阿拉伯疲于在缺乏欧佩克同盟的支持下维持高价之后，石油价格自从 1986 年夏天以来从未如此便宜。扣除通货膨胀因素后，油价已经下降到 25 年来的低谷。

"如果你有挥之不去的长期构想：
2.5 美元/加仑的汽油，省省力气吧"

大量的因素联合起来推动油价下降。其中东亚金融危机是最主要的元凶。由 1997 年夏天泰铢崩溃引发的这场恐慌见证了泰国股票市场降幅高达 60％并且导致东南亚地区的石油需求（全球石油需求的顶梁柱）急速萎缩。这也意味着其他地区的石油需求比平时增长得更缓慢。即使随着全球范围内的需求萎缩，石油仍持续涌出到市场,没有被欧佩克限制。伊拉克石油自从海湾战争之后第一次开始涌入全球市场,从1996年接近每天600桶到两年后提升至几乎四倍的数量。[2]

因为亚洲金融危机而陷入困境的欧佩克正处于混乱。在1997年11月,仅仅随着石油价格开始下降,在一次常规会议上欧佩克部长们已经同意把每日的产量配额提高200万桶。他们之所以这么做,是因为错误地相信1998年的世界消费量将以1996～1997年间(亚洲经济奇迹的盛世期)的速度持续增加。提高配额是把其和实际的生产数量拉得更近的一种容易的方法,因为许多出口国正在作假,按照最大能力而不顾欧佩克分配给他们的配额生产。欧佩克部长认为,市场的基础似乎验证了调整的合理性。正如最终所证实的,他们调整产量配额的时机不会更糟。随着需求开始下降,欧佩克已经明确地开始逐步增加产量。在1998年欧佩克几次试图建立足够严格并且符合实际的生产配额来阻止价格下滑但都徒劳无功。欧佩克的一些成员国,大多数时候是叫嚷着的委内瑞拉,不愿削减其产量,这尤其挫败了沙特阿拉伯。沙特阿拉伯认为加拉加斯(委内瑞拉首都)和其他成员国窃取他的合法市场份额。在争论的过程中,石油价格在1998年底滑落到每桶10美元,有些仅仅只卖6美元。[3]

一些欧佩克成员国不愿将市场份额让给最近复苏的伊拉克出口,在沙特阿拉伯有能力协调一个紧急协定来控制其生产量之前,1997年10月到1998年3月之间油价下降了40%,这使欧佩克的收入减少了上百万美元。此外,这次危机已经导致投资者涌向避险资产,比如美国短期国库券、股票和其他美元标价的资产,这种行为推动美元在危机开始的六个月之内升值将近20%。[4]因为原油价格以美元定价,美元相对于其他货币的大幅上涨意味着美国境内的石油明显便宜。同时也意味着石油以许多不稳定的新兴市场的货币计价更加昂贵,这加剧了那些地区需求的下降。除了需求低迷,当年北半球的冬天是历史上最暖和的之一,这限制了供热的需求。同时,进入1998年冬天,世界范围内石油储备量激增,明显证明市场供过于求。

石油很便宜,这是好是坏取决于你问的对象。对于美国的司机而言,那是伊甸园。汽车买主偏好卡车和SUV而非小轿车,回避燃油效率而重视车的外形。消费者质疑道:在低价格允许你用在加油站花费同样的钱可以获得更多的车,行驶更远的路的时候,为什么要节约用油? 一家佛罗里达的报纸吹嘘道:"这些天销售的都是展示厅里体积最大的那些东西。"新的一波"粗犷的、硬朗的陆艇"在全国装配下线——如雪佛兰 Suburban、林肯 Navigator、福特 Expedition——他们无法足够快地生产来满足需要。[5]《纽约时报》写道："更大可能好也可能不好，但是汽车制造商们争着制造美国人愿意买的庞然大物。"[6]

虽然汽车买主在欢呼，但是为他们服务的石油生产商和公司在哀悼。一名塔尔萨(Tulsa)的探油总经理悲叹道："我们中在油田工作的那些人已经见过更好的时代。"[7]这是一个保守的陈述。石油公司在奋力"止血"的同时，也在削减工作岗位和用于探测、生产的资本支出。由于产品急剧贬值，公司成群结队地将钻探设备撤出生产。美国运行的石油钻探设备从 1997 年 9 月的 392 个跌落至 1998 年 3 月的仅 111 个。

但是甚至这些措施还不够。自从美国最高法院在一个世纪以前撤销标准石油公司巨头之位之后，世界主要石油公司的财务正遭遇无形的重大调整。石油价格如此低廉，即使行业中最有权势的游戏者都被迫竭尽全力。接受极大改变了的市场现实意味着公司不得不找到一种新的提高效率的方式，包括成本，以及利用技术和人力资本在游戏中生存。所有的这些需要都指向了一个又一个的石油主管开始采用的策略：合并或收购竞争对手。一波又一波的并购在 1998~2002 年间横扫整个产业，使许多以往的石油巨头现在成为超级巨头。英国石油(BP)公司在 1998 年吞并了阿莫科(Amoco)，这是美国公司最大的外资并购。埃克森(Exxon)和美孚(Mobil)1999 年在一桩 800 亿美元的交易中合并。道达尔菲纳(TotalFina)在同一年接管了埃尔夫(Elf)。两年后雪佛龙(Chevron)以 390 亿美元收购德士谷(Texaco)，同一年康诺克(Conoco)和菲利普(Phillips)宣布合并。许多其他的公司这些年来被合并热触动，他们中的一些现在只有名字与过去有关：阿科(ARCO)、三菱石油(Mitsubishi Oil)、YPF、盖蒂(Getty)、安特普莱斯石油(Enterprise Oil)、新日本石油公司(Nippon Oil Company)、阿美拉达赫斯(Amerada Hess)和其他许多公司。[8]

这种供过于求通常会释放关于未来油价最低价格的乐观情绪，甚至是来自终身任职的分析师，而这种情绪正好适合美国观众。他们争论，熊市力量而非反竞争的政治现在处于统治地位。"这个世界已经剧烈地变化了"，石油金融公司(Petroleum Finance Corporation)的主席罗宾·韦斯特(Robin West)观察道。石油市场是"真正的透明和高效"。[9]一些人预言，随着中东石油生产国彻底失去在石油领域高高在上的地位,石油秩序将重新洗牌。"这或许是老牌的石油输出国组织的终结,"石油产业研究基金会(Petroleum Industry Research Foundation)主席约翰·里奇布劳(John Lichtblau)认为。[10] 随着像美国这类的消费国现在处于特权地位,对过去几十年的高价威胁越来越小,石油经济已经重新焕发生机。一位美国能源专家写道:"在过去,问题是或高或低的价格和一切凌驾于那些数字之上的东西。现在问题是低或者极低的价格。"[11] 他告诉《时代周刊》,一系列新的未来信息技术、天然气在混合能源中日益重要的地位,以及世界上多样的石油资源意味着"自从之前的似乎预示着更高价格的冲击发生,石油产业已经从根本上改变了。如果你对每加仑 2.5 美元的石油抱有挥之不去的长期幻想,省省力气吧。"[12]

进入石油峰值时代:历史上最重大的转折点之一

虽然表面上处于石油资源无限丰富的世界,一小群不出名的分析师并没有如此无忧无虑。一些孤独的声音开始警告石油产业很快将受到地质限制的约束,伴随着几乎难以想象的对世界石油价格的影响。1998 年 3 月——在经通货膨胀调整后的价格是 25 年来最低的时候,《科学美国人》中写道,地质学家科林·坎贝尔(Colin Campbell)和石油工程师胡安·拉赫雷为解释为什么世界所享受的历史低价将永远消失展示了一个精心设计的情形。他们承认石油分析师在 20 世纪 70 年代已经声明的世界正逐渐用尽石油,没想到十年后被迫收回自己的话。他们不祥地警告道:"下一个石油危机不会如此短暂。"

他们的底线令人震惊:世界石油产量将在 2010 年之前开始永远下降,并且可能早在 2004 年就开始。"石油峰值"(换句话说,全球石油的最大产量)在即。[13] 他们认为在世界到达石油峰值之后,石油价格将开始永远提高,"除非需求同比下降"。他们推断仅仅未来的 12 年中,中东将产出储量的 50% 以上。随着中东地区消耗剩下的一半石油储备,世界石油产量将进入最终的下降阶段。全球储备将产出越来越少的燃料。他们写道:"世界不是在耗尽石油……至少现在还没。"仍然还有很多可以抽取。但是石油已经到达它的转折点。所有的工业国所依赖的丰富而廉价的石油的终结已经到来。一旦产量开始逐渐减少,大概十年后开始,一个无休止的价格上涨的新时代就会到来。

这两个工程师的案例以几个主张为基础。有理由相信,配额分配依赖于油气储量规模的欧佩克组织成员国过分夸大他们坐拥多少石油量。公司对其自己登记的油气储量的估计也是令人怀疑的,有助涨其股票价格的动力。的确,他们注意到当涉及预估任何给定的国家的石油储备时,有很大的模糊和不透明性,部分是由于不同地方对储备的定义不同,但也由于估计储备是一门不精确的科学并且许多国家不愿意透露他们了解的自己持有量及生产能力。尽管有这些分析的阻碍,坎贝尔和拉赫雷对准确地知道还剩多少石油很自信。他们推断,石油产业可以提取另外10 000亿桶常规石油,比已经提取出的8 000亿桶更多。给定他们对于石油消耗的预测,那意味着2010年之前世界一半的石油将一去不复返。他们宣称在这种情况下,"任何国家或整个世界将最大限度生产石油,然后当大约一半的石油被消耗掉后,产油速度开始逐渐下降至归零,这是一个历史的真相"。[14]仅仅几年后,归零正是世界将发展的方向。

源自像是《科学美国人》一样受人尊敬的出处,那是一个相当令人震惊的预言。其他几个在20世纪90年代发表过相似观点的人远远没有接近坎贝尔和拉赫雷的高度。约翰·爱德华(John Edwards),科罗拉多大学的一位地质学家,在1997年夏天已经为美国地质学家学会的公告写过一篇文章,文章中提出一个几乎一模一样的论断。他写道世界原油产量到2020年将会达到每天9 000万桶的最大值(1997年是6 400万桶)。世界可利用的石油一半已经被抽取的临界点将在2000年到来。因此,世界将会面临供应短缺和永久性的石油价格提升。他认为到2050年,一天最多可抽取1 800万桶石油(这大概是1950年的水平)。这是一个不祥的预兆。他预言下个世纪将会见证世界能源供应的一个不可逆转的改变。[15]理查德·邓肯(Richard Duncan)、沃尔特·扬奎斯特(Walter Young-quist)、巴兹·艾芬豪(Buzz Ivanhoe)和其他人都提出了相似的见解,一些人甚至用着更令人恐惧的语气。但是他们都使用与坎贝尔和拉赫雷一样的方法论。[16]1997年早期发表在《未来学家》(Futurist)杂志上的一篇文章警告:不可避免的能源危机是即将到来的永久性石油危机的一个严峻的事实。所有人建议政府和全世界有关公民抓紧为它的到来做准备。

这不是坎贝尔这个曾经在很多石油公司担任过高级职位的英国人第一次呼叫石油的终结。在1991年,他曾经出版过一本名不见经传的书,提出世界石油产量将在十年内达到极限。他警告产量下降的时代将要开始。后代可能回头看到这个转折点,就像历史中伟大的转折点之一。他承认对于读者而言,"意识到我们将不得不如此快的面对一个激进的新形势是如此令人震惊:可能就在本世纪末,还有不到十年"。[18]随着这个十年慢慢过去,石油供应并没有像他预测的一样达到峰值,他被迫将"仍然即将到来"的高峰日期远远推后到未来。在一篇1996年的文章中他引用引人注目的证据:等待石油供应的短缺将可能在2000年之前发生(而不是他在1998年的预测中提出的不晚于2010年),而不是在接下来的10年内,正如他之后将讨论的。他所预测的即将到来的能源危机的后果是什么?无异于是石油价格永久、大幅的提升。他承认他的反对者中存在一定的怀疑,因为人们之前曾经谎报军情。但是坎贝尔说不用担心,这一次情形完全不同。[19]最终,即使怀疑者也将看到"石油人将在本世纪几乎灭绝"。[20]

坎贝尔关于石油崩溃即将来临的设想独特且令人担忧,但是他的论据所依赖的方法并非是新的。那些方法起源于另一个嗜好预言的石油地质学家M.金·赫伯特的工作。半个世纪之前,作为休斯敦壳牌公司实验室的科学家,M.金·赫伯特已经开创了一种简单的统计方法来预估石油产量将在何时达到顶峰并且永远下降。他观察到许多油田的生命周期不像是一个钟形曲线,上升而后以一个整齐对称的方式下降。他猜想或许石油更大的主体——在一个给定的州之内的所有石油储量或者甚至在一整个国家内的所有石油储量——也会以同样的方式上升和下降。如果那是对的,他能够通过或多或少的把这个区域看作一个单独的油田,基于资源基础的大小和开采的速度,在数量上为像美国这样的国家估计下降的曲线。

1956年,赫伯特用这种方法做了一个惊人的预测,他在一个技术大会将其展示给一屋子的同行。他用手粗略地画出一条钟形的、对称的曲线来匹配地势较低的48个州从产业早期到未来几十年石油生产的路径。[21]这条曲线的含义令人大吃一惊:他解释说美国大陆的石油产量将在1966～1971年间达到峰值,从那以后急速下降。[22]在过去的十年中这个预测几乎被石油产业中所有的同事嘲笑。但是这名来自得克萨斯圣萨巴的古怪的地球物理学者笑到了最后。在1970年,阿拉斯加和夏威夷之外的美国原油产量达到每天1 000万桶的极限并且开始下降。赫伯特,这个备受争议的悲观主义者,是正确的。对于石油地质学家年轻的一代,他不仅仅是一个摇滚明星,还是一个预言家。

赫伯特继续预测全球石油产量的进程。根据他的估计,地下石油的总量——历史上已经被生产的一切的总量、已知储量和预计的发现量——是1.25万亿桶。1956年他认为世界上所有的油田每年能出产超过125亿桶。如果他是正确的,他认为石油开采将在2000年达到极限。科林·坎贝尔在1991年写道世界石油开采将可能在本世纪末达到峰值,只是重拾赫伯特的论断罢了。但是这次赫伯特的曲线会像1956年一样有先见之明吗?

30美元的石油:"这里发生了什么?"

到1999年春天,石油价格已经大掉头,扭转了亚洲金融危机之后混乱时期的下跌。从1998年进入1999年,充当世界基准的西得克萨斯中质原油的价格触底,达到每桶10美元。欧佩克成员3月份在维也纳会面来完成一轮减产并商定一个协议,决定在今年剩下的时间里每天从市场上撤出200万桶产出。11天前在海牙的一个会议上,大多数官员已经敲定了计划的大部分细节。即使一些非欧佩克成员国,比如墨西哥,也参与到降低产量和出口中。月复一月,显然这个计划获得了成功。亚洲需求迅速复苏;美国强劲的经济增长也在"火上浇油"。同时,欧佩克之外的石油生产国努力提高其产量。

随着世界石油储量下降,价格迅速攀升至令人震惊的水平。到8月为止,西得克萨斯中质原油现货价格已经从1月的低点翻倍,达到20美元每桶。就在北半球加大其对燃料油的需求时,11月伊拉克在联合国的制裁下缓慢停止出口,使市场价格跳至28美元每桶,这是自从十年前海湾战争以来最高的价格。在过去的15年(除了科威特战争期间),基准原油价格已经在每桶15～25美元均匀摆动。现在在一年间价格几乎翻了三番,打破其长期的交易区间。这足够唤起20世纪70年代石油危机在国际媒体中不愉快的记忆。一年之前是石油生产国感觉到痛苦,但是现在消费者担忧等待他们的会是什么。能源部长比尔·理查德森(Bill Richardson)在12月初匆忙地尝试安抚市场,告诉记者如果这些危险的高价格继续威胁经济,克林顿政府将不会回避干预。[23]尽管有白宫的定心丸,华盛顿几乎无计可施来"重回驾驶座"——主导石油价格的发展。

美国媒体很难避免将世纪之交和20世纪70年代危机之间的石油价格做比较。石油回到了报纸的头版头条,这可能不太正常但至少是大多数司机所关心的。虽然如此,主流石油分析师对一种想法很恼火,即科林·坎贝尔及其悲观主义同僚被事件的转变证明是对的。2000 年早期《外交》杂志上写道:两个杰出的分析师对灾难预言者表示不耐烦。他们认为,如果有什么的话,坎贝尔和他的伙伴"短缺的理论家"使它完全倒退。他们写道:21 世纪早期能源问题迫在眉睫既不是物价飞涨也不是预示着石油时代的终结开始的短缺。然而,这次的问题恰恰是相反的一个:持久的石油过剩将延续到接下来的 20 年并给石油生产国带来灾难。

作者把坎贝尔刻画为把一切弄错了的"四眼田鸡"的一个例子。他认为一群早期的稀缺理论学家自从 20 世纪 70 年代开始反复出现。现在继承他们思想的人顽固地争论道另一个能源危机即将发生。对于那些理论家的结论:到 2003 年,全球产量将达到巅峰并且石油时代将开始终结,他们没有给出任何凭证。对超过一代人而言,石油峰值论已经被证明有系统错误,其悲观主义仅仅是一个最新例子。他们赞扬石油行业的不断革新,这使石油更便宜并且比以前更容易发现。[24]在他们看来,世界正进入一个石油的买方市场,不仅仅有足够多的石油供应,丰富的储量将使价格保持在目之所及的空前的低位。

不幸的是,2000 年石油市场没有配合他们的论点。欧佩克生产国对于保持石油的市场报价处于他们所偏好的每桶 25～28 美元的范围仍然异常严格。企业汽油和柴油的库存远低于非正常状态。上半年西得克萨斯中质原油现货价格在每桶 24～34 美元变动。超过 30 美元每桶的价格本身已经足够突出,再加上这种波动,石油市场像十年前一样动荡,并且这次动荡持续时间更长。为什么石油价格 30 美元一桶? 国际能源机构的月度《石油市场报告》的标题发问。这到底是怎么回事? 尽管他们认为市场供应充足,国际能源机构的经济学家们还是预测今年剩下时间中会有麻烦,并且该担忧导致现在更高的价格。他们指出,对今年夏天汽油的供应和明年冬天取暖的供应的充足性的担忧,对伊拉克产出的持久性的怀疑,以及怀疑欧佩克能否长期坚持低于 30 美元的价格区间,这些都给市场带来了惊人的利好消息。[25]在 9 月维也纳召开的会议上,欧佩克部长们一致同意每天提高 80 万桶的配额以使价格降到每桶 28 美元以下。

但是当年晚些时候偶然事件和不断提高的需求没有帮得上忙。到 8 月为止,美国原油库存已经下降到 24 年以来的历史最低点。就在维也纳峰会之后伊拉克和科威特之间充满火药味的言辞再次搅乱市场,9 月 20 日在交易日结束时使纽约商品交易所原油突破 37 美元。美国的汽油和取暖油的价格正处于十年来的最高点。这足够说服克林顿总统听取时任美国副总统戈尔的竞选活动的建议(即用激进的国家行动来为美国消费者降低石油价格),动用国家储备来尝试压低价格。在过去的 30 天,白宫授权从战略石油储备中释放 3 000 万桶原油。释放的石油储备以互换的形式进行,公司可以凭借承诺之后归还来立即借到石油,祈祷到那个时候市场供需已经平衡。共和党总统候选人布什谴责此举是"糟糕的公共政策",但是他对阻止克林顿安抚市场的尝试几乎无能为力。[26]

战略石油储备的释放暂时使市场恢复了秩序,但是其他地方的混乱却给美国市场造成了骚乱。恐怖分子在也门亚丁港对科尔号驱逐舰的袭击使次月交割的纽约商品交易所原油价格飙升至每桶 36 美元。尽管欧佩克在 10 月 30 日宣布它将提高配额来尝试降低价格,许多分析师仍然质疑每天 50 万桶的增加量该如何实现。毕竟大多数欧佩克成员国正用尽全力抽取石油。然而欧佩克部长们在接下来的一个月反其道而行之。此举标志着卡特尔任何用于试图维护他们曾经宣称的 28 美元的价格上限的借口的终结。此外,作为对联合国管理的"石油换粮食"计划的防御行为,伊拉克在 12 月初暂时停止了其石油出口。然而出人意料的是,市场对石油产量缺口并未有过多反应。石油价格在当年的最后一个月跌了 28%,随着全球石油库存增加,西得克萨斯中质原油现货价格滑落到每桶 26 美元。石油市场情况很奇怪。但是它们在未来的十年会变得更奇怪。在2000 年最后的月度报告中,国际能源机构不幸地提醒读者:"我们还没有走出困境"。[27]事实上,他们刚刚走进困境。

随着市场摇摇欲坠,世界可能很快就会触碰到它可以产出的石油量的绝对限制,这个概念开始蔓延到主流辩论。毫无疑问,在任何一个阵营中石油基础设施几乎快要被最大限度地使用。来自欧佩克和其他主要生产国(比如俄罗斯和美国)的石油长期令人失望。然后,更备受争议的问题是未来生产率可以提高多少。

参与讨论的最杰出的群体之一是美国地质调查局,它在 2000 年早期发布了一份有关世界石油储备量的详尽的报告,这份报告由一个超过 40 位地质科学家的团队撰写。该报告旨在评估美国之外常规石油的数量,这些石油有可能会被增加到 2025 年的全球储备中。在美国地质调查局看来,美国之外常规石油的累计产量远远没有达到它的中点,正如坎贝尔和峰值产量理论家所认为的。联邦地质学家估计从产业初期到 1995 年大概相当于 5 390 亿桶石油(平均估计)已经被开采。但是与剩余的相比仍是小巫见大巫：8 590亿桶剩余储备,占相对容易提取的常规储备的2/3,并且6 490亿桶常规储备仍然没有被发现。易获取的石油不是半路消失了。强调其估计是"地质研究而不是统计分析的产物",政府的科学家还巧妙而明显地试图区分他们与峰值理论学家的方法,峰值理论学家相信未来的生产将遵循他们绘制的平滑的对称的曲线。[28]

借鉴美国地质调查局的研究,美国能源部石油市场分析中心[即美国能源信息管理局(U. S. Energy Information Administration)]在2000年4月产生重要影响。在新奥尔良举办的美国石油地质学家协会的一次会议上,美国能源信息管理局局长杰伊·哈克斯(Jay Hakes)做了一个展示,展示的主题提到了石油产业面对的最有价值的问题:"峰值产量年:世界常规石油生产峰值什么时候会到来?"哈克斯以很明显的现象开篇:世界石油产量可能会在接下来的十年内开始下降,这个前景确实令人担忧。他肯定了一些大西洋两岸的预言家认为这个关键的世界事件会在2004~2010年到来的说法。但是能源部门赞成吗？

哈克斯解释道:并不见得。一方面,坎贝尔和拉赫雷可能远远低估了世界石油资源基础,他们认为有1.8万亿桶可采石油。美国能源信息管理局把石油资源的平均估计设定为3万亿桶,并且几乎可以肯定至少有2.2万亿桶。他敏锐地指出世界上地下石油总量被公布的估计量几十年来倾向上升,多亏了更多更好的关于地下矿藏的数据。20世纪40年代最好的估计已经锁定了6 000亿桶石油;六年之后,美国地质学家计算总量高达之前数字的8倍。它认为,生产的峰值可能在2030~2075年之间的某些时候。是出现在这个时间段的近期还是远端极大地取决于石油产量每年增长得多快。哈克斯承认市场反馈机制——供给与价格和需求的相互作用——可能会消除或平滑任何最终的峰值。其他的因素,像是未来某些时候更多常规石油的发现,或者全球石油需求的改变,也会对生产模式产生影响。[29]总之,不仅石油高峰不会很快来临,该理论本身也太简单,以至于对于预测一个复杂的、市场主导的现象(比如石油生产)没有太大的帮助。

美国地质调查局的报告在面对石油峰值的基本主张——世界常规石油一半已经开采完了——时信心满满。这足够使国际能源机构抛弃峰值理论学家两年前在其年度《世界能源展望》上发布的供给预测。1998年美国能源信息管理局的报告通过尝试根据对最终可采石油储量的估计来猜测未来的生产率,已经借鉴了赫伯特的石油峰值的范例。利用 1993 年一篇美国地质调查局对世界上总的石油资源基础的估计,美国能源信息管理局预测世界的石油生产将在 2010～2020 年间停止。如磐石般坚韧的页岩油和特稠油等来自加拿大和委内瑞拉的非常规石油资源可能有助于减轻石油峰值来临时的痛苦,但是要以更高的价格为代价。2000 年美国地质调查局的数据帮助说服机构改变主意。国际能源机构认为也许高峰并非迫在眉睫。分析师在新一期《世界能源展望》中写道:我们需要期望没有全球供应紧缩,总的来说世界的资源基础并不是一个限制因素。"投资是比地质学更大的一个"瓶颈"。把石油从地下开采出来送到市场很昂贵,需要有意义的可持续的资本投资。但是欧佩克和非常规石油可以帮助填补任何其他地方产量下降的空白。国际能源机构认为,国际石油价格在接下来的十年将会稳定在每桶 21 美元,在 2020 年逐渐攀升至每桶 28 美元。[31]

美国新能源危机

对于大多数人而言,这些都是神秘的辩论。石油终结的想法还没有成为头条。然而石油在很大程度上是需要了解的,一个简单的原因是石油价格让司机恼怒,政客从他们的选民中听到一大堆抱怨。到 2000 年 2 月为止,加油站的价格爬升到名义上的一代的最高点——异常的每加仑 1.38 美元。在接下来的 20 个月里将保持在每加仑 1.4 美元,这是自从 1986 年沙特阿拉伯石油危机以来难以持续的平稳时期。[32]布什总统的经济顾问感到很焦虑,价格上如此迅速的飙升可能足够使经济陷入衰退,回忆起 20 世纪 70 年代的萧条,尽管其他人觉得自那时起能源效率的进步至少可以提供部分保护。

华盛顿的一些人开始变得忧虑。布什总统新近任命的能源部长斯潘塞·亚拉伯罕(Spencer Abraham)说美国正在面临着能源危机。2001 年他告诉国家能源峰会:"世界还没有用光石油或者其他能源。然而,我们现在面临着自从石油禁运和天然气管道时期以来最严重的短缺。"[33]最近加利福尼亚的一系列停电已经使事情显得更加不祥。对于卡尔·莱文(Carl Levin),一个在 6 月夺取了参议院常务调查委员会执掌权的密歇根州民主党人而言,这样的声明并不够。莱文告诉不耐烦的公众:"石油公司需要解释为什么石油价格会如此急剧增加。"[24]那个参议员并不是唯一感到担忧的。2001 年 5 月的一次皮尤民调显示,能源是美国新的第一大问题。能源问题已经在极大程度上引起了美国公众的注意,越来越多的人认为比起 20 世纪 90 年代中期以来其他任何单一的问题,能源是这个国家的头等大事。[35]

在 2001 年夏天,每桶 30 美元的石油对许多美国人来说似乎超过了他们所能承受的范围。但那仅仅只是开始。在 2001~2003 年,石油市场将被地缘政治破坏性的力量袭击,在 20 世纪 90 年代后半段石油生产国之间相对平静中这几乎是难以想象的一股力量。第一次破坏发生在 2001 年 9 月 11 日,美国历史上最致命的恐怖袭击的一天。除了暂时使油价飙升,这次袭击对石油产业几乎没有直接影响。在破坏中休市的纽约商品交易所在 9 月 17 日复市。石油价格在接下来的几个月确实下降了,随着交易商衡量衰退抑制能源需求的可能性,到 2002 年 3 月跌到了每桶不到 20 美元。

但是,"9·11"以来的冲击浪潮以其他的方式影响石油前景。一方面,它暴露了不断恶化的不稳定和产油世界的核心(中东和北非)中猖獗的反美主义。之前有过其他的恐怖袭击:比如 1993 年在世贸中心,以及随后对美国驻肯尼亚和坦桑尼亚大使馆的袭击。虽然对石油交易商来说这些都不如"9·11"恐怖袭击那么令人担忧。这样一个来自产油世界的核心的生动而有力的暴力行为,足够使石油市场对表面之下可能蕴藏着什么危险有些迟疑。现在对世界而言,虽然可悲但是显而易见的是中东深层次的国内动乱有能力摧毁全球能源市场。"9·11"恐怖袭击也对利雅得和华盛顿之间这一 20 世纪最重要的石油贸易关系增添了一个不平静的元素。多达 15 名"9·11"劫持者是沙特阿拉伯人。之后的基地组织有关人员以沙特阿拉伯为目标发动的攻击表明两个国家在反恐战争中有共同的目标,但是这个事件标志着他们的伙伴关系中一个更复杂的篇章的开始。对于交易商而言,该事件是一个明白无误的信号:石油市场隐藏的风险正在潜伏。"9·11"事件也将加深美国民众对石油的看法。终结该国的"石油瘾",希望把它从中东问题中独立出来成为一个战斗口号。美国对能源独立的追求成为一种文化基因和带有自从吉米·卡特(Jimmy Carter)时代以来从未见过的紧迫性的战略重点。[36]

然而在国内,其他对石油旧秩序的破坏活动也在进行中。麻烦在委内瑞拉、南非这样的主要石油生产国中酝酿。一名有魅力的职业军官乌戈·查韦斯(Hugo Chavez)1998 年被选举为总统后开始打击反对派。2000 年他再次当选,就立刻开始采取措施巩固他对石油丰富的国家的控制,包括通过一系列的法律,在未经国民议会同意的情况下扩大对国家的控制。但委内瑞拉国家石油公司(PDVSA)才是真正的奖品。2002年4月,查韦斯立即辞退PDVSA董事会的七位成员。对于他的反对者来说这一步太过火了。四天之后。超过100万人走上加拉加斯的街头,不过最终是一次失败的政变尝试。但是他的对手未被吓住。那年12月,他们发动了一次总罢工,这次罢工扩展到了委内瑞拉国家石油公司。委内瑞拉的石油生产量迅速从每天大约300万桶下降到大约60万桶。到2003年早些时候,大多数石油再次流动起来。但是查韦斯决定再也不会让这种事情发生。18 000名委内瑞拉国家石油公司工人被解雇,取而代之的是缺乏技能或经验的查韦斯主义者。加拉加斯开始动用公司资金肆意资助宠物项目。作为曾经的世界上模范国家石油公司之一,委内瑞拉国家石油公司很快不能维持其之前的生产水平,更不用说满足增长目标。委内瑞拉的石油产量在接下来的几年里慢慢下降,给迫切需要更多石油的世界石油市场增加了压力。

大自然不会造出更多的石油

正是被"9·11"恐怖袭击和委内瑞拉石油崩溃的阴影笼罩的这些年来,石油峰值开始变得不仅仅是一种想法,它成为一个行动。一方面,它在挑选更突出的追随者。其中一个就是普林斯顿地质学名誉教授肯尼斯·迪非亚,他是赫伯特的门徒。肯尼斯·迪非亚2001年在普林斯顿大学出版社出版的《赫伯特的峰值理论:即将到来的世界石油短缺》(*Hubbert's Peak:The Impending World Oil Shortage*)一书中说:"世界石油产量将在这个十年达到顶峰,并且我们对于阻止这件事无能为力。"这位地质学教授承认,赫伯特1956年认为美国的石油产量将很快达到峰值的传奇预言"仅是勉强在可接受的科学方法的范围之内。这是像硬科学一样凭灵感的猜测"。[37]然而对于迪非亚来说这正好可以重新传播。迪非亚的令人印象深刻的学术资历给石油峰值行动更加令人信服。《经济学人》写道:"现在一个重量级人物已经加入了这个悲观的石油怀疑论者的合唱。"[38]其他重量级人物紧随其后。马修·西蒙斯,最大的以石油为主的投资银行西蒙斯国际公司的创始人,成为一个该信仰不知疲倦的防卫者,或许他也是他所在的行业里最著名的拥护者。亲自计算数字的加州理工学院的物理学家大卫·古德斯坦(David Goodstein)也成为峰值理论的一个信徒。他说到2007年,世界产量会到达顶峰。教授提醒公众"大自然不会造出更多的石油"。[39]

聚焦石油峰值的研究机构和专业会议开始涌现。石油消耗分析中心(The Oil Depletion Analysis Center)2001年依靠来自阿斯特(Astor)家族的捐款在英国启动。它的任务是"提升国际公众的认知并且促进对世界石油消耗问题更好的理解"。[40]那年11月,石油消耗分析中心把几十个人召集在帝国理工学院,聆听科林·坎贝尔解释其刺激的下降曲线。坎贝尔没有让人失望,他谴责政府官员、学术专家和石油产业权贵在他们对石油峰值的否认中展示出的令人吃惊的无知、故意忽视、否定和混淆。其他的石油峰值组织也呼应。石油峰值研究会(The Association for the Study of Peak Oil, ASPO)从坎贝尔2000年12月在德国一个小型大学城所做的演讲中发展而来。坎贝尔在欧洲科学家和研究人员中发现了很多接受能力很强的受众,他们开始非正式地组织讨论全球化石燃料消耗的问题。胡安·拉赫雷最终说服这群人在ASPO名字前加上"天然气",尽管缩写仍是ASPO。这个组织的目标是"提高人类对能源消耗的严重后果的认识"。石油峰值研究会通过2002年5月在瑞典乌普萨拉大学举办国际损耗研讨会走向公众舞台。会议的头条是"原油供应可能在2010年达到顶峰",[41]美联社的捧场文章如是说。

旧经济的报复

一些有远见的市场分析师尽管不是石油峰值中心的成员,也已经开始感觉到石油价格确实将要上涨,或许甚至会爆发。高盛大宗商品分析师在2002年4月的报告中解释道:"旧经济的复仇将要发生。"该银行告诉投资者:"多年来商品产业能力的投资不足意味着全球经济可能在核心商品产业(包括能源行业)用尽了能力。"20世纪90年代后期,由亚洲金融危机驱使的超低石油价格已经阻止新的投资流向能源行业。投资的缺乏意味着缺少必要的资金维持石油和天然气田的生产效率、在营运中安置新的钻探设备、扩张全球炼油能力(如今已经倒退到1982年的水平)。一旦经济增长重获契机,这个缺失的投资(引发的后果)将被"强烈地感受到"。更高的价格即将发生,高盛告诉投资者"价格很可能迅速提升并且到一个比典型情况更高的水平"。[42]

在商品市场另一个突出的人物,菲布罗(Phibro,在那时属花旗集团所有的一个能源贸易公司)的资深交易员安迪·霍尔(Andy Hall),也同意这一情况。到2002年后期,霍尔已经相信市场严重地低估了石油在几年后将会变得多么昂贵。不可调和的乐观主义者、一厢情愿的思想家、悲观主义者、杞人忧天者之间关于未来供应量的意见分歧已经推动他去思考市场前进的方向在哪里。霍尔在纽约告诉一群花旗的高管:"我已经深入钻研事实,并且看到供应不能满足需要。"他认为"三到四年"后价格会上升,甚至可能达到100美元每桶。交易员声称"每个人都在曲线之后"。[43] 不管是高盛的分析师还是霍尔都没有用像石油峰值论者那样全球石油资源已消耗过半这一主张证明价格的上升,他们也不认为即将到来的价格上升是永不停息的。但他们至少在一件事情上是意见一致的:相信价格确实会变得更高,并且会很快到来。

他们的时间选择是正确的。布伦特原油现货在2002年末以不到每桶20美元的价格交易。一年之后,它以每桶刚好超过30美元收市。石油市场难以应对国际能源机构所说的"前所未有的风险"。全球热点的列表很长:委内瑞拉蔓延的危机,俄罗斯复苏的石油—民族主义,点燃的巴以关系的紧张局势,以及印度和巴基斯坦之间对抗的威胁。在那年第四季度寒冷的冬天给市场注入了活力。在美国石油储备很少。更麻烦的是,系统中闲置产能的规模太小了。从2003年开始,剩余生产能力滑落到每天250万桶以下——不足一年之前缓冲阶段的三分之一,不考虑来自委内瑞拉和伊拉克的限制供应。加拉加斯和沙特阿拉伯为弥补失去的供应量而产量每天激增150万桶,乐观估计这是以最大产出水平采油。但是正如国际能源机构所说,这些不是在过去的2002年推动价格上涨的唯一因素。还有一个额外变量:对伊拉克的担忧。[44] 随着2003年的到来,这些担忧即将上演。

"徒劳无功"

2003年3月20日,美军入侵伊拉克。自从"9·11"恐怖袭击事件之后中东暴力的无法无天已经成为美国人的生活和世界稳定的一个威胁,美方在华盛顿商议怎样应对中东的前景,这次入侵便是此次商议的高潮。这次战争源自几个因素:"9·11"之后恐怖主义的威胁,大规模杀伤性武器的风险,以及萨达姆·侯赛因坚决反对西方国家。入侵前的几个月,对于石油市场的许多人来说,显然美国和他的同盟者——被称为意愿的联合——可能在准备开战。美国官员知道扰乱国家的石油经济(并且因此会推高价格)是一个主要的风险,但是根据一篇报道,战争前美国国务院政策规划师们"对于多快可以恢复生产和出口有极其乐观的预期"。国防部一位高级官员估计战前伊拉克可以每天很快地抽取 600 万桶石油,而入侵时期每天为 250 万桶。[45]

这种对伊拉克石油产量的乐观态度证明是毫无根据的,至少在短期看来是这样。仅仅在入侵的前一周,国际能源机构通过《石油市场展望》(*Oil Market Outlook*)月报发布一则关于市场的脆弱性的警告。石油市场在"空转",石油供应国中任何额外的动乱都将可能伴随严重的后果结束:

石油行业的库存很紧张,在关键市场趋向最低的营运水平。由于委内瑞拉采油能力的损失和欧佩克弥补相应缺口的产能的激增,剩余生产能力很低。现在的石油价格很高,被低库存、天气有关的需求和对伊拉克军事干扰的担忧推动。进一步的供应中断将使已经接近饱和营运的系统不堪重负。[46]

然而随着对伊拉克生产复苏的乐观预测被证明是过于乐观,"供应中断"正是即将要发生的。就在巴格达陷落之后,伊拉克的产量几乎为零,只有每天53 000桶。直到 1 月产量才回到每天 200 万桶。受到安全挑战——爆炸和破坏非常普遍,更不用说过时的不充足的基础设施和技术,伊拉克的石油产业将在被入侵后的七年内为达到仅仅 200 万桶而挣扎。仅仅在最好的时候伊拉克才能维持国际能源机构认同的生产能力的三分之二,更遑论实际增长能力。直到 2008年 7 月,伊拉克才能每月生产和美国及其同盟踏进国土之前同样多的石油。[47]使世界上石油储备最多的国家之一勉强维持其生产能力,对于一个本已紧张的市场来说是受欢迎的。

崛起的中国和"商品超级周期"

20 世纪 90 年代后期新生产能力的投资不足和 21 世纪早期欧佩克的麻烦帮助推动了繁荣阶段。但是需求点燃了导火索。大概从 2002 年开始,世界经济进入更高速发展阶段。20 世纪 90 年代增长仅仅略高于 3%;2002～2007 年之间,增长略低于 4.5%,几乎增加了 50%。[48]不同于之前的急速经济增长期,这一次在本质上确实是全球性的,不限于发达经济体(比如美国、日本和西欧)。较快的经济增长意味着对石油更多的需求。数字惊人。在整个20世纪90年代,经合组织成员国之外的石油消费每天增长了将近300万桶。这使2003～2005年间的数据黯然失色。在全球范围内,2003～2006年石油需求增长几乎是1999～2002年间的3倍。[49]此外,世界石油消费的地图正转向新的中心——在亚洲(尤其是中国和印度)、中东、东欧以及拉丁美洲等人口众多的发展中国家。许多这些区域的慷慨的政府燃料补贴意味着消费者远离其他地方的石油的高价格。一个新的、快速城市化的、渴望西方舒适生活的中产阶级对石油需求正在飙升。

在这些新兴石油买家中巨无霸毫无疑问是中国。中国经济在疾驰飞奔。在2003年之前的5年,中国的经济平均增长率为8.3%;在之后的五年,猛增至接近12%。[50]发展经济已经成为中国的战斗口号。全球贸易正在加速,低成本的中国工厂是建造、装配、出口大量成品的中心。涌向沿海城市的中国工人变得更富有。人均国内生产总值在2000～2006年间翻了一番。发展也在街道上显示出来。汽车销售也在2000～2006年间翻倍,到2009年几乎再次翻番,那一年中国的汽车销量超过了美国——这在10年前几乎是无法想象的产业现象。[51]

更快的增长,更大的城市,更富有的消费者和更多的汽车,整体来说他们都意味着需要更多的石油。国家的经济和城市不仅仅是飞速增长,而且以商品密集型的方式增长,需要大量的能源和其他原材料来推动出口导向型发展。煤炭,国家的主要能量来源,不能继续满足国家的需要。当然对煤炭的需求也在增长——仅仅是2000～2010年中国煤炭消费的提高将占据整个世界所用能源增长量的40%。但是石油越来越多地被列入混合物,既作为发电的一种手段,无论是柴油发电机还是发电厂,也为汽车、卡车等提供燃料。这个亚洲巨人在2002～2007年占据所有额外石油消费的三分之一。它在2004年每天100万桶的需求增长和其整个20世纪90年代后半段取得的所有成就具有同样重要的影响。[52]一名华尔街分析师后来定义的被中国需求的发动机推动"大宗商品超级周期"正在进行中。[53]这不是普通的自然资源市场的繁荣,这是大牛市的开端。

如果石油公司可以在前几年预见到如此显著的增长,他们可能可以在需求繁荣之前投入提高生产能力所必需的资源。但是他们措手不及。直到2004年夏天,一些世界上最大的石油公司的高管。为将资本投入不能平衡他们长期的价格指导线——低于20美元——的项目感到自责。担心另一个1998年式的价格崩溃,石油公司开玩笑地说在新的勘探和生产举措中过度扩张自己,如果价格——或在他们看来——回到其长期平均水平,就会发现自己陷入不经济的项目而不能自拔。[54]到那时,显然中国和他发展中世界的伙伴正经历巨大的增长,而且欧佩克曾经支持的22~28美元的价格现在已经成为历史,所有的石油供应国能做的只能是紧紧追赶。

欧佩克范围之外的石油产量的增长努力帮助满足攀升的需求。像是美国、加拿大、中国、墨西哥及其同盟所设定的数字不是好兆头。尽管价格给采油提供了充足的动力,欧佩克之外的产量在2003~2007年停滞在大约每天4 600万桶。前苏联地区是一个亮点,在这十年的前半部分几乎增加每天75万桶石油。没有该地区产量的提高,非欧佩克产量确实在缓慢下降。2002年的每天3 590万桶在2003年滑到更低,2004年亦是如此,2005年再次跌落,以一种将持续五年的模式进行。尽管欧佩克可以并且也确实提升了产量来抵消对石油的更大需求,但它是通过侵蚀自己的超额产能来做到这一点的,这个十年之初只动用一小部分,而在十年中期已经耗尽。建立新产能很慢,并且维持闲置生产能力代价很高。在2000~2006年,欧佩克的有效产能几乎没有变化,从未远离每天3 200万桶(除了2003年由于委内瑞拉和伊拉克的麻烦而暂时性骤然下跌)。[55]欧佩克以外的生产国几乎把所有的石油都抽取出来了,现在欧佩克似乎也在朝着同样的方向进行。对于一个急切需要更多石油的世界而言,这个模式只意味着一件事:更高的价格。

"不可逆转的衰退"的新时代

然而,对于石油峰值论的门徒而言那意味着更多。那意味着辩护。年复一年,尽管价格提高,但生产数据正如他们所预测的那样令人失望。似乎这个世界真的已经开始触碰到地质决定的多少石油可以被开采的限制。他们的反对者所预测的世界石油供应的光明未来开始看起来越来越可疑,至少对他们而言是这样。一切正如他们所说的,并且在那个时候他们中的大部分人说过这将发生。毕竟赫伯特自己已经预测了一个在大概2020年的全球产量顶峰。新世纪还有几年就要到来,传奇的地质学家比以往看起来更先知。

随着从2003年进入到2004年,毫无疑问市场正在紧缩。原油库存和精炼产品在 2003 年大部分时间里都在减少,趋向于不足 5 年来的平均水平。欧佩克在 9 月的会议上决定削减产量,他们因害怕市场在接下来的一年会被过度供应而表现得十分谨慎,这使分析师们震惊。实际上,随着尼日利亚内乱掀起波澜,加斯拉斯持续沸腾,以及国际能源机构所说的欧佩克之外生产国关于 2004 年自己的生产计划"平静的评论",我们有足够的理由怀疑价格即将下跌。[56]然而卡特尔带着 1998 年牢固的记忆行动,防范当复苏的伊拉克出口和一个迫在眉睫的季节性需求放缓可能拖累其收入时太自由地放开限制。虽然结果证明需求不温不火的秋天是他们最不需要担心的。石油消费,尤其在中国,高涨超过了国际能源机构预估。在春天,欧佩克继续进行前一个秋天达成一致的减产计划。4 月和 5 月沙特阿拉伯中心两次致命的恐怖袭击增加了市场恐慌。如果欧佩克的目标曾经为价格提供了支撑,他们就再成功不过。到夏天美国纽约商业交易所的下个月原油交付价格到达名义上的空前高价——每桶 42.33 美元。石油价格在飙升。

然而石油峰值论的怀疑者不会承认大反转已经到来。这个想法最富于创造力的对手之一是迈克尔·林奇(Michael Lynch),一位直言不讳的接受麻省理工培训的经济学家和能量牛虻。从坎贝尔和拉赫雷的《科学美国人》文章在 1998 年创造新潮流开始,他已经轻蔑地描述了石油峰值的想法。林奇在那时写道:"大量的声称石油时代的终结的文章是不幸的,因为政策制定者可能推断出大量的文章之后都有同样多的研究。"但是石油产量"由于无情的地质力量"将很快进入最终的下降这一预测由于错误的资源估计和糟糕的经济形势,纯粹是荒谬可笑的。林奇承认"短期价格当然会波动,并且我们确实会有更多的石油危机"。然而运气好的话,"当前预言家的某些失败在几年内就会被人遗忘,并且在接下来的几年不会像现在和之前的人那样受到关注。"[51]

即使价格在过去的 2004 年高涨,林奇仍保持他的嘲笑。他告诉峰值理论家:"不同国家的石油产量已经平滑,或由于一些和他们能生产多少石油无关的原因在特定的时候下降。""赫伯特建模者还没发现新的震撼全球的结果,但是加入了这样一群人,他们发现数据的主体经常产生特定的形状,从这些形状中他们试图预测物理定律。"[58]对于林奇而言,石油峰值只不过是新瓶装老酒,并且是坏酒。

价格上涨并不意味着石油峰值已经达成,林奇和志同道合的怀疑主义者继续坚持声称。埃米·贾弗(Amy Jaffe),他 2000 年为《外交》所写的文章已经设想油价在未来将处于最低水平,在 2004 年 5 月同一本杂志中的一篇后记中被迫收回自己的话。她承认:"长期的石油价格将在这个十年再次下降的预测证明是偏离市场的,但是不是因为那些已经预测短缺的人正确地使它如此。"而是这个问题"在根本上是政治问题。"在俄罗斯、沙特阿拉伯、委内瑞拉和西非下面有大量的石油,当然足够创造一个长期的熊市。但是战争和战争的谣言从中调停。她以更加试探性的口吻写道:"现在的价格上涨可能会被解决,正如在最近的历史中重复上演的那样。"但是如果没有一次大幅削减需求的相当大的衰退,价格崩溃可能不会发生。[59]换句话说,石油峰值不是真的,但是一个痛苦的价格上涨看起来越来越有可能。

其他人不是如此确定。虽然像美国和英国一样的国家确实已经过了其全盛时期,但是广大的中东供应国,比如沙特阿拉伯,仍然包含几乎不可思议的巨大数量的石油,这被主流能源界认为理所当然。现在那个概念开始受到抨击。《纽约时报》上 2004 年 2 月发表的一篇挑衅的文章提出:沙特阿拉伯的石油资源——在石油分析师中一直是未解之谜而且被利雅得视为国家机密——不如人们相信的那么丰富:

当游览沙特阿拉伯的石油帝国的总部——从波斯湾附近的达兰沙漠中矗立起的一个光滑的玻璃建筑时,他们想起了投影在大屏幕上的电影中它的使命。它宣称:"我们每天供应满足世界需求的石油。"

几十年来,这在很大程度上是真的。自从半个多世纪以前沙特阿拉伯丰富的石油储备量被发现后,它一直在不断地向需求量日益高涨的市场输送石油,成为全球能源市场的中流砥柱。

但是沙特阿拉伯的油田产量现在在走下坡路,促使行业和政府官员提出一些严肃的问题:有关是否在接下来的几年这个王国能够满足世界对石油的渴求。

这篇文章引用了各种各样的声称拥有关于石油王国及其庞大国家石油公司"沙特阿拉伯国家石油公司"的内部信息的高管,这些人有的有名气,有的没有。前沙特阿拉伯国家石油公司高管小爱德华·O. 普莱斯(Edward O.Price, Jr.)警告说世界不应该期望一天能产出超过1 200万桶石油,暗示该国供应市场的能力很快会碰壁。一个无名的沙特阿拉伯官员警告说即使尝试达到这些产量在十年内都会"造成严重破坏。"引用一名沙特阿拉伯石油高管的话:"过去世界一直指望沙特阿拉伯(提供石油),现在我看不到它还可以维持多久。"[60]

他并不是一个人。目前公认的石油峰值论的权威马休·西蒙斯也被迫在眉睫的沙特阿拉伯石油短缺的概念吓得目瞪口呆。2005年夏天,西蒙斯出版了《沙漠黄昏:即将来临的沙特阿拉伯石油危机与世界经济》(*Twilight in the Desert:The Coming Saudi Oil Shock and the World Economy*)一书,这本书对为什么石油王国的石油产量正快速接近不可逆转的下降做了详细的解释。[61]他认为沙特阿拉伯油田被榨干耗尽,而且不可持续的高水平的生产率意味着如果这个国家即使只可以维持目前的水平,它都算得上是幸运的。石油峰值将很快袭击石油世界的中心。这本书的大胆言论使它成为一本畅销书,尽管在那时,在沙特阿拉伯没有向世界公开其地质数据的情况下几乎不可能证实西蒙斯的论点有多少优势。利雅德对隐私的严密保护(沙特阿拉伯认为其石油资源的细节是国家机密)意味着很难证实或否认那本书的主张,即沙特阿拉伯的油田据传正面临的技术问题。不管怎样,这本书为这种想法(即石油峰值将会影响大多数人认为会免疫的为数不多的几个生产国之一,并且世界石油供应可能出现灾难性的后果)提供了足够多的材料。一名评论家写道:"如果西蒙斯先生对沙特阿拉伯石油产量的看法是对的,我们可以永远地吻别石油丰富的时代。"[62]

石油价格持续飙升,很快进入了几十年来未曾见过的范围。一个被称为伊万的飓风在9月席卷墨西哥湾,造成多年来该地区的石油基础设施最大的破坏。随着石油公司精心应对,超过3 000名工人从海上平台撤离。该地区几乎三分之二的石油生产暂时中断。到2005年2月,可以清楚地知道飓风已经使来自墨西哥湾的石油年产量减少超过7%。其他地方也有麻烦。破坏者11月炸毁了在伊拉克北部的三条主要管道,使经由土耳其的原油出口延迟了三天。在尼日利亚,300个手无寸铁的村民控制了位于尼日尔三角洲南部的三个主要的炼油厂,这是两周内这个地区的第二次动荡。抗议缺乏就业机会,村民成功地关闭了每天产量为10万桶原油的油井一周。不出所料,全球石油市场断断续续地对所有坏消息做出反应。纽约商品交易所交易的西得克萨斯中质原油期货价格在秋天激增到55.17美元的历史高位。马休·西蒙斯接下来的4月在一个会议上告诉石油行业的人们:"这是一个新时代。"[63]如果纽约商品交易所的行动有任何暗示,它当然是这样。

由美国能源部授权的一场有争议的研究在2005年2月火上浇油。联邦能源官员聘用一家研究公司——科学应用国际公司(Science Applications International Corporation, SAIC),来对石油峰值的问题做一个深度研究。前埃克森分析师和原子能委员会主任罗伯特·赫什(Robert Hirsch)在另外两名调查员的帮助下主持了这项工作,以详尽的 92 页报告《世界石油产量峰值:影响、缓解、风险管理》(*Peaking of World Oil Production: Impacts, Mitigtion, & Risk Management*)告终,报告又被称为赫什报告。它没有拐弯抹角。作者说道,"世界石油产量的峰值给美国以及全世界带来一个空前的风险管理问题。"它冷静地提出了一系列预计"在十年内达到峰值"的"有关预测人士",尽管承认那是一个复杂的问题。峰值仍然会发生,即使"时间不确定"。赫什和他的协同作者试图使读者对迫在眉睫的危机的严重性留下深刻印象。他们写道:"这个世界从来还没有面对过这样的问题,石油峰值将会是突然的并且是革命性的。"政府需要行动,并且要快,否则事情将会出大乱子。除非政府干预,"石油峰值的经济和社会影响"将会是"混乱的"。它不仅会使石油变得异常昂贵——一个绝对的短缺即将发生。汽车、飞机、卡车、船舶——所有依靠石油并且不能转向其他能源输入而移动的东西都将永久停滞……[64]由华盛顿资助、在国家顶尖能源思想家的要求下撰写的一篇报告,那是一个警告信息。

实际上华尔街的声音继续预测石油价格将涨得更高。高盛,同样的在早些年间因"旧经济复仇"的假说掀起波澜的公司,决定把几年前的购买建议加倍。在 2005 年 3 月,跟踪综合石油和天然气公司的分析师阿尔琼·默特(Arjun Murti)向客户发出一张便条,便条上的消息迅速传开:准备好面对三位数的油价。高盛团队写道:"我们相信石油市场可能已经进入了我们所提及的"超级高峰时期"的早期阶段——石油价格多年的交易区间。"[65]不同于西蒙斯,高盛的团队不是只有一种办法权衡石油峰值。但是他们的确判断出 20 世纪 70 年代达到危机水平的石油价格可能即将发生。世界主要银行的其他分析师认为默特做出了过度的预测。一名美联银行(Wachovia)分析师告诉《华尔街日报》:"我们当然可能到达 105 美元,如果沙特阿拉伯的石油储备被破坏。但是那个发生的可能性很低,以至于不值得发表在报告的首页。"[66]其他人隐含着不守信用。一名市场观察家告诉记者高盛仅仅是在自说自话,试图"在火热的气氛中大肆讨论市场"来增加他们自己的交易利润。[67]很少有人谈论石油市场很红火,并且变得越来越红火。但是很少有分析师认为会很快达到 105 美元每桶的高价,除非灾难发生。

2005～2006 年以来一系列坏消息使价格持续上涨,仅仅偶尔停下来喘口气。前一年发源于北京的需求冲击几乎没有给产油国和炼油厂留下任何犯错的余地。石油供应中断甚嚣尘上:另一条延伸向地中海的伊拉克原油输送管道爆炸;一次在得克萨斯城英国石油公司炼油厂的悲惨的爆炸,夺走了 15 条生命,超过 70 人受伤(更不用提使汽油市场如坐针毡);法国的一次罢工短暂关闭全国总炼油产能的 90％。事情足够丑陋将 7 月前西得克萨斯中质原油的价格推动至超过每桶 60 美元。但是情况会变得更糟糕。一系列致命的风暴在 7 月和 8 月席卷墨西哥湾,对石油生产造成严重破坏。飓风丹尼斯(Dennis),一场强烈的四级风暴,扰乱了英国石油公司的雷马项目(Thunder Horse Project)。一周之后,飓风艾米丽(Emily)袭击墨西哥海域,关闭了墨西哥当地近海采油的最大平台,并且使墨西哥石油公司疏散了在坎佩切湾的工人,该国 80％的石油都来自坎佩切湾。但是最严重的风暴将在 8 月底到来。飓风卡特里娜(Katrina),五级风暴,将肆虐墨西哥湾海岸线。当飓风卡特里娜肆虐时,除了在联邦水域外所有平台都不得不关闭;重要的基础设施也被锁住,每天大约 220 万桶的精炼产能被下线。除了人员伤亡,这次飓风同时也是美国历史上破坏性最"大"的灾难。到 9 月末为止,西得克萨斯中质原油期货价格已经上涨到每桶 70 美元。

已过半程的碳氢化合物时代

一开始只是有关耗尽世界石油的零星新闻报道,如今有了燎原之势。一些人认为这种想法有其优点;其他人认为那是愚笨无知的。但是能源行业的每个人都在谈论这件事。即使在飓风卡特里娜生成及来临以前,一名花旗集团分析师告诉彭博新闻社,毫无疑问石油价格将达到 60 美元。"关于我们用尽石油的可能性有很多的恐惧和炒作,并且已经根植于人们的观念之中。"[68]一份详尽的剑桥能源研究协会报告重拾石油峰值论的观点。报告认为,一个舒适的每天 600 万～750 万桶的供应缓冲可以使价格降到和 2008 年一样的低位。"供应耗尽情况的主要风险很明显",剑桥能源研究协会主席丹尼尔·尤金认为。美国全国广播公司把该报告描述为对"一些能源专家的预测"的"抗衡",后来让人们想起了马休·西蒙斯及其作品《沙漠黄昏》,"马休·西蒙斯最近几年已经出版了一些书,书里充满了旨在证明世界石油产量如果不是已经,就是即将要达到峰值的章节和图表".[69]越来越多的报纸试图帮助读者理解那些议论。"关于石油供应,意见并不稀缺,"在卡特里娜飓风过后,《纽约时报》的头条写道。尽管《纽约时报》承认在过去高价能够唤起更大产量的石油,但是这一次历史能否重演还远远不确定。是的,文章结尾处写道,更多的石油总是会到来。并且"这将不断上演,直至石油耗尽".[70]

除了议论,另外即使是石油行业巨头似乎对前面等待我们的是什么都有着截然不同的观点。一些高管显得很淡定。壳牌石油公司董事长布朗(Browne)勋爵坚定地认为价格处于"难以维持的高位。"他警告说大幅回调可能将要发生。他的同事约翰·霍夫迈斯特(John Hofmeister),美国壳牌石油公司的负责人回应他的观点,形容这个"高价循环"是"人为抬高的"。[71]一个传奇的美国石油商布恩·皮肯斯(Boone Pickens)对此再同意不过。皮肯斯坚持说,这个行业真的到达了它能做的极限。"全球石油产量是每天8 400万桶。我不相信你可以得到超过8 400万桶。我不在乎阿布杜拉(Abdullah)、普京或其他任何人对石油储备或产量的看法。"这个世界最大的油田在减产。他解释道:"它是一个你无法赶上的跑步机,一旦开始增加储备,你甚至都会入不敷出。"[72]皮肯斯分享了西蒙斯的概要:这个世界在"进入烃时代的路上",石油已经耗费了超过一半。[73]

在华盛顿的一些角落,对石油供应线路将会被破坏或欧佩克产量发生灾难性中断的担忧是显而易见的。在2005年夏天,一个由美国前任高级官员组成的队伍藏在华盛顿一家旅馆的舞厅里参加末日战争游戏,被称为"石油冲击波"。这个游戏练习由两个非营利、提倡摆脱外国石油的群体展示,旨在帮助政策规划者通过潜在的回应思考价格是否失去控制。他们展示了一个可怕的场景:在尼日利亚导致国家石油出口崩溃的种族骚乱;然后是基地组织支持者袭击了阿拉斯加瓦尔迪兹、沙特阿拉伯重要能源设施。最坏的事情发生了,石油价格失控飙升。虚伪的白宫仅仅袖手旁观,正如美国战略石油储备会几乎什么都不做来阻止情况恶化。很快石油价格达到一加仑5.32美元,世界经济陷入深度衰退。这对华盛顿前任中央情报局局长罗伯特·盖茨(Robert Gates)是个警告,因为他曾经扮演国家安全顾问的角色,并告诉《华盛顿邮报》"描绘的场景绝不是危言耸听,它们是有现实意义的"。美国迫切需要发展依靠"草原植物、动物排泄物和其他产品"运行的汽车来使其摆脱外国石油,并在世界石油秩序日益脆弱的情况下保护自己不受伤害。[74]

当选官员正逐渐从选民中提到有关上涨的天然气价格的评论。6个月之后,在城市的另一边,众议院能源委员会已经召集了石油峰值运动的重要人物来帮助他们理解天然气市场正上演着什么。石油峰值研究会的会长夏尔·阿列克列特(Kjell Aleklett)和罗伯特·赫什都警告政策制定者石油峰值就在这里。"我们一直在享受世界曾经见证过的最大的狂欢:伟大的石油狂欢。"[75]但是他们告诉国会,这个狂欢已经结束了。至少一些立法者在仔细聆听。众议院的两个成员马里兰州的罗斯科·巴列特(Roscoe Bartlett)和新墨西哥州的托马斯·尤德尔(Thomas Udall)发动成立众议院石油峰值政策委员会(House Peak Oil Caucus)在他们的同事中宣传这个消息。[76]即使石油领域的共和党人,被认为是化石燃料工业的最热心的捍卫者,也开始担心该国对昂贵的外国石油的依赖,他们担心会导致流氓政权和恐怖主义。乔治·W.布什(George W.Bush)总统在他2006年1月国情咨文中直截了当地表达了这一点。得克萨斯人宣称:"美国沉迷于石油。"[77]美国迫切地需要找到一种替代的能源。

2006年石油市场在大回转中时起时落,其间各路精英权衡这些对供应的未来意味着什么。西得克萨斯中质原油期货价格在年初以每桶大约60美元的价格交易。到夏天为止它们已经爬升到每桶75美元。然而在过去的六个月里,它又跌落到年初开始的水平。但是有关石油峰值的口水仗仍在继续,并且趋势似乎慢慢转向了更大的悲观。布恩·皮肯斯没有对那些认为高价刺激人们从地下开采更多石油的人客气。他告诫人们"不要指望技术会帮助你摆脱困境"。"对于一项技术来说那太难了。你能做的只有尽可能地开采地下的石油。"[78]即使是5年前预测过廉价石油的新时代的杰出的行业咨询公司的负责人也在失去希望。他预测:"全世界产量将达到顶峰,其经济影响相当于5级飓风。"如果不是能源战争或能源不安全时代的开始,那就是一个将会产生"能源对抗"的供应危机。[79]

在很大程度上,石油公司高层管理人员继续嘲笑石油峰值的想法,正如一些著名的研究公司所做的。埃克森美孚石油公司的首席执行官雷克斯·蒂勒森(Rex Tillerson)过去提醒听众:"容易产油的时代没有结束,因为从来就没有过'容易的石油'。"[80]一向乐观的剑桥能源研究协会也不相信石油的终结将要来临,在2006年11月一份详尽的报告中,预测公司认为至少在接下来的25年全球石油产量将持续增长。它把全球可采石油资源的基础设定在 3.7 万亿桶并且可能增长,这是许多石油峰值论支持者所假设的 3 倍。新的钻探技术和科技将使公司能够获得现在不可到达的资源。产量到 2030 年可以提升超过一半,达到每天 1.3 亿桶,在那之后至少在接下来的十几年产量将像波浪一样或高或低。[81]剑桥能源研究协会分析师写道:石油峰值理论造成混乱。赫伯特的想法是让人们产生误导的,基于粗劣的,过于黯淡的地下石油的估计。没有迫在眉睫的石油产量峰值,此后供应也不会很快用光。[82]

高价格、高度不确定性、低库存

无论他们的慎重、细心多么可靠,解开石油峰值提倡者中有关石油终结的信念绝非易事。在书店里,在网上,对石油不可逆转的减产的担忧正达到一个高潮。有足够多关于石油峰值论著作可以填充一个图书馆。一些人认为石油峰值导致灾难性的下降。像《长期紧急:从石油终结、环境变化和 21 世纪其他聚集的灾难》(*The Long Emergency*:*Surviving the End of Oil*,*Climate Change*,*and Other Converging Catastrophes of the Twenty-First Century*,2006)这样的书符合这种范畴。其他的,像《省电:为后碳世界的选择和行动》(*Powerdown*:*Options and Actions for a Post-carbon World*,2004)和《后石油生存时代指南和说明:时代改变的方法》(*The Post-Petroleum Survival Guide and Cookbook*:*Recipes for Changing Times*,2006)反映石油峰值可能确实导致一个更干净的星球和更健康的社区。还有其他书籍是彻头彻尾的生存指南。如果能源的终结即将到来,最好做好准备。像《石油峰值准备:为石油峰值、气候变化和经济崩溃做准备》(*Peak Oil Prep*:*Prepare for Peak Oil*,*Climate Change and Economic Collapse*)、《C 计划:石油峰值和气候变化的社区生存策略》(*Plan C*:*Community Survival Strategies for Peak Oil and Climate Change*,2008)将会告诉你怎样准备。互联网充斥着各种虚拟会议和有关石油峰值的聚谈之处。有关的公民和类似的能源专家在诸如 oildecline.com、postpeakliving.com、oilcrisis.com 和 drydipstick.com 的网站上讨论石油的未来。稀缺正时兴,随着石油价格处在曾经难以想象的水平,能源可持续性的问题占用更多的笔墨、胶片,诸如此类。

从 2007 年紧缩的石油市场开始,到 2008 年早期已接近变成一个全面竞购战。在 2007 年的第一个交易日,西得克萨斯中质原油现货以每桶 60.77 美元卖出。一年之后,随着 2008 年的到来,该价格将近 100 美元。以每日需求衡量的商业石油库存在 2007 年 7 月已经开始急剧下滑,这是一个供不应求的危险信号。通常的因素——令人印象深刻的新兴市场需求,炼油厂停产,糟糕的天气,发达国家令人失望的产量和尼日利亚产量的不稳定性以及重点中东国家——都是原因。像是沙特阿拉伯一样的盈余生产商可以投放到市场的石油的质量的不匹配也是一个原因,炼油厂需要的这种石油依赖于其运营配置,以及美国和其他号召低硫燃料的国家新的环境规制。慢慢地,在 2007 年期间,全球产能和需求萎缩之间的缺口掀起了一轮痛苦的价格上涨。

到秋天,似乎把控市场的统治权的唯一力量并不确定。"高价格,高度不确定性,低库存",国际能源机构 10 月份的市场更新的标题嚎叫道。石油市场正在面临大部分人所记得的一系列动态(由于基本面和投机的共同作用)。机构最多能告诉你,高价似乎是"现在市场情况和预期的未来基础的理性结果"。但是战争的迷雾已经开始。显然美国的需求已经开始受到感染,信用危机和极其高的汽油价格的早期阶段正来临,但是这对 2008 年的价格意味着什么还不可能认识到。他们承认:"水晶球在一段时间内将保持不清晰。"[83]换句话说,唯一可以确定的就是不确定性。

2008 年 2 月,纽约商品交易所西得克萨斯中质原油的价格第一次以超过每桶 100 美元收市。到了 3 月,价格将近 110 美元。然后到 4 月跃升到几乎 120 美元。然而关于三位数的价格是否足够抑制失控的需求和刺激额外的供应——经济学入门常识的预测——仍然存在怀疑。石油仍然"不合理的廉价",认为石油价格将爬升至每桶 378 美元的高度的马休·西蒙斯说道。[84]高盛投资公司的分析师在 2005 年预测石油价格将到达 105 美元,他们也提前看到了更高的价格。3 月银行发表一份报告,宣称石油价格将在接下来的几年达到 175 美元,设想由于供应限制价格出现爆炸性的反弹。[85]银行的一名高级分析师告诉《巴伦周刊》:"我们不同意石油峰值论,我们也不认为世界已经耗尽了石油。"但是开采石油变得越来越昂贵。[86]许多专家——从国有石油公司的高管到华尔街石油分析师——都认为价格在不远的将来将提升至 200~250 美元。推动他们最后的看涨语言的是一个简单的观察:创纪录的高价似乎不足以使全球产量增加来满足增长的需求。非欧佩克供应"似乎有限",巴克莱资本(Barclays Capital)策略师抱怨道。经济规律似乎在 2008 年春季的石油市场中绝望地失踪了。国际能源机构首席经济学家费思·比罗(Faith Birol)总结道:"根据正常的经济理论和石油的历史,上涨的价格有两个主要影响:他们减少了需求并且诱导了供应。但这一次并不是这样。"[87]

石油泡沫

在华尔街的其他人看到了一个正在形成的投机泡沫。其中的领头者是雷曼兄弟的大宗商品研究主管爱德华·莫尔斯(Edward Morse)。在 2008 年 5 月份的一份报告《石油泡沫》(*Oil Dot-Com*)中,莫尔斯毫不讳言:"我们看到的是一个资产泡沫的典型部分。"投资者追逐过去的价格上涨,错误地认为三位数的价格还不足以刺激新的供应和抑制需求。是的,在接下来的几个月里,价格可能还会继续上涨,"但是当价格触及峰值,我们认为它们也很可能直线下跌"。他警告道:石油是一个周期性的行业,并且"转折点可能是突然的,预料之外的,并且是严重的"。[88]其他人也表示赞同。"我认为市场简直是太疯狂了,"奥本海默(Oppenheimer)投资部门的法德尔·盖特(Fadel Gheit)告诉美国有线电视新闻网。[89]牛津研究所从事能源研究的石油专家罗伯特·马布罗(Robert Mabro)也同意这种说法。他指出:"我们现在正处在一个泡沫当中,价格上涨是因为每个人都希望它们这样做。我们已经在房地产市场看到了相同的景象。"[90]并且他推断,那些上涨的,一定都会下降。[91]

然而分析师们争论道我们将要面对的是价格继续上涨,并且公众继续苦恼。在纽约商品交易所,5 月份西得克萨斯中质原油的价格快速超过了每桶 130 美元,然后在 6 月结束之前超过了 140 美元。在 2008 年 7 月 11 日,石油的价格达到了历史最高峰:147.27 美元。美国的消费者平均每个人为汽油支付了超过 4 美元/加仑,相当于 20 世纪 70 年代石油危机时通货膨胀调整之后的水平。

对于石油的焦虑无处不在。在全世界,不仅消费者看来石油可能会耗尽——石油似乎已经耗尽了。一个马里兰州大学进行的关于国际政策态度的民意调查项目发现,全世界高达 70%的人认为世界上的石油供应接近枯竭。在被调查的来自 15 个国家的将近15 000人中,只有 22%的人认为未来会有足够多的石油被勘探出来,因为它仍然是一个主要的能源来源。[92]根据谷歌的数据,"石油"这个词列 2008 年关于经济搜索次数榜上第六位。只有那些与信贷危机爆发的术语引起了更多的兴趣。[93]在美国国会山,立法者们轮流盘问国家主要石油公司的领导者们关于汽油价格的问题。但这一诉讼程序无法确定,除了我们所熟悉的由不确定性和恐惧引起的供应和需求,什么是罪魁祸首。

布什政府那些处于窘境的高官们往往不得不向怀疑的公众解释高油价的问题。对于高油价"没有快速解决的办法",美国的财政部部长亨利·保尔森(Henry Paulson)在 2008 年夏天访问卡塔尔的时候向记者重申。"我没有看到很多可以立刻见效的解决办法。"[94]不幸的是,对于保尔森来说——随着国家的其他人很快发现,很遗憾——存在能够快速解决高油价问题的办法,并且它将开始起作用。但它出现了一个可怕的现实:经济崩溃。如果只是临时性的话,它将很快解决全球性高油价问题,但这是一种比疾病更糟糕的治疗方法。

到夏末,市场开始出现了曙光,粗暴的需求增长推动油价上涨到超过上个十年的现象大约是消失了。一次异常的信用危机,几乎一年前已经出现了征兆,现在正在进行中。这年早期,市场中已经出现了经济放缓的风险,但是几乎没有人意识到情况的严重性。直到 9 月份雷曼兄弟银行倒闭的时候,经济处于混乱中的情况才渐渐明朗。投资者们为了安全急流勇退,卖掉了一些例如石油这种如果经济衰退则价格肯定会下落的资产。石油的远期曲线从陡峭的现货溢价跳跃到深度的期货溢价,远期交货期货合约与现货交割石油之间巨大的溢价是供过于求的绝望的信号,交易者开始储油。这个严重的影响已经使石油带着仇恨回到了市场。到 8 月份,纽约商品交易所的价格以低至接近 112 美元收盘。欧佩克成员试图减缓这个趋势,姗姗来迟地削减产量来调整价格水平,但是无济于事。仍然有更多的销售——9 月份达到 91 美元;10 月份达到 62 美元;11 月份达到 49 美元。在圣诞前的一周价格跌到了谷底——33.87 美元。这是一个戏剧性的事件,即使在一个以起起落落著名的市场上。

"从夏天开始,全球的市场已经被颠覆,"国际能源机构针对一些小争议如是说。管理层为了控制不确定的价格前景,削减了新勘探和生产项目的预算。某些国家例如沙特阿拉伯和印度的新炼油厂被无限期闲置。开发西非和巴西海上深海油田的计划被重新审核。由于仍面临信贷危机的阵痛,风险勘探企业的贷款条件收紧——并且在某些情况下,特别是对于可再生的燃料(例如生物燃料)这种依靠高油价发展的可再生能源项目已经完全停止了。美国的钻工以极快的速度从生产中撤出钻机。"我们现在处于缓解期,"一名荷兰皇家壳牌公司负责勘探和生产经营的管理层人员告诉《纽约时报》,他保守地陈述了接近崩溃的境地。这种崩溃对于能源生产已经产生了一种"阻尼效应",但是他怀疑这个衰退期将会持续下去。给经济一点时间去恢复,并且"能源挑战将绝地反击"。[95]

他是正确的。

静悄悄的革命

市场的戏剧化表现足以使能源共同体感到迷惑,但是在幕后——在远离华尔街的地方,另一次更平静的革命已经开始发生。它很快就会对世界能源专家认为他们所了解的石油的未来产生怀疑。

这次革命一开始几乎是觉察不到的,至少对于北美石油产区以外的任何人来说是这样。这场革命始于一个叫乔治·米切尔(George Mitchell)的人,他是一名勇敢的天然气生产商,曾经在 20 世纪 80 和 90 年代大部分的时间,用他能想到的每种方法尝试从得克萨斯中北部的巴涅特页岩中提取石油。地质学家一直以来都知道,那个页岩——遍及美国的密集的沉积岩——包含深藏于页孔间隙的石油和天然气。问题是提取石油成本太昂贵了,至少使用现有的技术是这样。但是到 20 世纪 90 年代末,一切都改变了。米切尔能源(Mitchell Energy)开发了一种用水力压裂法把汽油从页岩中提取出来的方法。2002 年当戴文能源公司(Devon Energy)获得页岩操作权,戴文公司将它在定向钻井方面的实践与米切尔的水力压裂法结合起来。在相当高的价格激励下,定向钻探和水力压裂结合起来使用后相比于传统技术可以在页岩缝里提取更多碳氢化合物。

很快,其他独立生产商逐渐参与进这个非常规的天然气游戏,并且不再局限于巴涅特。在北美洲,石油和天然气行业投入大量资金进行石油和天然气的勘探和生产。石油和天然气暴涨的价格使公司从 2003～2008 年用于钻探面积、设备和人力的支出翻了三倍,达到 1 500 亿美元。[96]从路易斯安那州到阿肯色州到俄克拉荷马州之间的竞争,页岩气开始流出地面。[97]到 2007 年,这场繁荣已经走进了马塞勒斯和尤蒂卡页岩地层,从纽约延伸到俄亥俄州和弗吉尼亚州的一个巨大的游戏。两年后,随着美国经济陷入萧条,天然气市场或多或少的供过于求,新的竞争随之帮助使纽约商品交易所每英制热量单位保持不足 5 美元。能源专家逐渐觉醒认识到了一个令人震惊的前途无量的现实：美国充斥着天然气。

但是那对石油而言意味着什么？在2008年7月前美国天然气产量惊人的发展没有被分析师注意到，尽管所谓的页岩风潮已经开始令人印象深刻。是的，页岩气是一桩大生意，但是没有信号表明从页岩中提取的石油可以超过取整的数量。许多专家相信石油分子仅仅是太大而不能大量通过页岩石。[98]确实没有历史经验证明它们可以通过。致密油，可以从页岩中提取出的轻质低硫液体，在2009年之前每天总计不到15万桶。然而短短两年之后，情势逆转了。

随着天然气价格低迷，美国钻探商把注意力转向了石油，石油提供更多吸引人的回报。当2008年晚期石油和天然气的价格崩溃时，美国生产商已经封存了几乎半数的旋转钻机。6个月之后，他们又急着使机器重新运作。然而这一次，不是针对天然气、页岩或者其他什么东西，而是原油和其他液体燃料资源，像液化天然气。并且产生重大结果。一开始很少有人注意到这些。2010年7月一个低调的博主在《金融时报》中写道："一些有趣的钻探数据出现在美国石油研究所。"他是主流媒体中最早确认石油产量上升的人之一。"石油钻探激增"看起来似乎在开采石油方面"获得了动力"。[99]收益最终开始在数据中展现出来。对于美国石油产量来说那是很晚才到来的一个反弹。自从1986年，美国原油产量已经经历了缓慢的痛苦的下降，尽管它是世界上进行土地钻探最多的国家之一。那个时候，美国原油产量已经高达一天超过900万桶，然后到2008年缓慢衰退到大概500万桶。之后它开始以惊人的速度走高。2009年，产量每天几乎提升50万桶。对于一个专家一致认为油田将会减产的国家，这是得不偿失的。2010年，原油供应爬升到另一个高点每天15万桶。美国石油并不孤独。加拿大石油2010年增加了相同的量。一次巨大的反转即将发生。

美国和加拿大石油生产的繁荣正愈演愈烈。繁荣来自几个地方。在加拿大西部，巨大的油砂——沙子、黏土、沥青和其他的矿物质，太过浓稠以至于它们必须被开采而不是被抽取——正越来越多地被利用。15年以前油砂被石油公司认为是不经济的，但是多亏了更好的技术和更高的价格，那种说法不再是准确的。在美国，所谓的致密油的产量正在猛增。水力压裂和定向钻探的结合证明是一个强有力的组合，正如几年前它增加了该国的天然气产量。从大概2008年开始，致密油产量像火箭一样飙升。大多数增长发生在北达科他州巴肯和南得克萨斯州的鹰滩页岩，这两个地方使国内致密油的产量在2011年几乎达到每天

100 万桶。[100]钻探活动的快节奏使这个国家其他地方的坐落在页岩之上的城镇免受失业危机之苦。不能很快招聘到足够的卡车司机、钻工、旅馆老板、建筑工人和其他的在北达科之类的地区实现页岩所需要的人员。在世界的其他地方，其他的石油发现也开始占据头条。巨型油田位于巴西和非洲海岸。伊拉克的生产获得动力，前苏联地区的国家迅速增加其产量。与 2008 年 7 月导致石油价格冲上 147 美元的短缺的困扰大不相同的一幅景象引起了人们的关注。《纽约时报》一名记者写道："世界能源再一次被颠覆。"[101]

推动这场石油浪潮进入市场的是极其高的价格的回归。仅仅在 2009 年春天触底之后几个月，原油价格再次迅速恢复，超过每桶 60 美元。一年后，西得克萨斯中度原油徘徊在大概每桶 80 美元。尽管经济崩溃已经毁掉了发达国家的石油需求，在过去的十年里需求增长的主要动力，即中国、中东和其他地方的人们仍在购买石油。这些经济体中的一部分幸免于最严重的衰退，这个事实是一部分原因；但是其他的因素，像是世界上大部分地区的大量燃料补贴，也在起作用。这次北美洲引领的供应繁荣不仅仅未能引起世界原油价格的崩溃，它还正是因为高价才得以发生。如果西得克萨斯中质原油在经济危机之后的几年保持在每桶 40 美元，美国致密油的好运将中途停止。到 2011 年初，随着世界上大多数高质量的原油以每桶超过 100 美元的价格销售，非常规石油的产量正在蓬勃发展。然而北美在管道、铁路和驳船不断增加的流量仅仅只够抵消世界其他地方大部分令人失望的生产结果，而不是给石油价格带来一个快速、最终的崩溃，这让美国司机非常遗憾。或许相比于历史上任何时候，美国石油经济是惊人的丰富，同时又稀缺。美国的石油产量将很快开始以比世界其他任何地方都快的速度增加，完全违背了早些年最积极的预言，即使根据通货膨胀进行调整后的年度西得克萨斯中质原油的价格达到行业历史的最高水平。

如果我们永远不会用完石油会怎样？

到 2011 年，开展的革命正在全球市场掀起巨浪。加拿大和美国原油和天然气凝析液（超轻的碳氢化合物，包括乙烷、丙烷和丁烷）的洪流如此快地注入美国中部的储存设施，以至于几乎没有空间来容纳它们。随着储藏库被填满，西得克萨斯中质原油——美国纽约商品交易所原油期货定价的基准——开始远远低于世界市场上交易的其他原油的价格。西得克萨斯中质原油定价的地方俄克拉荷马州库欣供过于求。管道、轨道、驳船中没有足够的空间把原油运送到美国墨西哥湾沿岸,在那里原油可以被提炼和出口。传统上,西得克萨斯中质原油相对布伦特原油溢价几美元销售,布伦特原油是欧洲西北部的基准原油,也是另一个原油期货合约的实体基础。但是随着库欣被填满,西得克萨斯中质原油的价格开始折价销售,市场对原油提供折扣来刺激需求、控制供应和减轻负担。在过去的一年里,西得克萨斯中质原油的价格一降再降至低于布伦特的价格。到了秋季后期,差价已经突破到将近 30 美元每桶。十年前,石油专家担心西得克萨斯中质原油的基准不能存活下来,他们相信美国中西部的石油产量会很快枯竭以至于会导致定价扭曲。现在事实则恰恰相反。现在石油产量太过丰富了,完全没有不足,这使得美国内陆的原油市场陷入混乱。

当华尔街的人在担心西得克萨斯中质原油—布伦特原油问题的时候,地缘政治的思考者和政策分析师们正在费力思考着美国石油市场的巨大反转和天然气财富对强权政治来说又意味着什么。五年前,政策制定者大会和学术专题讨论会曾经深入讨论过隐约出现的能源稀缺是否意味着会发动越来越多的关于石油和天然气供给的战争。或者化石燃料价格无休止的上升会带来经济崩溃。现在来看今时今日的问题已和昔日大有不同。北美市场不久后会不会代替欧佩克成为石油市场的巨头?能源丰富是当今市场的新状态吗?越来越多的专家也这样认为。

埃米·迈尔斯·贾菲(Amy Myers Jaffe)在《外交政策》(*Foreign Policy*)中写道:"再见了,欧佩克。半个世纪以来,全球能源供应的中心一直是中东。这个事实已经对我们生活的世界有不言而喻的重大影响——并且它将会改变。"非常规石油和汽油的惊人数量——对近海沉积、页岩沉积物、油砂和其他重油提出挑战——正准备越来越多地投入使用。"石油峰值?近期内不会发生。"[102]尤金 2011 年 9 月在《华尔街日报》周六的文章中写道:"他同意石油峰值就在不远处,即将来临。"他解释说"赫伯特的峰值仍然没有出现在视野中",接下来几十年内对世界总资源禀赋和可能的产量的估计值显著提高。是的,自从一个多世纪以前石油产业起源,世界已经生产大约 1 万亿桶石油。然而至少还有 5 万亿桶可能还在地下,给定如今的价格和技术,用被证实的和可能的储量计算,大约还可以开采三分之一。[103]

美国如此多的新石油和天然气足以重新讨论一个自从理查德·尼克松时代就远离美国总统的不切实际的目标：能源独立。自从 20 世纪 70 年代石油危机以来，美国政治家——更不用提司机——渴望回到过去拥有便宜、可靠的供应的好时光。从中东和其他地方的进口呈现出一个不健康的，甚至危险的依赖的景象。现在，随着美国石油和天然气田经历意料之外的复兴和净石油进口下降，能源独立的梦想再次被点燃。新供应不是唯一的原因，美国需求在下降的事实也是一个因素。在 2005 年，美国的石油消费达到历史最高点，每天平均 2 080 万桶。然后消费开始下降，在接下来的 7 年中有 6 年都在下降。异常高的燃油价格正推动消费者更少地消费石油，通常通过减少他们花费在驾驶位前的时间。大萧条加剧了高价格的危害。该国的汽车和卡车也变得更有效率，能够用更少的油行驶更远的路程。除此之外，老龄化人口意味着美国更多的司机开车不如以前多。此外，提高了的石油和生物燃料的供应量，再加上下降的需求，意味着美国正进口更少的石油。2005 年美国 60％的石油依靠进口获得；7 年之后，该数据已经下降到 41％。奥巴马总统在他 2013 年国情咨文中庆祝美国在石油独立方面取得的进步。他胜利地宣称："在谈论许多年之后，我们最终准备好控制我们自己的能源未来。"[104]

在美国能源繁荣的萌芽时期，专家对于生产的新能源是否将足够大使石油峰值平息意见有很大分歧。是的，美国和加拿大石油可能正在繁荣，但是世界上那个地方产量的增加可能只够抵消其他地方的下降。这可能仅仅是另一个过度兴奋的情形，全球产量峰值仍然在转角处即将到来。

然而大约在 2013 年，能源共同体中几乎普遍认为一个结构性供应转变即将发生。即使国际能源机构发布声明时以谨慎著称的分析师也正传播新能源的福音。该机构的执行董事范德胡芬 2013 年 5 月在伦敦举办的产业大会上说道："北美洲的供应是比我们的想象更大的一个生意，在各方面都是一个游戏规则的改变者。""不仅仅是因为涉及的数量的增长，还出于大量复合的原因……北美洲的供应冲击已经在世界上产生涟漪效应。"那是美国式的繁荣，但是在接下来的几十年里它将引领世界发展，"可能引起一次广泛的对石油储备重新评估"。石油生产、消费、交易、提炼和储存的一代人之间调整正在进行，而且改变的速度只会加快。在美国历史上并不是第一次有人问这个问题。国际能源机构预测："全球石油供应链中几乎没有哪个部分在接下来的五年内不会经历改造，这对全球经济和石油安全将产生重大影响。"[105]

石油峰值是什么？它的受欢迎程度完全回归了。这个惊人的想法从 20 世纪 90 年代失去光彩，2003 年到 2008 年间的牛市期间重新回到聚光灯下，然而，仅仅五年后百老汇已无人提及了。当这个术语在主流媒体中都被提及时，很难说是被善意使用的。"石油峰值已经重蹈地平协会(Flat Earth Society)覆辙了么？"一个新闻标题在 2013 年 3 月设问道。这种想法确实生不逢时。布鲁金斯学会的查尔斯·埃宾杰(Charles Ebinger)认为："它曾经有过一段辉煌的日子，但是我仍然去参加人们偶尔会讨论它的会议。"一致的看法是石油峰值背后的理论不是建立在坚实的基础上。加州大学洛杉矶分校的一位教授提出："我不认为它曾经是一个有充分根据的理论。"[106] 更多的石油和天然气对环境和气候是否是件好事仍然是一个引起激烈争论的问题，但是很少有人仍然坚称供应会很快干涸。2003 年 5 月《大西洋月刊》的封面文章写道：新的技术和不知名的能源表明化石燃料可能不是有限的，"如果我们永不会用尽石油会怎样？"[107]

在美国历史上，并不是第一次有人问这个问题。

第六章 结 语

　　关于石油即将告罄的谣言总被认为是夸大其词。但是,谣言背后有故事,在它们广为传播的时候是推动关于未来能源以及市场油价的全民谈论的有力推动力。少了对于迫近的、不可逆转的石油短缺的恐惧以及持续上涨价格的考虑,对于石油市场的理解就是不完整的。20 世纪初,从街角茶余饭后的闲聊到总统办公室的筹划,乐观与悲观主义交替的周期影响了人们对于石油的看法。丰裕的年份和油荒的时期都在历史的聚光灯下轮流登场,交替成为历史主流。资源吃紧的时候,油价高企且持续攀升,市场情况紧张,有时占据主导地位。但是石油资源的枯竭——一个迎接类似永久黑金(石油)牛市的未来的生产停滞——似乎并没有像悲观预期者的预言那样到来。很难说未来石油产量和油价会怎样变化。它们可能以一种不曾预想的方式给我们惊喜。但是,分析过去的走势还是可以提供给我们有价值的检验未来发展的标准。

石油市场新时代焦虑的推动因素和驱动力

　　是什么原因导致了大家对于可能即将到来的石油短缺的长期恐惧,尽管它们已经被证实是错误的?耶鲁大学经济学家罗伯特·席勒分析的产生于股市和楼市繁荣的新时代经济思维同样影响着公众对于石油市场的观念。市场基本面的变动——也许是摇摆不定的需求导致的过剩产能的缺失,都可以使得价格升高。人们总是将提高的价格误解为可能是永久性短缺的新时代到来的信号。他们预言石油产量已经触及了牢不可破的天花板,也就意味着石油供给的停滞。他们认为新发现的稀缺性会导致价格在未来持续上涨,也许是永久性的。但是他们没有认识到最近能源短缺的担忧和以往的相似性,在历史上曾经认为会持续的忧虑都早已烟消云散,更别提行业的周期性了。专家做出大胆预言来吸引大众注意力以及满足媒体报道对于引人入胜的故事的胃口。人们接受了这些关于石油未来几十年甚至未来几个世纪发展的夸张故事。但是当石油产量持续增长,需求平稳,价格稳定的情况下,曾经红极一时的新时代说法就慢慢悄无声息了。

　　世界石油资源正在枯竭的说法在突增的需求推动价格长期增长的时候又会变得很具有感染力。当油价升高的时候短缺论的"信徒们"又会突增。价格下跌时情况则相反。价格增长的来源也十分关键。短缺驱使的恐惧通常会在消费膨胀的时候——而不是产量减少或者供应停滞的时候——出现,至少是部分因为增长的价格引起的。价格上涨的期限越长,幅度越大,世界石油即将枯竭的说法就越广为传播。油价的短暂上涨不会像石油消费的长期增长那样引起石油短缺日益严重的普遍讨论。这个模式最吸引人的地方是石油每年都在被使用、消费,但是人们似乎只看到了油价上涨背后石油"可能用完"的可能性。每当油价不可避免地下降时,这些声音都随之消失了,尽管全球石油消费量可能更多了。

　　依此类推,当石油产量增多,油价保持低位的时候,同样思维的镜像很有可能是很危险的。但那些持怀疑态度的人并不是唯一会受新时代说法侵袭的人。廉价石油永久性泛滥的说法可能在长期供过于求的情况下变得异常普及,仅当市场收紧价格抬升的时候这个说法才会消失。当情况向好时乐观主义又容易变得盲目,人们开始怀疑是否还会有油荒。这个推理逻辑被证实为大胆却无根据。像美国这样的石油消费国就在 20 世纪 80 年代或者后来的 90 年代后期因为油价大跌变得洋洋自得起来。

　　石油市场短缺的焦虑有一些在其他市场并不明显的原因。例如股市,牛市通常和人们脱缰的对于未来乐观前景的热情紧密相连。但是石油并不一样。文化和政治方面的对于世界化石燃料可能用尽的恐惧通常更具杀伤力,让人惊恐。石油市场和股市不一样,对于地质情况和地缘政治的悲观预期通常是牛市的信号。而且当对短缺的担忧袭击石油市场时,过去预言石油危机的那些被遗忘的声音就会重回大众视野,成为主流声音。另外那些本来不喜欢石油作为能源的人可能突然燃起对石油的热情。他们可能会认为石油燃尽可能并不是那么坏的事情。他们希望社会不再依赖油基技术,于是他们会对专家们石油末日论的说法具有高度接受度,然后再传播给其他人。这些持有长期资源短缺观点的人低估了未来技术创新可以释放新能源的潜力,同样忽略的还有高价可以调节需求的功能。但是这样的静态假设从未消停过。

给华尔街和华盛顿的教训

几百年的历史给了现在的我们怎样的经验教训呢? 过去对于短缺的恐惧教会市场操纵者什么呢,无论是投资者还是监管石油行业并促成石油地缘政局的政府官员? 有这样以下四个方面的经验教训。

其中长期历史中最意义深远的教训也是最简单的:永远不要低估市场走出稀缺陷阱的能力。市场,即使是石油这样并不完备的市场,都有虽规模小但有影响力的供应商在历史进程中发挥重要作用——尤其是在增加供给上功勋卓著。供给、需求、库存以及价格:石油市场的组成成分很简单,也许只是看似如此。它们之间精妙的互相作用,通过一者的变动——例如价格,可以对其他成分发挥作用? 如价格变动对供给产生影响,而且影响是深远的。这只隐形的手可以推动人类进程,这是传奇经济学家亚当·斯密几个世纪前提出的理论,现在依然能够推动市场自发寻找物质财富——即使看起来希望遥遥无期。

但是,情况也不是完全的称心如意。石油危机在未来也会卷土重来,就像以往它们曾经席卷市场一样。是的,也许市场会在增加稀缺资源的丰度上发挥作用,但通常这个过程是缓慢的。根据最基本的供求定律,油价创新高是从地下开采更多石油的先决条件。历史上过度乐观并错误地预测未来油价将会和过去油价发展趋势相似的经济学家数不胜数,因为市场可以快速自动调节。历史的教训,或者说最近历史的教训,是价格可能持续上行十年左右时间,因为上涨的价格来刺激创新和冒险开发新能源是需要积累一定规模的。在 21 世纪初几年的牛市中,一些分析师就怀疑原油价格是否可以长期超出 25～30 美元一桶的区间。即使是那些认识到市场对于助推资源(例如石油)供给的惊人动力的分析师也应该避免假设石油会突然增产——或者油价会突然暴跌。

那些不看好科技创新飞速发展的人无数次站到了历史的对立面。现在的非常规石油资源会成为明日的常规资源。在他们探索地下更多的石油资源的时候，每一代探索者都认为自己遇到了比前人更繁复甚至是无法逾越的困难。但是他们没有认识到每个时代的问题总是在当时看起来很棘手，无法解决。但是无论怀疑论者怎样认为，飙升的价格总能带来意外的效果。正如法国兴业银行分析师迪兰·格莱斯（Dylan Grice）所言："当你购买商品时，你也在销售人类的精巧设计。"[1]忽略人类创新走出稀缺性陷阱的方式一直都是一个很危险的主张。

上述所说并不意味着政策并没有在刺激能源供给上发挥重要作用。毫无疑问合理的政策可以使市场繁荣，为促进能源方面的科技进步提供推动力并促进私营部门采用新技术。美国现在的油气繁荣，一方面证明了私人部门的运转良好，另一方面说明了国家政策在主要研究开发和企业税收优惠上发挥的作用。在 2012 年突破研究院（Breakthrough Institute）的一篇报告中提到华盛顿当局最近 30 年中与乔治·米切尔等行业领导人物密切合作，通过多种方式投资和培育了节约成本的页岩气开采技术。在 20 世纪 70 年代早期，东部页岩气工程（Eastern Gas Shales Project）就汇集了企业和政策制定者参与进一系列示范项目中。行业研究机构天然气研究院（The Gas Research Institute）就是由联邦政府部分支持的。一些联邦机构，包括能源部以及国家能源技术实验室等先驱机构，都为早期页岩油气资源的水力压裂法和定向钻探技术的发展做出了贡献。税收政策同样起到了关键作用。生产税抵免第 29 条也在 1980～2002 年支持了页岩气开发。[2]如果没有这些项目，资源领域的繁荣可能晚点或者更慢才会出现。

历史的第二个教训是石油贸易的特征是中断和不连续性。重大的、出乎意料的变革是常态，并不是特例。市场变革都是突发性的，并不是缓慢和可预测的，也不会很多年一成不变。这个模式对于供需和价格都是一样正确的（更不用说随着时间变化的石油价格决定机制了）。那些基于石油市场是一个静态系统来做预测的人，认为市场几十年来几乎没有变化，都忽略了这一点。每个时代的聪明人都会受一种想法的蒙蔽，那就是认为短暂的市场趋势——无论是供给、需求还是价格——会在未来几十年里保持不变。事实并非如此。事实上，那些持续一段时间的明显的宁静——无论是油价保持高位还是低位,都是为巨大的变革奠定基础。政策制定者、投资者以及市场分析师应该意识到他们对于长期预测投入了太多关注,而忽视了周遭可能爆发的不确定性。政府官员则应当在做油价和石油供给的前瞻性陈述时更加谨慎。

石油市场和其他大宗商品一样,是周期性的。历史上持有新时代思维的人总是忽略了周期性的性质。低价为高价铺好道路,高价又酝酿了低价的未来,以此类推。在马修·西蒙斯成为石油峰值论的坚定捍卫者之前,几乎没有人比他在 2000 年解释周期市场时更透彻,他解释了周期性是怎样在自然资源市场生根发芽的。当说到"商品的周期"时,他解释道,"模式都是相同的":

"对特定作物的需求最终以增长过快终结。供给紧张价格升高。当需求因为过高而有下降趋势时,农场主会很快调整自己的种植周期来抓住高价的赚钱机会。这就造成了更严重的过剩。价格会飙升。农场主停止种植。需求就会下降,低价会重新刺激需求。最终大宗商品会如此来回轮回,从价格峰顶到价格谷底上下变化。"

"农产品和能源唯一的不同,"西蒙斯继续解释,"就是石油周期更长。""从现在起十年,所有人讨论的可能是 200 美元的石油因为需求正在下降供给正在上升。"[3]事实证明他是对的,非常正确。但是他好像在 21 世纪初几年成为石油峰值论支持者的时候忘记了行业不景气周期的持续时间。价格、供给和需求变化的推动力是周期性的,也是经过证实的:不仅仅是资源丰富的状态会给资源短缺的状态让路,而且丰富也在为短缺的不可避免性创造条件。但是市场上确实也存在使油价(或者发展趋势)保持稳定的因素。一些政治因素能决定产量,从而平衡市场,形成那些看似不正常平静的时期。得克萨斯铁路委员会和 OPEC 是两个例子。但是这些平静的时期只能部分掩盖石油市场的周期循环性质。异常波动性是每个大宗商品的经济属性的特质。

意识到石油市场不断变化的特性是很关键的,只是天真地根据近期的情况推断遥远未来的趋势是很危险的。经常性的对于世界石油供给会枯竭的恐惧部分源于行为经济学家所说的"代表性法则"的偏差:在发现一个小样本数据的趋势或者模式后,他们错误地将这个趋势运用在对未来的推断中。当人们挑选哪一种共同基金作为其 401K 退休计划的选择的时候,他们会着重参考近两年收益最好的基金,潜意识认为这样的趋势还会继续保持。这样的假设是有风险的。

过度相似性总结未来发展趋势会给未来变化不留余地。天真地认为事情会保持不变(或者是与最近的变化模式相近),这样的总结就是忽略了不断变化的市场特性。新时代观点的持有者总喜欢把现在市场趋势投射到很远的未来。

政府官员在预测未来能源产业的时候应该更加谦逊保守。政府专家的错误估计,无论是美国地质调查局还是总统办公室,或者是国际能源机构,都会使短缺危机甚嚣尘上。油价并不好预测,正如石油储备并不好量化一样。根据加州大学圣地亚哥分校的詹姆士·汉密尔顿(James Hamilton)的一项研究,长期的油价走势被统计学家称为"随机漫步"。换种说法,每日、每年或者每十年的油价走势不能仅仅依赖过去的走势推断计算。这样推算的周期越长,你的推断被证实为错误的速度就越快。大多数想要预测 20 世纪油价的人都过了很久才意识到自己预测的方法是错误的。[4] 价格总是不可避免地与人们的推断逆向而变。即使是看似不变的世界石油可采储量也会随着时间的推移而变化,价格、政治以及科技会影响既定时间内的石油开采量。每个认为自己正在经历"石油历史终结"的人都天真地认为现在的价格趋势能在未来保持不变。这样的推断不正确,也没有理由相信这将会与现在不同。

审慎的国家政策并不会尝试预测未来能源市场的走向,而是制定了一套规则使一个国家的能源经济可以在许多不同的环境中茁壮成长。它们的目标是快速恢复力,而不是预知。它力求能源经济能在一系列状况下保持坚挺,不管是石油产量、消费还是价格,即使是在看起来很艰难、难以维系的状况。这条金科玉律在其他能源市场上也适用,例如天然气以及其他可再生资源。如果政府官员可以意识到能源的未来会经常给他们惊喜(以及至少和他们一样聪明的继任者们)并认真地钻研政策制定,能源供给就可能在长期更充裕以及实惠。

这种方法在实践中意味着什么呢?这样的模式还是需要能源效率技术。尽管节能汽车、卡车以及设备在能源价格低时显得不那么重要,但是它们在价格反弹的时候提供了安全边际,也许是猛烈地让人措手不及的反弹。这个恢复力高于预测能力的模式使公司或者国家能迅速在突发的意料之外的价格变化中恢复——不仅仅是价格升高,也可能突然下跌。几百年来,自然资源价格的突然下跌都和主权违约紧密相关,通常都发生在依赖出口作为财政收入的发展中国家中。[5] 不支持存在于孤立政策和价格环境中的公司,即使具有远见的能源政策也不可能具有持续性。试图在早期能源企业中寻找赢家正如十分肯定地预测未来十年的油价走势一样愚蠢。相反的,国家政策应该提供定向支持,通过税收优惠以及其他方式,尤其是针对具有商业应用价值但是可能处于早期研发阶段或者具有投资风险的企业给予单独关注。页岩气生产,正如前面所说的,就是一个政府一私人资金合作机制下的成功例子。《1978 年发电厂和工业燃料使用法》(Powerplant and Industrial Fuel Use Act of 1978)就不是恢复力高于预测能力政策的落实,这个法案禁止使用天然气发电,基于卡特政府对于国家天然气资源正在耗尽的判断,"太少"的公用事业公司使用煤炭,而煤炭"是我们最充足的能源"。[6]削减天然气需求使天然气价格低于正常范围,扼杀了探索更清洁资源的技术创新,导致了煤炭厂再繁荣,而这些政府官员都袖手旁观。

第三个教训是:市场运作的基本事实——使供给提高和消费下降的原因无数次被证明是有效的市场推动因素。新时代理论的反对者声称经济重心的"旧法则"已经不再适用却总是发现他们站在了历史的对立面。关于世界能源供应灾难性断裂的语言已经在 20 世纪来来去去很多次了。这些昙花一现的理论有一个共同点:它们不相信经济的基本推动力会产生和过去一样的结果。这样分析都会产生致命的错误。他们未能解释这样的事实:长期而且大幅的价格上涨会使地下可采石油量急剧攀升,新石油产量急剧增长,同时消费者消费量降低,也许会经历一个痛苦的衰退期。预言扣除通货膨胀后的油价会持续增长的人们忽略了另一种市场作用力会使结果朝反方向发展的事实。他们对于最简单的市场机制缺乏信心也被证实是毫无根据的。

当资源短缺说法达到全盛时,大众可能被蒙蔽双眼,认为石油产量不会增多,但是专业的分析师则不这么认为。为什么呢? 首先,因为那时候没人可以预测出哪里可以产出新石油。人们总是过度高估了自己对于世界石油储藏量的知识。他们总是轻率地总结如果新石油没有以今天的技术在今天的价格被开采出来,未来就很难有新石油开采出来了。许多 19 世纪中期在宾夕法尼亚开采石油的人认为阿巴拉契亚地区以外美国不会有新石油产出了。但是 20 世纪 20 年代,美国人又一次目瞪口呆地发现得克萨斯州、俄克拉荷马州、加州以及美国南部的其他地方发现了很多石油资源,更不用说世界范围内了。最不可思议的是,20 世纪中期的中东石油储藏量,又一次震惊了美国官员。在之后的几年里,北美的大量页岩油可采量又一次颠覆了大众对世界能源供应的认知。

每次人们都很难看到世界生产更多石油的可能性。在某个时刻供给情况与当代观察者们观察的不同——直到突然,情况(又)不同了。相信基本经济原理的投资者认为高油价在科技进步的基础上会刺激供应增长,他们就不会轻易被崇尚资源短缺的新时代理论洗脑。

　　第四个历史的经验教训是对抗毫无根据担忧的最好利器就是良好的数据。信息短缺的时候恐惧就会肆虐。当大众缺乏及时准确、完备的石油储存、生产以及消费信息时,判断错误的预测就会甚嚣尘上。当能源市场信息不透明时,阴谋论和混淆视听的说法就容易掌控市场。无论是在华盛顿还是利雅得,北京还是加拉加斯,如果政策制定者对于稳定石油价格和使石油价格可预测更严肃谨慎的话,他们就会对石油市场基本情况的跟踪和数据披露加大投资力度,让信息更可靠且可得。提供国家官方能源数据的美国能源信息管理局就在这方面做得很好,成为世界同类机构的榜样。但这些措施不是万能的。更好的数据并不意味着足够完备的数据。错误的猜想以及对于市场行为的误解是市场在现实世界中一个不可避免的特征。但是更好的数据可以增加市场参与者决策反映市场实际情况的可能性,并利用好所有已知的关于供给、需求和价格的信息。

　　增加透明度,无论是石油现货市场还是石油金融市场,都有巨大的潜力减少不必要的价格波动来确保零售价反映经济基本面。[7]一个运转良好的价格发现更平稳更有效的石油现货市场,需要透明的关于供给的准确信息流。但是每个对于石油市场密切关注的人都会知道,石油供需的数据是有限而且通常是自相矛盾的。不像更加透明的市场,例如美国股市,全球石油贸易的基本情况往往难以辨别,有限数据通常会迫使分析师依靠自己的最佳猜测判断。只有经济合作与发展组织(OECD)成员国能够可靠地发布有关本国边界内石油流动的详细信息。美国能源信息管理局也在这方面制定了标准,提供美国和国际市场的高质量数据以及市场情况分析。但这个问题不是任何一个国家就可以解决的。因为石油市场是全球性的,世界一隅发生的事情可能会在其他地方引发"蝴蝶效应"。

　　同样的,增加信息透明度可以有助于金融市场价格更准确反映基本面状况。美国商品期货交易委员会(CFTC)应该扩展根据交易类别归类的周度买卖信息的交易员持仓报告,这些类别应该更狭义定义。报告还应该包括不同级别交易者在远期走势曲线的位置。这些根据利率期限结构组织的市场活动附加细节可以帮助监管组织和市场参与者更好地辨识增加的市场风险,尤其是缺乏流动性的合约。

在所有的管制选择中,拥有最明显收益和最低风险的就是提高透明度,尤其是石油现货市场。但这也是最难实现的部分。石油市场透明度增加需要很多主要供应国和消费者自愿披露他们的交易。西方国家并没有相应的监管规定来保证实施。但这是可以一步步进行的。比如石油消费数据,美国和其他 OECD 国家可以认真思考使中国和印度加入国际能源机构的方式。他们到 2030 年的石油需求增长可能代表了世界总量的一半。即使成为国际能源机构成员国目前还不太可能,考虑到国际能源机构外交政策要求贸易双方牺牲资源和隐私来保证油价的稳定,中国可能会对国际能源机构对于成员国数据披露的规定不满。毕竟印度和中国这两大日益强大的石油消费国都在运转良好的石油市场中和 OECD 享有共同利益。

世界主要石油供应国的储备、产量以及出口数据虽然不完备但是仍然在进步。成立于 2001 年的联合石油数据项目(The Joint Oil Data Initiative,JODI)是一个自发的数据披露系统,拥有超过 70 个成员国为其提供国内石油产量、需求以及库存数据。JODI 是数据披露迈向正确方向的重要一步,但是努力还不够:他们的数据总是与官方来源不符合,而且 OPEC 成员国总会根据自身利益调整数据。缺乏可信的全球石油储备公开信息一直是一个问题。OPEC 成员国石油储备还是未知的,不透明一直是影响长期价格稳定的重要因素。

美国以及它的贸易伙伴应该在其管辖范围内追求这些管制的进步,即使在其他领域也是一样。石油市场的公开性将会为市场的进步做出重大贡献,这是对国际能源机构规定的修正最小的措施。美国、英国以及拥有庞大金融部门的其他国家应该在减少资本外逃和过度严厉措施的同时审查这些领域的国内监管。他们应该携手努力跨过国境与更有优势力量的外国政府合作。尽管可能会遇到主要消费和生产国的重重阻力,但是这些努力可以逐渐去除迈向更有效的石油市场道路上的最大障碍物。

一个新时代,抑或是一个被遗忘的时代?

"没有什么所谓的新时代,只不过是(曾经的时代)被遗忘了而已。"罗斯·贝尔坦(Rose Bertin)曾经说过。20 世纪人类力量的无数方面都得到了长足发展。科技进步,资源被发现,文明进步。但是来自过去的回声今天仍然和我们在一起。专家在油价上涨的时候宣称石油短缺正在迫近并且不可扭转——或者另一方面又在价格下跌时候说资源数量丰富，已经成为石油市场直到今天的持久特征。关于短缺（或者充足）的新时代的谈论都会在价格上涨（或者下跌）的时候重出江湖，这个特征也是被著名专家和政府官员的最新研究成果所加强的。同时，当产量上涨时，石油用尽的猜测会导致更高的油价的观点，直觉上就很吸引人。但是资源耗尽背景下永久上涨的油价的猜测也从来没有像它的猜测者预言那样爆发。利益驱使的科技进步打开了资源开发的新可能性，最终安抚了关于资源末日论的烦躁情绪。牛市之后总会是熊市，"石油末日"的说法时隐时现，每隔几年就会被重提。

很难说未来能源会是怎样的情况。但是那些认为今日的能源市场情况会延续到很远的未来的说法根本站不住脚。对于石油来说，可以肯定的是，有一天它会退出世界主要能源的舞台。一些更好的新能源会替代石油，这只是时间问题而已。但是那些预言大宗商品将要消亡的人应该会记得利雅得的智者关于化石能源未来的警告："石器时代结束了，不是因为我们缺少石头。石油时代的结束也不会因为我们缺少石油。"[8]

注　释

前　言

1. Daniel Yergin and Joseph Stanislaw, "How OPEC Lost Control of Oil," *Time* 151, no. 13 (April 6, 1998), 58.
2. See Google Books NGram Viewer, http://books.google.com/ngrams.
3. Oil prices taken from BP, *BP Statistical Review of World Energy June 2012* (London: 2012), http://www.bp.com/statisticalreview.
4. With a smoothing of 1. Google Books NGram data does not extend beyond 2008, unfortunately. The data end the very year that crude prices roared to an all-time high in nominal terms. Although crude remains expensive in nominal and real terms, media attention to the claim that the world's oil production may be hitting its permanent limit seems to have waned considerably. This loss of public attention has seemed especially pronounced since 2012 or so, when the notion of an American oil and gas boom began to spread.
5. Oil prices taken from BP, *BP Statistical Review of World Energy June 2012*. ProQuest search conducted January 2014 on the terms "run out of oil" and "running out of oil." The texts searched included newspapers, magazines, trade journals, scholarly journals, dissertations and theses, and other reports.
6. Bassam Fattouh, "An Anatomy of the Crude Oil Pricing System," WPM 40, Oxford Institute for Energy Studies, January 2011.
7. Colin J. Campbell, "About Peak Oil: Understanding Peak Oil," APSO International, http://www.peakoil.net.
8. Robert L. Hirsch, Roger Bezdek, and Robert Wendling, *Peaking of World Oil Production: Impacts, Mitigation, & Risk Management*, Report prepared by Science Applications International Corporation for the National Energy Technology Laboratory, U.S. Department of Energy (February 2005), 19.
9. Eyal Dvir and Kenneth S. Rogoff, "Three Epochs of Oil," NBER Working Paper No. 14927, National Bureau of Economic Research (April 2009).
10. Carmen M. Reinhart and Kenneth S. Rogoff, *This Time is Different: Eight Centuries of Financial Folly* (Princeton, NJ: Princeton University Press, 2009), xxv.
11. James D. Hamilton, "Cause and Consequences of the Oil Shock of 2007–08," Brookings Papers on Economic Activity (Spring 2009); James L. Smith, "World Oil: Market or Mayhem?" *Journal of Economic Perspectives* 23, no. 3 (Summer 2009), 145–164.
12. Michael Levi, *The Power Surge: Energy, Opportunity, and the Battle for America's Future* (New York: Oxford University Press, 2013).

第一章

1. Brian Black, *Petrolia: The Landscape of America's First Oil Boom* (Baltimore, MD: Johns Hopkins University Press, 2000).
2. Andrew Carnegie, *The Autobiography of Andrew Carnegie* (New York: PublicAffairs, 2011), 136–141.
3. David Nasaw, *Andrew Carnegie* (New York: Penguin Press, 2006), 76–78.
4. Andrew Carnegie, *The Autobiography of Andrew Carnegie and the Gospel of Wealth* (Digireads.com Publishing, 2009), 69–70.
5. "Online Data Robert Shiller," Homepage of Robert J. Shiller. Accessed July 2014 at http://www.econ.yale.edu/~shiller/data.htm; and *BP Statistical Review of World Energy June 2014* (London: BP, 2014).
6. Glen Hiemstra, "Matt Simmons Sees $300 Oil," Futurist.com, March 10, 2008, http://www.futurist.com/2008/03/10/matt-simmons-sees-300-oil/.
7. Mimi Swartz, "The Gospel According to Matthew," *Texas Monthly*, February 2008.
8. Colin J. Campbell, "Understanding Peak Oil," http://www.peakoil.net/about-peak-oil. Although the website does not have a date of publication, Tom Bower in *Oil: Money, Politics, and Power in the 21st Century* puts it at June 1996.
9. Colin J. Campbell, *The Golden Century of Oil 1950–2050: The Depletion of a Resource* (New York: Springer, 1991), pp. ix–x, 51–52.
10. Kenneth S. Deffeyes, *Hubbert's Peak: The Impending World Oil Shortage* (Princeton: Princeton University Press, 2001), 1.
11. See staff piece, "Responses to Daniel Yergin's Attack on Peak Oil," September 19, 2011, http://www.resilience.org.
12. WorldPublicOpinion.org, "World Publics Say Oil Needs to be Replaced as Energy Source," World Public Opinion.org, Press Release, April 20, 2008, http://www.worldpublicopinion.org/.
13. See Steve Andrews and Randy Udall, "Peak Oil: It's the Flows, Stupid," May 12, 2008, http://www.resilience.org.
14. Daniel Yergin, "It's Not the End of the Oil Age," *Washington Post*, July 31, 2005.
15. For three excellent overviews of this debate, see John E. Tilton, *On Borrowed Time?: Assessing the Threat of Mineral Depletion* (Washington, DC: Resources for the Future, 2003); Eric Neumayer, "Scarce or Abundant? The Economics of Natural Resource Availability," *Journal of Economic Surveys* 14, no. 3 (2000), 307–335; and George A. Nooten, "Sustainable Development and Nonrenewable Resources—A Multilateral Perspective," in *Proceedings of the Workshop on Deposit Modeling, Mineral Resource Assessment, and Sustainable Development* (2007).
16. Thomas Robert Malthus, *An Essay on the Principle of Population*, 6th ed. (London: John Murray, 1826).
17. David Ricardo, *On the Principles of Political Economy and Taxation*, 3rd ed. (London: John Murray, 1821).
18. John Stuart Mill, *Principles of Political Economy: With Some of their Applications to Social Philosophy*, 5th ed. (London: Parker, Son, and Bourn, 1862).
19. William Stanley Jevons, *The Coal Question*, 2nd ed. (London: Macmillian and Co., 1866).
20. Harold Hotelling, "The Economics of Exhaustible Resources," *Journal of Political Economy* 39, no. 2 (April 1931), 137–175.
21. For a useful discussion of the Hotelling rule, see Tobias Kronenberg, "Should We Worry about the Failure of the Hotelling Rule?" Paper prepared for Monte Verità Conference on Sustainable Resource Use and Economic Dynamics, June 4–9, 2006, Ascona, Switzerland. Center of Economic Research at ETH Zurich.
22. A minority of economists would argue otherwise. For a discussion, see P. G. Bradley and G. C. Watkins, "Detecting Resource Scarcity: The Case of Petroleum," in *Proceedings of the IAEE 17th International Energy Conference, Stavanger, Norway, May 25–27*, vol. 2 (1994); M. A. Adelman and G. C. Watkins, "Reserve Asset Values and the Hotelling Valuation Principle: Further Evidence," *Southern Economic Journal* 61, no. 3 (January 1995), 664–673; James D. Hamilton, "Oil Prices, Exhaustible Resources, and Economic

Growth," in Roger Fouquet (ed.), *Handbook on Energy and Climate Change* (Cheltenham, UK, and Northampton, MA: Edward Elgar Publishing, 2013).

23. Hamilton, "Oil Prices, Exhaustible Resources, and Economic Growth."

24. Donella H. Meadows, Dennis L. Meadows, Jorgen Randers, and William W. Behrens III, *Limits to Growth* (New York: Universe Books, 1972).

25. Herman E. Daly, "Steady-State Economics," in Matthew Alan Cahn and Rory O'Brien (eds.), *Thinking about the Environment: Readings on Politics, Property, and the Physical World* (New York: M. E. Sharp, 1996), 250–255; Nicholas Georgesçu-Roegen, *The Entropy Law and the Economic Process* (Cambridge, MA: Harvard University Press, 1971); Nicholas Georgesçu-Roegen, "Energy and Economic Myths," *Southern Economic Journal* 41, no. 3 (January 1975), 247–381; Ezra J. Mishan, "Growth and Antigrowth: What are the Issues?" in Andrew Weintraub, Eli Schwartz, and Jay Richard Aronson (eds.), *The Economic Growth Controversy* (London: Macmillan, 1974), 3–38.

26. See Wilfred Beckerman, "Economists, Scientists, and Environmental Catastrophe," *Oxford Economic Papers* 24, no. 3 (November 1972), 327–344; and Wilfred Beckerman, *In Defence of Economic Growth* (London: J. Cape, 1974).

27. William D. Nordhaus, "Resources as a Constraint on Growth," *American Economic Review* 64, no. 2 (May 1974), 22–26.

28. Joseph Stiglitz, "Growth with Exhaustible Natural Resources: Efficient and Optimal Growth Paths," *Review of Economic Studies* 41, Symposium on the Economics of Exhaustible Resources (1974), 123–137.

29. M. K. Hubbert, "Nuclear Energy and the Fossil Fuels," *Drilling and Production Practice*, American Petroleum Institute (1956).

30. Steven M. Gorelick, *Oil Panic and the Global Crisis: Predictions and Myths* (Oxford: Blackwell, 2009), 90–91.

31. Ibid., 92.

32. Ibid., 95. Also see U.S. EIA data on domestic natural gas gross withdrawals on a monthly basis, available through the EIA's online data portal., http://www.eia.gov/naturalgas/data.cfm

33. International Energy Agency, *Oil Market Report: 12 December 2012*, December 12, 2012.

34. Gorelick, *Oil Panic and the Global Crisis*, 95–97.

35. U.S. Geological Survey, *An Estimate of Undiscovered Conventional Oil and Gas Resources of the World 2012*, Fact Sheet 2012–2013 (March 2012), http://pubs.usgs.gov/fs/2012/3042/fs2012-3042.pdf.

36. Albert A. Bartlett, "Sustained Availability: A Management Program for Non-renewable Resources," *American Journal of Physics* 54, no. 5 (May 1986), 398–402; Albert A. Bartlett, "Reflections on Sustainability, Population Growth, and the Environment," *Population & Environment* 16, no. 1 (September 1994), 5–35; Colin J. Campbell, "The Coming Oil Crisis," *Quarterly Review of Economics and Finance* 42 (1997), 373–389; Colin J. Campbell, *Oil Crisis* (Essex: Multi-Science Publishing Co., 2005); John D. Edwards, "Crude Oil and Alternate Energy Production Forecasts for the Twenty-first Century: The End of the Hydrocarbon Era," *American Association of Petroleum Geologists Bulletin* 81, no. 8 (1997), 1292–1305; Colin J. Campbell and Jean H. Laherrere, "The End of Cheap Oil," *Scientific American*, March 1998.

37. M. A. Adelman, "Mineral Depletion, with Special Reference to Petroleum," *Review of Economics and Statistics* 72, no. 1 (February 1990), 1–10; M. A. Adelman, "The World Oil Market: Past and Future," *Energy Journal* 15, Special Issue (1994), 1–11; Richard L. Gordon, "IAEE Convention Speech: Energy, Exhaustion, Environmentalism, and Etatism," *Energy Journal* 15, no. 1 (1994), 1–16; P. J. McCabe, "Energy Resources—Cornucopia or Empty Barrel?" *American Association of Petroleum Geologists Bulletin* 11 (1998), 2110–2134; Gorelick, *Oil Panic and the Global Crisis*; Paul J. Stevens, "The Future Price of Crude Oil," *Middle East Economic Survey* 47, no. 37 (September 2004); Paul J. Stevens, "Oil Markets," *Oxford Review of Economic Policy* 21, no. 1 (2005), 19–42, http://web.archive.org/web/20041216111616/http://www.mees.com/postedarticles/oped/a47n37d01.htm

38. Julian L. Simon, "Resources, Population, Environment: An Over-supply of False Bad News," *Science* 208, no. 4451 (June 1980), 1431–1437; Julian L. Simon, "False Bad News is Truly Bad News," *The Public Interest*, no. 65 (1981), 80–90.

39. Paul Cashin, C. John McDermott, and Alasdair Scott, "Characteristics of the Current Commodity Boom," in *Global Economic Prospects 2009: Commodities at the Crossroads* (Washington, DC: The World Bank, 2009); David I. Harvey, Neil M. Kellard, Jakob B. Madsen, and Mark E. Wohar, "The Prebisch-Singer Hypothesis: Four Centuries of Evidence," *Review of Economics and Statistics* 92, no. 2 (May 2010), 367–377.

40. Raúl Prebisch, *The Economic Development of Latin America and Its Principal Problems* (New York: United Nations Department of Economic Affairs, 1950); Hans Singer, "The Distribution of Gains between Investing and Borrowing Countries," *American Economic Review* 40, no. 2 (1950). For a brief overview of the thesis, see "Prebisch-Singer Hypothesis," *International Encyclopedia of the Social Sciences* (2008), http://www.encyclopedia.com/doc/1G2-3045302026.html.

41. For details regarding the *Economist* commodity index, see "Markets & Data," *Economist*, http://www.economist.com/markets-data. For a good overview of how the index's component commodities and their weightings index have evolved since its creation, see "Appendix: The Economist's Industrial Commodity-Price Index" from Paul Cashin and C. John McDermott, "The Long-Run Behavior of Commodity Prices: Small Trends and Big Variability," *IMF Staff Papers* 49, no.2, International Monetary Fund (2002). For the so-called Harvey index, see Harvey et al., "The Prebisch-Singer Hypothesis," 367–377.

42. Shiller explains his methodology in compiling the historical CPI data set that starts in January 1871: "The CPI-U (Consumer Price Index-All Urban Consumers) published by the U.S. Bureau of Labor Statistics begins in 1913; for years before 1913 1 spliced to the CPI Warren and Pearson's price index, by multiplying it by the ratio of the indexes in January 1913. December 1999 and January 2000 values for the CPI are extrapolated." ("Online Data Robert Shiller," Homepage of Robert J. Shiller, http://www.econ.yale.edu/~shiller/data.htm.) I brought the data current to 2011 using recent Bureau of Labor Statistics figures.

43. Most studies of long-run trends in commodity prices make use of the Grilli-Yang (1988) index of raw materials prices. Rather than use that data set, though, I opt instead for the *Economist* industrials index, for the reasons outlined in Cashin and McDermott, "The Long-Run Behavior of Commodity Prices." As they note, the latter index includes four more decades' worth of data. Regardless, given the high degree of correlation between the two data sets—0.85 in Cashin and McDermott's extension of the Grilli-Yang data from 1900 to 1999—means that using either index should allow for substantially similar results.

44. For the current weightings, see "Economist Commodity Price Index: Weights in the Index," *Economist*, http://media.economist.com/media/pdf/Weights2005.pdf.

45. See the *Economist* industrial commodity price index since 1845, for example, in "Commodities: Crowded Out," *Economist*, September 24, 2011, http://www.economist.com/node/21528986, which is adjusted by the U.S. GDP deflator. As of the start of 2012, the index stands at roughly half its 1845 value in real terms. For a discussion of which deflator to use when assessing long-term commodity price trends, see John T. Cuddington, "Calculating Long-Term Trends in the Real Prices of Primary Commodities: Deflator Adjustment and the Prebisch-Singer Hypothesis," Working Paper, August 29, 2007 (updated September 14, 2007).

46. See Harvey et al., "The Prebisch-Singer Hypothesis," 367–377, at 376.

47. Marian Radetzki, *A Handbook of Primary Commodities in the Global Economy* (Cambridge: Cambridge University Press, 2008), 75–76; John O'Connor and David Orsmond, "The Recent Rise in Commodity Prices: A Long-run Perspective," *Reserve Bank of Australia Bulletin* (April 2007), 1–2.

48. Hubbert, for his part, argued in a major piece for *Scientific American* in 1955 that booming demand, even in the face of new discoveries, would deplete the world's reserves of a host of other exhaustible goods—lead, zinc, tin, gold, silver, and platinum—by the late 1980s, then copper by 2001. Copper, like oil, has been a favorite object of depletionist prediction-makers since the late nineteenth century. See Gorelick, *Oil Panic and the Global Crisis*.

49. BP, *BP Statistical Review of World Energy June 2012* (London, 2012), http://www.bp.com/statisticalreview.

50. Eyal Dvir and Kenneth S. Rogoff, "Three Epochs of Oil," NBER Working Paper No. 14927, National Bureau of Economic Research (April 2009).

51. Marian Radetzki, *Handbook of Primary Commodities in the Global Economy*, Reissue edition (New York: Cambridge University Press, 2010), 159–165.

52. BP, *BP Statistical Review of World Energy June 2012* (London: 2012), http://www.bp.com/statisticalreview. Figures include crude oil, shale oil, oil sands, and NGLs (the liquid content of natural gas where this is recovered separately).

53. See Robert Shiller, *Irrational Exuberance*, 1st and 2nd ed. (Princeton: Princeton University Press, 2000, 2005).

54. Robert Shiller, *Irrational Exuberance*, 2nd ed. paperback (New York: Crown Business, 2006), 106.

55. Ibid., 106.

56. Ibid., 107.

57. Ibid., 108.

58. Ibid.

59. Shiller defines a boom as a "major peak in the price-earnings ratio."

60. The primary sources cited in describing the excitement surrounding these bull markets are drawn from Shiller's *Irrational Exuberance*. They are included here to provide a sense of new era thinking, as he characterizes it, during these periods.

61. Ibid., 114.

62. Ibid., 126–129.

63. Ibid., 131.

64. A. J. Hazlitt, "Tremendous Oil Possibilities of Great Northwest Texas Region," *Oil Trade Journal* 9 (February 1918), 35.

65. Diana Davids Olien and Roger M. Olien, "Running Out of Oil: Discourse and Public Policy 1909–1929," *Business and Economic History* 22, no. 2 (Winter 1993), 36–66, at 38.

66. See James D. Hamilton, "Causes and Consequences of the Oil Shock of 2007–08," *Brookings Papers on Economic Activity* (Spring 2009), 23–24; James L. Smith, "World Oil: Market or Mayhem?" *Journal of Economic Perspectives* 23, no. 3 (Summer 2009), 145–164.

67. For an excellent study of how financial speculation affects oil prices, and how the market's evolution over the last decade has influenced price formation, see Bassam Fattouh, Lutz Kilian, and Lavan Mahadeva, "The Role of Speculation in Oil Markets: What Have We Learned So Far?" Working Paper, June 30, 2012.

68. George A. Akerlof and Robert J. Shiller, *Animal Spirits: How Human Psychology Drives the Economy and Why it Matters for Global Capitalism* (Princeton: Princeton University Press, 2010), 55.

69. Edward Morse and Michael Waldron, "Oil Dot-com," Lehman Brothers Energy Special Report, May 29, 2008.

70. Akerlof and Shiller, *Animal Spirits*.

71. Deffeyes, *Hubbert's Peak*, 1.

72. Dvir and Rogoff, "*Three Epochs of Oil*."

73. Ibid.

74. These annual price data come from the *BP Statistical Review of World Energy 2010* and *BP Statistical Review of World Energy 2011*, http://www.bp.com/statisticalreview. Its price series is derived from three different sets of annual average benchmark crude oil prices, which date back to 1861. The prices for the years 1861–1944 are based on U.S. average spot prices, while 1945–1983 is based on Arabian Light prices as posted at Ras Tanura, and 1984–2010 are the Brent dated prices.

75. U.S. Energy Information Administration, "U.S. Crude Proved Reserves (Million Barrels)," released August 2, 2012. Also see proved oil reserves history in BP, *BP Statistical Review of World Energy 2012* (London, June 2012), http://www.bp.com/statisticalreview.

76. Gorelick, *Oil Panic and the Global Crisis*, 142–143.
77. See Edward L. Morse et al., *Energy 2020: Independence Day*, Citi GPS: Global Perspectives and Solutions, February 2013, 53–55.

第二章

1. U.S. Energy Information Administration, "U.S. Field Production of Crude Oil," Release date March 15, 2013. Accessible at http://www.eia.gov.
2. Benjamin Kline, *First along the River: A Brief History of the U.S. Environmental Movement*, 3rd ed. (Lanham, MD: Rowman & Littlefield Publishers, Inc., 2007), 51.
3. Harold F. Williamson, "Prophecies of Scarcity or Exhaustion of Natural Resources in the United States," *American Economic Review* 35, no. 2 (May 1945), 97–109, at 102.
4. Ibid.
5. Quoted in H. W. Brands, *T.R.: The Last Romantic* (New York: Basic Books, 1997), 624.
6. Roderick Frazier Nash, *American Environmentalism: Readings in Conservation History*, 3rd ed. (New York: McGraw-Hill, 1990), 84–89.
7. Theodore Roosevelt, "Seventh Annual Message to Congress," December 3, 1907, http://www.pbs.org/weta/thewest/resources/archives/eight/trconserv.htm.
8. Kirk Johnson, "From a Woodland Elegy, A Rhapsody in Green; Hunter Mountain Paintings Spurred Recovery," *New York Times*, June 7, 2001, http://www.nytimes.com/2001/06/07/nyregion/woodland-elegy-rhapsody-green-hunter-mountain-paintings-spurred-recovery.html?pagewanted=all&src=pm. Char Miller, *Gifford Pinchot and the Making of Modern Environmentalism* (Washington, DC: Island Press, 2001), 155.
9. U.S. Forest Service, "Gifford Pinchot (1865–1946)," Historical Information, http://www.fs.fed.us/gt/local-links/historical-info/gifford/gifford.shtml.
10. Diana Davids Olien and Roger M. Olien, "Running Out of Oil: Discourse and Public Policy 1909–1929," *Business and Economic History* 22, no. 2 (Winter 1993), 36–66, at 41.
11. Ibid., 41–42.
12. Also known as David T. Day, "The Petroleum Resources of the United States," in U.S. Geological Survey, *Papers on the Conservation of Mineral Resources*, Bulletin 394 (Washington, DC: Government Printing Office, 1909).
13. Ralph Arnold, "The Petroleum Resources of the United States," *Economic Geology* 10, no. 8 (December 1915), 695–712. Reprinted in *Annual Report of Board of Regents of the Smithsonian Institution Showing the Operations, Expenditures, and Condition of the Institution for the Year Ending June 30, 1916* (Washington, DC: Government Printing Office, 1917), 273.
14. *Report of the National Conservation Commission*, Volume I, Senate Document No. 676, 60th Congress, Second session (Washington, DC: Government Printing Office, 1909), 100.
15. David T. Day, "The Petroleum Resources of the United States," in Albert Shaw (ed.), *The American Review of Reviews* 39 (January-June 1909), 50.
16. Day, "The Petroleum Resources of the United States," in U.S. Geological Survey, 45.
17. *Report of the National Conservation Commission*, Volume I, 100.
18. Ibid.
19. Day, "The Petroleum Resources of the United States," in Shaw, 50.
20. Ibid.
21. The three publications broadcasting Day's findings—a U.S. Geological Survey bulletin, the American Review of Reviews, and the Report of the National Conservation Commission—were all published within months of each other. Day was the author of the first two of these publications; the third, in contrast, appears to be another author's summarization of his views (see *Report of the National Conservation Commission*, Volume I, 100). Yet the numbers they provide, and hence the conclusions they draw about the timing of the impending exhaustion of U.S. oil supplies, all vary somewhat. Rather than 1920 or 1935, for instance, the National Conservation Commission concludes more modestly that it

will occur "before the middle of the present century" (*Report of the National Conservation Commission*, Volume I, 100).

22. Day, "The Petroleum Resources of the United States," in U.S. Geological Survey, 47–50.

23. *Report of the National Conservation Commission*, Volume I, 1–8.

24. Olien and Olien, "Running Out of Oil," 43.

25. Ibid., 44.

26. G. O. Smith, "Our Mineral Resources," *Annals of the American Academy of Political and Social Science* (Philadelphia: American Academy of Political and Social Science, 1909), 195.

27. Ibid., 201.

28. "Gasoline to Jump Seven Cents a Gallon on First Day of Year," *Christian Science Monitor*, December 16, 1912.

29. "Gasoline Prices May Rise with Demand," *The Hartford Courant*, July 14, 1910.

30. "Oil Demand is Exceeding the Rate of Production," *Christian Science Monitor*, March 14, 1913.

31. U.S. Senate, *Report of the Senate Select Committee on Interstate Commerce*, Senate Report 46 Part 1, 49th Congress, First session (Washington, DC: Government Printing Office, 1886), 2–3.

32. Daniel Yergin, *The Prize: The Epic Quest for Oil, Money, and Power* (New York: Simon & Schuster, 1992), 54.

33. Gilbert H. Montague, *The Rise and Progress of the Standard Oil Company* (New York: Harper and Brothers, 1903), 130–132.

34. U.S. Federal Trade Commission, *Report of the Federal Trade Commission on the Pacific Coast Petroleum Industry*: Part II, *Prices and Competitive Conditions* (Washington, DC: Government Printing Office, 1922), 129.

35. Harold F. Williamson, Ralph L. Andreano, Arnold R. Daum, and Gilbert C. Klose, *The American Petroleum Industry: 1899–1959, the Age of Energy* (Evanston, IL: Northwestern University Press, 1963), 235.

36. A. G. Maguire, *Prices and Marketing Practices Covering the Distribution of Gasoline and Kerosene throughout the United States*, U.S. Fuel Administration, Oil Division (Washington: Government Printing Office, 1919), 7, 11.

37. "General Outlook for Oil," *Oil and Gas Journal*, October 10, 1912, 1; "Pinchot is for Conservation," *Oil and Gas Journal*, March 2, 1916, 2.

38. Olien and Olien, "Running Out of Oil."

39. "When the Wells Run Dry," *Oil and Gas Journal*, February 24, 1916, 2.

40. See Erik J. Dahl, "Naval Innovation: From Coal to Oil," *North American Shale Quarterly*, *E&P Magazine* (July 4, 2006), http://www.epmag.com/archives/digitalOilField/5911.htm.

41. "Letter to President Woodrow Wilson from Secretary of State William Jennings Bryan Regarding the Importance of U.S.-Occupied Oil Fields in Tampico, Mexico, Upon the Petroleum Needs of the Southwestern Section of the U.S., April 9, 1914., Record Group 130: Records of the White House Office, Records Relating to the Activities of the President and the White House Office, 1900–1935, Mexico, 1913–1916, National Archive." As cited in Roger Stern, "Oil Scarcity Ideology in US National Security Policy, 1909-1980," Working Paper on the Oil, Energy & the Middle East Program, Princeton University (2012), 2.

42. U.S. Energy Information Administration, "Table 4.2 Crude Oil and Natural Gas Cumulative Production and Proved Reserves, 1977–2010," Annual Energy Review (Release date September 27, 2012). http://www.eia.gov.

43. M. L. Requa, "An Article on the Exhaustion of the Petroleum Resources of the United States, Showing the Present and Future Supply and Demand, also the Production of the Principal Oil Fields of the United States," *Petroleum Resources of the United States*, U.S. Senate Document No. 363, 64th Congress, First session (Washington, DC: Government Printing Office, 1916).

44. Williamson et al., *The American Petroleum Industry*, 37.

45. Helmut Mejcher, *Imperial Quest for Oil: Iraq 1910–1928*, Middle East Centre, St. Antony's College (Oxford, UK: Ithaca Press, 1976), 37.
46. Eric D. K. Melby, *Oil and the International System: The Case of France, 1918–1969* (New York: Arno Press, 1981), 8–20; Henry Bérenger, *Le Pétrole et la France* (Paris: Flammarion, 1920), 41–55 (in French). Cited in Yergin, *The Prize*, 177.
47. Leonardo Maugeri, *The Age of Oil: The Mythology, History, and Future of the World's Most Controversial Resource* (Westport, CT: Praeger, 2006), 25.
48. Williamson et al., *The American Petroleum Industry*, 189–190.
49. "Model T Ford Production," Compiled by R. E. Houston, Ford Production Department, August 3, 1927, http://www.mtfca.com/encyclo/fdprod.htm; Douglas Brinkley, *Wheels for the World: Henry Ford, his Company, and a Century of Progress, 1903–2003* (New York: Penguin, 2003), 121–122, 272–273.
50. Williamson et al., *The American Petroleum Industry*, 195.
51. Arnold, "The Petroleum Resources of the United States," 274–287.
52. "Scarcity of Gas Oil Threatened," *Los Angeles Times*, December 27, 1914.
53. Mejcher, *Imperial Quest for Oil*, 37.
54. "Oil Shortage Seen for United States," *Christian Science Monitor*, March 15, 1918.
55. Chester G. Gilbert and Joseph E. Pogue, "Petroleum: A Resource Interpretation," Bulletin 102, Part 6 PL. 1, Smithsonian Institution, United States National Museum (Washington, DC: Government Printing Office, 1918).
56. Williamson et al., *The American Petroleum Industry*, 284–293.
57. "Careful Investigation Shows Gasoline Shortage Does Not Exist," *Los Angeles Times*, January 20, 1918.
58. "Gasoline Scarcity Rumor Questioned," *Christian Science Monitor*, September 18, 1918.
59. "Save Coal to Meet Industry's Greatest Peace Demand," *Power* 48, no. 22 (November 26, 1918), 74–75.
60. See, for instance, "War Hits Nearer while Oil Fuel Famine Impends," *The Hartford Courant*, May 22, 1918.
61. Maugeri, *The Age of Oil*, 25.
62. "Gasoline for Farmers," *Indiana Farmer's Guide*, March 9, 1918.
63. "Present Gasoline Supply Ample for All," *Motor Age*, July 18, 1918.
64. Edward G. Acheson, "Why Coal and Oil Conservation," *The Forum* (May 1919), 575–580.
65. Yergin, *The Prize*, 218.
66. "Gasoline Scarcity Rumor Questioned," *Christian Science Monitor*, September 18, 1918.
67. John A. DeNovo, "The Movement for an Aggressive American Oil Policy Abroad, 1918–1920," *American Historical Review* 61, no. 4 (July 1956), 854–876, 856–857.
68. David White, "The Petroleum Resources of the World," *Annals of the American Academy of Political and Social Science* 89 Prices (May 1920), 111–134, 132–133.
69. "Oil Burning in the Ships," *Oil & Gas Journal* 17, no. 29 (December 20, 1918), 2.
70. "Memorandum for the President of the United States from H. A. Garfield Concerning the Fuel Oil Situation, Josephus Daniels Papers, 518, Reel 36, Library of Congress." As cited in Roger Stern, "Oil Scarcity Ideology in US National Security Policy, 1909-1980," Working Paper of the Oil, Energy & the Middle East Program, Princeton University (2012), 5–6.
71. "Cadman to Fraser, December 2, 1920, 4247, Cadman papers." As cited in Yergin, *The Prize*, 195.
72. Olien and Olien, "Running Out of Oil," 49–50.
73. A. J. Hazlett, "Tremendous Oil Possibilities of Great Northwest Texas Oil Region," *The Oil Trade Journal* (February 1918), 35.
74. Yergin, *The Prize*, 209.
75. "Fuel Scarcity," *Wall Street Journal*, October 27, 1920.
76. Albert G. Robinson, "The Fuel of the Future," *Outlook*, July 21, 1920.
77. White, "The Petroleum Resources of the World," 111–134.
78. "Gasoline Famine Panic Exploded by U.S. Reports," *Chicago Daily Tribune*, June 27, 1920.

79. "Giebelhaus, *Sun*, p. 118." As cited in Yergin, *The Prize*, 222–223.

80. Quoted in Yergin, *The Prize*, 218.

81. U.S. Energy Information Administration, "U.S. Ending Stocks excluding SPR of Crude Oil," Release date March 15, 2013, http://www.eia.gov.

82. Williamson et al., *The American Petroleum Industry*, 303.

83. "Nation Faces Oil Famine," *Los Angeles Times*, September 23, 1923.

84. "Coolidge Appoints 4 Cabinet Members an Oil-Saving Board," *New York Times*, December 20, 1924.

85. Maugeri, *The Age of Oil*, 41–43.

86. Yergin, *The Prize*, 219.

87. Maugeri, *The Age of Oil*, 43.

88. Williamson et al., *The American Petroleum Industry*, 324.

89. Maugeri, *The Age of Oil*, 30–32.

90. American Petroleum Institute, *Petroleum Facts and Figures*, 374.

91. "Oil Famine Alarmists," *Los Angeles Times*, March 6, 1926.

第三章

1. Harold F. Williamson, Ralph L. Andreano, Arnold R. Daum, and Gilbert C. Klose, *The American Petroleum Industry: 1899–1959, the Age of Energy* (Evanston, IL: Northwestern University Press, 1963), 796.

2. American Petroleum Institute, *Petroleum Facts and Figures: Centennial Edition* (New York: American Petroleum Institute, 1959), 374.

3. U.S. House of Representatives, *Hearings before a Subcommittee of the Committee on Interstate and Foreign Commerce*, House of Representatives, 77th Congress, Second session (Washington, DC: U.S. Government Printing Office, 1942), 4–6; The Advisory Commission to the Council of National Defense, *Defense* 2, no. 13 (April 1941); Official Weekly Bulletin of the Office of Emergency Management (March 1941), 4–5.

4. John W. Frey and H. Chandler Ide, *A History of the Petroleum Administration for War, 1941–1945* (Washington, DC: United States Government Printing Office, 1946), 172.

5. "Oil: Famine Closer," *Time* 38, no. 4 (July 28, 1941), 68.

6. "Epithets of the Week," *Life* 9, no. 10 (September, 2, 1940), 22.

7. Leonardo Maugeri, *The Age of Oil: The Mythology, History, and Future of the World's Most Controversial Resource* (Westport, CT: Praeger, 2006), 52.

8. "Ickes 'Gas' Shortage Scare Due to Anxiety Over Future," *Christian Science Monitor*, September 19, 1941.

9. Frey and Ide, *A History of the Petroleum Administration for War*, 119.

10. "Ickes Urges National D.S.T.; Power, Oil Shortage Foreseen," *Christian Science Monitor*, May 31, 1941.

11. Frey and Ide, *A History of the Petroleum Administration for War*, 119.

12. "Mayor Warns of Probable Fuel Oil Shortage," *Hartford Courant*, June 4, 1941.

13. "Oil Shortage has Arrived, U.S. Aid Warns," *Chicago Tribune*, August 21, 1941.

14. "Oil Shortages in the East Phony, Says Rep. Fish," *Chicago Daily Tribune*, August 26, 1941.

15. "A Shortage, but not of Gas," *Chicago Tribune*, August 25, 1941.

16. "The Gasoline Anti-Climax," *Hartford Courant*, October 24, 1941.

17. "Senate Committee Finds No Gasoline Shortage," *Los Angeles Times*, September 12, 1941.

18. "Davies Depicts Gasoline Crisis," *New York Times*, August 29, 1941.

19. Frey and Ide, *A History of the Petroleum Administration for War*, 119.

20. Ibid., 85–86.

21. "Mayor Warns of Probable Fuel Oil Shortage," *Hartford Courant*, June 4, 1941.

22. "Says Oil Men Seek to Frighten Buyers," *New York Times*, June 15, 1941.

23. "Moffett Hints U.S. Control of Oil Motivates Claims Shortage Exists," *Wall Street Journal*, October 4, 1941.

24. "Home Front: Oil or No Oil," *Time*, September 15, 1941; see also "A Shortage, but not of Gas," *Chicago Tribune*, August 25, 1941.
25. Frey and Ide, *A History of the Petroleum Administration for War*, 84–88.
26. Maugeri, *The Age of Oil*, 53.
27. Frey and Ide, *A History of the Petroleum Administration for War*, 185.
28. Williamson et al., *American Petroleum Industry*, 783–793.
29. Aaron Wildavsky and Ellen Tenenbaum, *The Politics of Mistrust: Estimating American Oil and Gas Resources* (Beverly Hills, CA: Sage Publications, 1981), 97–98.
30. Leonard M. Fanning, "A Case History of Oil-Shortage Scares," in Leonard M. Fanning (ed.), *Our Oil Resources*, 2nd ed. (New York: McGraw-Hill, 1950), 355.
31. Williamson et al., *American Petroleum Industry*, 770.
32. "U.S. as an Oil-Importing Nation is Forecast by Technologist," *New York Times*, July 15, 1943.
33. "Military Oil Needs will Increase; Civilians to Get Less—Ickes," *National Petroleum News*, February 24, 1943.
34. "William B. Heroy, 'The Supply of Crude Petroleum Within the United States,' July 29. 1943, pp. 4–9, 3417, DeGolyer papers." As cited in Daniel Yergin, *The Prize: The Epic Quest for Oil, Money, and Power* (New York: Simon & Schuster, 1992), 395.
35. "Out of Gas?" *Time* 42, no. 1 (July 5, 1943), 21.
36. Williamson et al., *American Petroleum Industry*, 779.
37. "Serious Petroleum Shortage Predicted in Near Future," *Science News Letter*, August 31, 1935. For the 1940 to 1943 time horizon specified, see the article on the same page, "Fears of Petroleum Shortage Held Greatly Exaggerated."
38. "Fears of Petroleum Shortage Held Greatly Exaggerated," *Science News Letter*, August 31, 1935.
39. "300-Year Oil Supply Believed in America," *New York Times*, September 26, 1943.
40. American Petroleum Institute, *Petroleum Facts and Figures*, 22.
41. "Hallanan Calls Crude Oil Price Rise Necessary to Avert Shortage," *Wall Street Journal*, May 10, 1943.
42. Frey and Ide, *A History of the Petroleum Administration for War*, 186; Wildavsky and Tenenbaum, *The Politics of Mistrust*, 100–101.
43. "Prentiss Brown (n.d.) quoted E. E. DeGolyer." As quoted in Wildavsky and Tenenbaum, *The Politics of Mistrust*, 100–101.
44. "Plymouth Oil President Warns of Crude Shortages," *Wall Street Journal*, March 26, 1943.
45. "Prentiss Brown (n.d.) wrote to Harold Ickes." Cited in Wildavsky and Tenenbaum, *The Politics of Mistrust*, 101.
46. Investigation of the National Defense Program, *Additional Report: Report of Subcommittee Concerning Investigations Overseas*, Report 10, Part 15, Senate, 78th Congress, Second session (Washington, DC: Government Printing Office, 1944), 527, 550. Reprinted in Investigation of the National Defense Program, *Additional Report of the Special Committee Investigating the National Defense Program*, Report No. 10, Part 16, Senate, 78th Congress, Second session (Washington, DC: Government Printing Office, 1944).
47. Maugeri, *The Age of Oil*, 54.
48. E. L. DeGolyer, "Preliminary Report of the Technical Oil Mission to the Middle East: 1 Feb. 1944, Roosevelt Papers, OF 4226-D." As cited in David S. Painter, *Oil and the American Century: The Political Economy of US Foreign Oil Policy, 1941–1954* (Baltimore: Johns Hopkins University Press, 1986), 52; John H. Murrell, "Middle East Oil," *Tulsa Geological Society Digest* 14 (1945–1946), 48–49.
49. Yergin, *The Prize*, 398.
50. Investigation of the National Defense Program, *Additional Report*, 506–508, 515–518, 579. Reprinted in Investigation of the National Defense Program, *Additional Report of the Special Committee Investigating the National Defense Program*, Report No. 10, Part 16, Senate, 78th Congress, Second session (Washington, DC: Government Printing Office, 1944).
51. "Arabian Oil Plan Defended by Knox," *New York Times*, March 22, 1944.

52. "Roosevelt Links Pipeline to Needs," *New York Times*, March 4, 1944.
53. As quoted in Fanning, "A Case History of Oil-Shortage Scares," 360.
54. Ralph Zook, *The Proposed Arabian Pipeline: A Threat to Our National Security* (Tulsa, OK: Independent Petroleum Association of America, 1944).
55. Frey and Ide, *A History of the Petroleum Administration for War*, 444–445.
56. As described in Yergin, *The Prize*, 406.
57. "Self-Sufficiency Stressed in Senate Oil Policy Report," *National Petroleum News*, February 5, 1947, 12.
58. "Forrestal to Secretary of State, December 11, 1944, 890F.6363/12-1144." As cited in Yergin, *The Prize*, 406–407.
59. "Collado to Clayton, March 27, 1945, 890F.6363/3-2745, RG 59, NA. Walter Millis, ed., *The Forrestal diaries* (New York: Viking, 1951) p. 81." As cited in Yergin, *The Prize*, 407.
60. United States Tariff Commission, *Petroleum: Prepared in Response to Requests from the Committee on Finance of the United States and the Committee on Ways and Means of the House of Representatives*, War Changes in Industry Series no. 17 (Washington, DC: United States Government Printing Office, 1946), 7.
61. Yergin, *The Prize*, 402.
62. Quote from Fanning, "A Case History of Oil-Shortage Scares," 365–366.
63. "Pointing to our Need for Foreign Oil Supply Places Industry at Fork of Road to Control," *National Petroleum News*, August 21, 1946, 23–24.
64. "Krug Tells Compact Substantial Oil Imports will be Needed," *Oil and Gas Journal*, August 17, 1946, 67–68.
65. American Petroleum Institute, *Petroleum Facts and Figures*, 209–211.
66. Yergin, *The Prize*, 409.
67. Quoted in Fanning, "A Case History of Oil-Shortage Scares," 379–380.
68. Yergin, *The Prize*, 410.
69. "Standard Oil (Ind.) Rationing Gas in Midwest," *Chicago Tribune*, June 25, 1947.
70. "Gas, Fuel Oil Pinch Looms, Krug Says," *New York Times*, June 18, 1947.
71. "Oil: Summer Shortage," *Time* 50, no. 1 (July 7, 1947), 85.
72. "Supply Picture Unchanged Despite 'Scare' Headlines," *National Petroleum News*, June 25, 1947.
73. "Nation Warned It Faces Oil and Gas Shortage," *Chicago Daily Tribune*, June 18, 1947.
74. "Executive Sees No Danger of Oil Shortage," *Christian Science Monitor*, July 17, 1947.
75. Fanning, "A Case History of Oil-Shortage Scares," 370.
76. Yergin, *The Prize*, 409.
77. "Oil Companies Discount Reports of Gas Shortage," *Christian Science Monitor*, October 14, 1947.
78. "U.S. and Europe Face Oil Shortage," *New York Times*, November 16, 1947.
79. "Oil Companies Discount Reports of Gas Shortage," *Christian Science Monitor*, October 14, 1947.
80. "Krug Warns Oil Shortage Here to Stay," *Christian Science Monitor*, February 16, 1948.
81. "President Orders Federal Heat Cut and Autos Slowed," *New York Times*, January 18, 1948.
82. "Probe Sought in Bay State Oil Shortage," *Christian Science Monitor*, January 13, 1948.
83. "Oil: Cold Comfort," *Time*, February 2, 1948; "Oil: Petroleum Economy," *Time*, February 16, 1948.
84. "Oil Curbs Seen Prolonging Shortage," *Christian Science Monitor*, January 29, 1948.
85. "Oil Men Face Dilemma in Meeting Shortages," *Christian Science Monitor*, February 25, 1948.
86. "No Crisis in Oil Seen by Holman Who Says Supply to Equal Demand," *Oil and Gas Journal*, June 10, 1948. The final portion of the quote does not appear in the article but is given in Fanning, "A Case History of Oil-Shortage Scares," 391–392.
87. "Oil: Cold Comfort," *Time*, February 2, 1948.
88. "Shortage Expected to Last Five Years," *Christian Science Monitor*, February 20, 1948.
89. Ibid.

90. Samuel A. Tower, "Oil Running Short, House Body Warns," *New York Times*, May 7, 1948.
91. "Large Oil Supply Seen," *New York Times*, May 7, 1948.
92. Hearing before the Committee on Foreign Relations on the Nomination of Dean G. Acheson to be Secretary of State, United States Senate, 81st Congress, First Session (Washington, DC: United States Government Printing Office, 1949), 466.
93. Hearings before the Committee on Foreign Affairs on H.R. 2362 A Bill to Amend the Economic Cooperation Act of 1948, Part 1, United States House of Representatives, 81st Congress, First Session (Washington, DC: United States Government Printing Office, 1949), 510.
94. Williamson et al., *American Petroleum Industry*, 811.
95. Yergin, *The Prize*, 430.
96. American Petroleum Institute, *Petroleum Facts and Figures*, 62–63.
97. "Shortages of Oil Disappear—Stocks on Hand Accumulate," *Christian Science Monitor*, January 3, 1949.
98. "Ohio Oil President Sees Petroleum Shortages a Thing of the Past," *Wall Street Journal*, May 27, 1949.
99. Williamson et al., *American Petroleum Industry*, 810.
100. "Oil: Quick Change," *Time* 56, no. 4 (July 24, 1950), 76.

第四章

1. BP, *BP Statistical Review of World Energy June 2012* (London, BP, June 2012).
2. James E. Akin, "The Oil Crisis: This Time the Wolf Is Here," *Foreign Affairs* 51, no. 3 (April 1973), 462–490, at 462–463.
3. BP, *BP Statistical Review of World Energy June 2012*.
4. Leonardo Maugeri, *The Age of Oil: The Mythology, History, and Future of the World's Most Controversial Resource* (Westport, CT: Praeger, 2006), 84.
5. Ian Skeet, *OPEC: Twenty-Five Years of Prices and Politics* (Cambridge: Cambridge University Press, 1988).
6. Maugeri, *The Age of Oil*, 85.
7. Ibid., 107.
8. Walter J. Levy, "Oil Power," *Foreign Affairs*, July 1971.
9. Francisco Parra, *Oil Politics: A Modern History of Petroleum* (New York: I. B. Taurus and Co., 2010), 148–149, 161.
10. "Areas of Growth," *Petroleum Press Service* (July 1969), 242–244.
11. Parra, *Oil Politics*, 117.
12. Daniel Yergin, *The Prize: The Epic Quest for Oil, Money, and Power* (New York: Simon & Schuster, 1992), 590.
13. Morris A. Adelman, *The Genie out of the Bottle: World Oil since 1970* (Cambridge, MA: MIT Press, 1995), 85.
14. Department of State, "The International Oil Industry through 1980," December 1971, in Muslim Students Following the Line of the Imam, *Documents from the U.S. Espionage Den*, vol. 57 (Tehran: Center for the Publication of the U.S. Espionage Den's Documents, 1986).
15. BP, *BP Statistical Review of World Energy June 2012*.
16. "U.S. Official Warns of Imports Danger," *Oil and Gas Journal*, May 15, 1972, 50.
17. Clyde H. Farnsworth, "Trading Bloc Told Oil Dearth Looms," *New York Times*, May 26, 1972.
18. Rachel Carson, *Silent Spring* (Boston: Houghton Mifflin, 1962).
19. "Earth Day: The History of a Movement," Earth Day Network, http://www.earthday.org/earth-day-history-movement.
20. Donella H. Meadows, et al., *Limits to Growth: A Report for the Club of Rome's Project on the Predicament of Mankind*, 2nd ed. (New York: Universe Publishing, 1974).

21. BP, *BP Statistical Review of World Energy 2011* (London BP, 2011), http://www.bp.com/statisticalreview.
22. Vaclav Smil, *Energy at the Crossroads* (Cambridge, MA: MIT Press, 2003).
23. Yergin, *The Prize*, 569.
24. *Petroleum Intelligence Weekly*, September 10, 1973, 12.
25. *Petroleum Intelligence Weekly*, August 13, 1973, 3–4.
26. Quoted text from Maugeri, *The Age of Oil*, 108.
27. Ibid., 107; Yergin, *The Prize*, 591.
28. Parra, *Oil Politics*, 179.
29. Parra gives slightly differing figure, claiming the price increase was from $3.01 to $5.11 per barrel. Parra, *Oil Politics*, 178–179.
30. Ibid.; Maugeri, *The Age of Oil*, 114; Yergin, *The Prize*, 615.
31. Parra, *Oil Politics*, 183.
32. Adelman, *Genie out of the Bottle*, 110.
33. Yergin, *The Prize*, 615.
34. "U.S. Urges Allied Unity on Oil Crisis," *The Spokesman-Review*, December 13, 1973.
35. Adelman, *Genie out of the Bottle*, 110.
36. Bernard Weintraub, "Iran Keeps Oil Flowing despite Reported Pressure from Arabs," *New York Times*, December 18, 1973.
37. See "How Scarce is Oil," *Economist*, December 15, 1973.
38. Maugeri, *The Age of Oil*, 113. Yergin puts these figures slightly higher. He calculates that the net loss of supply constituted 9 percent of the total barrels per day relative to the quantity supplied in September 1973, or 14 percent of the total global trade volume.
39. See U.S. Energy Information Administration, "U.S. Ending Stocks of Total Gasoline (Thousand Barrels)" and "U.S. Ending Stocks of Distillate Fuel Oil (Thousand Barrels)," Release date: May 30, 2013.
40. Adelman, *Genie out of the Bottle*, 112.
41. Henry Kissinger, *Years of Upheaval: The Second Volume of His Classic Memoirs* (New York: Simon & Shuster Paperbacks, 2011), 873.
42. Quoted in Jerry Taylor and Peter Van Doren, "An Oil Embargo Won't Work," *Wall Street Journal*, April 10, 2002.
43. Richard Nixon, "Address to the Nation about Policies to Deal with the Energy Shortages," November 7, 1973.
44. "Yankelovich to Haig, December 6, 1973, with memorandum." As quoted in Yergin, *The Prize*, 618.
45. "Shah of Iran Explains Latest Oil Price Increase," Supplement, *Middle East Economic Survey* 17, no. 10 (December 28, 1973), 3–4.
46. Steve Isser, *The Economics and Politics of the United States Oil Industry, 1920–1990: Profits, Populism, and Petroleum* (New York: Garland Publishing, Inc., 1996), 251.
47. "The Monthly Oil & Energy Trends (February 1979)," as cited in Parra, *Oil Politics*, 218.
48. Yergin, *The Prize*, 671.
49. United States Central Intelligence Agency, *The International Energy Situation: Outlook to 1985* (Washington, DC: Government Printing Office, 1977).
50. "Schlesinger Warns West U.S. Energy Plan Is Vital; Program to Ease Reliance on Imported Oil Adopted by Ministers of I.E.A.," *New York Times*, October 6, 1977.
51. Rockefeller Foundation, *Working Paper on International Energy Supply: An Industrial World Perspective* (New York: Rockefeller Foundation, 1978).
52. Parra, *Oil Politics*, 253.
53. Jimmy Carter, "The President's Proposed Energy Policy," April 18, 1977, http://www.pbs.org/wgbh/americanexperience/features/primary-resources/carter-energy.
54. U.S. Energy Information Administration, "Real Prices Viewer," http://www.eia.gov/forecasts/steo/realprices/.
55. See Parra, *Oil Politics*, 222–223; Yergin, *The Prize*, 685.
56. Parra, *Oil Politics*, 228.

57. Yergin, *The Prize*, 685–686.
58. Parra, *Oil Politics*, 218.
59. Yergin, *The Prize*, 686–687.
60. Robert Kagan, *The World America Made* (New York: Vintage Books, 2013), 118.
61. James R. Schlesinger, "Energy Risks and Energy Futures: Some Farewell Observations," Supplement, *Petroleum Intelligence Weekly*, August 27, 1979.
62. "Energy Risks and Energy Futures," *Wall Street Journal*, August 23, 1979.
63. British Petroleum, *Oil Crisis . . . Again, A Brief by the Policy Review Unit* (London: The British Petroleum Company Limited, September 1979). Cited in Leonardo Maugeri, *The Age of Oil: The Mythology, History, and Future of the World's Most Controversial Resource* (Westport, CT: Praeger, 2006), 130.
64. Exxon Corporation, 1979 Annual Report (1979), 2–3.
65. United States Central Intelligence Agency, *The World Oil Market in the Years Ahead* (Washington, DC: Government Printing Office, 1979).
66. "The CIA Reassess the Geopolitics of Oil," Special Supplement, *Petroleum Intelligence Weekly*, May 19, 1980.
67. "US View of OPEC–West Relations," *Petroleum Economist* (December 1979), 506.
68. Quoted in Parra, *Oil Politics*, 223.
69. U.S. Senate Committee on Energy and National Resources, "Part I—The Gathering Energy Crisis," *The Geopolitics of Oil*, Staff Report, 96th Congress, Second session (Washington, DC: Government Printing Office, December 1980).
70. Parra, *Oil Politics*, 216–217.
71. Maugeri, *The Age of Oil*, 134–136.
72. Stephen Haber, Noel Maurer, and Armando Razo, "When the Law Does Not Matter: The Rise and Decline of the Mexican Oil Industry," *Journal of Economic History* 63, no. 1 (March 2003), 1–31, at 1.
73. K. W. Glennie, *Introduction to the Petroleum Geology of the North Sea* (Oxford: Blackwell Scientific Publications, 1984).
74. Yergin, *The Prize*, 748.
75. Sheikh Ahmed Zaki Yamani, "Debate at the Oxford Energy Seminar, 13 September 1985," in Robert Mabro (ed.), *OPEC and the World Market: The Genesis of the 1986 Price Crisis* (Oxford: Oxford University Press—Oxford Institute for Energy Studies, 1986), 165–168.
76. Parra, *Oil Politics*, 287; Maugeri, *The Age of Oil*, 139.
77. Isser, *Economics and Politics of the United States Oil Industry*, 170.
78. Maugeri, *The Age of Oil*, 139, 296.

第五章

1. "Oil Shocked," *Economist*, March 26, 1998.
2. U.S. Energy Information Administration, "International Energy Statistics," http://www.eia.gov.
3. For a sense of the market commentary during the 1997–98 price collapse, see Agis Salpukas, "Oil's Numbers Game," *New York Times*, December 1, 1997; "OPEC Nations Seen Lifting Ceiling on Oil Production," *New York Times*, November 27, 1997; Youssef M. Ibrahim, "Falling Oil Prices Pinch Several Producing Nations," *New York Times*, June 23, 1998. Also see the "special feature" section of the IEA's Monthly Oil Market Reports.
4. See the Trade-Weighted U.S. Dollar Index, published by the Board of Governors of the Federal Reserve System, http://research.stlouisfed.org/fred2/categories/105.
5. Keith Bradsher, "Vehicles to Vie for King of Hill," *New York Times* News Service, *Sarasota Herald Tribune*, June 17, 1997.
6. "Charge of the Large," News Service Detroit, *New York Times*, June 26, 1997.
7. "Merger Won't Fix Oil-Glut Fallout," *The Florida Times-Union*, December 2, 1998.
8. Daniel Yergin recounts these mergers and acquisitions in detail in *The Quest: Energy, Security, and the Remaking of the Modern World* (New York: Penguin Press, 2011), 87–105.
9. David E. Sanger, "Singing the Cartel Blues," *New York Times*, March 29, 1998.

10. Agis Salpukas, "Challenges Inside and Out Confront OPEC," *New York Times*, June 23, 1998.

11. Sanger, "Singing the Cartel Blues."

12. Daniel Yergin and Joseph Stanislaw, "How OPEC Lost Control of Oil," *Time* 151, no. 13 (April 6, 1998), 58.

13. The first public record of the stand-alone term "peak oil" in the popular media to describe the global point of maximum oil output appears in May 2002, following a conference held in Uppsala University in Sweden. Colin Campbell helped organize the conference. See, for instance, "Global Reserves of Crude Oil Could Peak by Year 2010, Say Int'l Experts," Associated Press, May 26, 2002.

14. Colin J. Campbell and Jean H. Laherrère, "The End of Cheap Oil," *Scientific American* (March 1998), 78–83.

15. John D. Edwards, "Crude Oil and Alternate Energy Production Forecasts for the Twenty-First Century: The End of the Hydrocarbon Era," *AAPG* Bulletin 81, no. 8 (August 1997), 1292–1305.

16. For a partial bibliography of Hubbert-style pieces on peak oil over the last few decades, see Chris Kuykendall, "M. King Hubbert and His Successors: A Half-Bibliography through 2005," March 2006, http://www.mkinghubbert.com/files/HubbertBibliography.20060308.pdf.

17. L. F. Ivanhoe, "Get Ready for Another Oil Shock!" *The Futurist* 31, no. 1 (January–February 1997), 20–23

18. Colin J. Campbell, *The Golden Century of Oil 1950–2050: The Depletion of a Resource* (New York: Springer, 1991), ix–x, 51–52.

19. C. J. Campbell, "The Twenty First Century: The World's Endowment of Conventional Oil and its Depletion," January 1996, http://www.oilcrisis.com/campbell/camfull.htm.

20. Taken from "On Peak Oil," a short introduction to the idea of peak oil written by Campbell. The piece is accessible at http://www.peakoil.net/about-peak-oil. In *Oil: Money, Politics, and Power in the 21st Century*, Tom Bowers says the piece dates from June 1996. See Tom Bowers, *Oil: Money, Politics, and Power in the 21st Century* (New York: Grand Central Publishing, 2010), 271.

21. Only later would he develop a more formal symmetric logistic distribution curve to fit the data. See Steven M. Gorelick, *Oil Panic and the Global Crisis: Predictions and Myths* (Chichester, U.K.: Wiley-Blackwell, 2010).

22. M. K. Hubbert, "Nuclear Energy and the Fossil Fuels," *Drilling and Production Practice*, American Petroleum Institute (1956), 7–25.

23. Rob Scherer, "High Oil Prices Siphon Profits from US Firms," *Christian Science Monitor*, September 21, 2000.

24. Amy Myers Jaffe and Robert A. Manning, "The Shocks of a World of Cheap Oil," *Foreign Affairs* 79, no. 1 (January/February 2000).

25. International Energy Agency, *Oil Market Report*, June 11, 2000, 4.

26. Brian Knowlton, "Gore Urges Use of Oil Reserves to Ease Prices," *New York Times*, September 22, 2000.

27. International Energy Agency, *Oil Market Report*, December 11, 2000, 3.

28. USGS World Assessment Team, "U.S. Geological Survey World Petroleum Assessment 2000—Description and Results," U.S. Geological Survey Digital Data Series—DDS-60, U.S. Geological Survey, U.S. Department of the Interior, http://pubs.usgs.gov/dds/dds-060/.

29. U.S. Energy Information Administration, "Long Term World Oil Supply: A Resource Base/Production Path Analysis," Presentation by Jay Hakes to the American Association of Petroleum Geologists on April 18, 2000, New Orleans, Louisiana. A version of this presentation was given at the April 18, 2000, meeting described. The presentation is accessible at http://www.eia.gov/pub/oil_gas/petroleum/presentations/2000/long_term_supply/sld001.htm.

30. International Energy Agency, *World Energy Outlook 1998 Edition* (Paris: IEA Publications, 1998), 3, 44–46, 91–113, 120–121.

31. International Energy Agency, *World Energy Outlook 2000* (Paris: IEA Publications, 2000), 22, 74, 76.

32. U.S. Energy Information Administration, *Short-Term Energy Outlook*, Release Date June 11, 2013. See U.S. Energy Information Administration, "Real Prices Viewer," http://www.eia.gov/forecasts/steo/realprices/.

33. "A National Report on America's Energy Crisis," Remarks by U.S. Secretary of Energy Spencer Abraham at the U.S. Chamber of Commerce, National Energy Summit, March 19, 2001.

34. Alison Mitchell, "Senator Promises Investigation into Gasoline Price Rise," *New York Times*, May 30, 2001.

35. Pew Research Center for the People & the Press, "From News Interest To Lifestyles, Energy Takes Hold," May 24, 2001.

36. For an excellent discussion of the effects of 9/11 on the oil market and the United States, see Yergin, *The Quest*, 125–129.

37. Kenneth S. Deffeyes, *Hubbert's Peak: The Impending World Oil Shortage* (Princeton, NJ: Princeton University Press, 2001), 6.

38. "Oil Depletion: Sunset for the Oil Business?" *Economist*, November 1, 2001.

39. William McCall, "Physicist Warns Global Oil Production Peak could Bring Economic Disaster," Associated Press, August 13, 2001.

40. The Arlington Institute, "The Oil Depletion Analysis Centre," http://www.arlingtoninstitute.org/oil-depletion-analysis-centre.

41. See chapter 8 in Charles A. S. Hall and Carlos A. Ramirez-Pascualli, *The First Half of the Age of Oil: An Exploration of the Work of Colin Campbell and Jean Laherrère*, Springer Briefs in Energy, Energy Analysis (New York: Springer, 2013).

42. Goldman Sachs, "Underinvestment in Commodities Means Markets will be Tighter, Sooner," CEO Confidential, Issue 2002/05 (April 2002).

43. Bowers, *Oil: Money, Politics, and Power*, 266–282.

44. See International Energy Agency, *Oil Market Report*, September 11, 2002, 3; *Oil Market Report*, December 11, 2002, 6; *Oil Market Report*, January 17, 2003, 4; *Oil Market Report*, March 15, 2002, 25.

45. Yergin, *The Quest*, 141–158.

46. International Energy Agency, *Oil Market Report*, March 12, 2003, 3.

47. For monthly oil supply figures, see U.S. Energy Information Administration, "International Energy Statistics," http://www.eia.gov.

48. IMF, "Gross Domestic Product, Constant Prices," in International Monetary Fund, World Economic Outlook Database, April 2013, http://www.imf.org/external/pubs/ft/weo/2013/01/weodata/index.aspx.

49. See BP, *BP Statistical Review of World Energy June 2012* (London, BP: June 2012), http://www.bp.com/statisticalreview.

50. IMF, "Gross Domestic Product, Constant Prices."

51. Yergin, *The Quest*, 216–217.

52. See BP, *BP Statistical Review of World Energy June 2012*.

53. Alan Heap, *China—The Engine of a Commodities Super Cycle*, Smith Barney, Citigroup Global Markets, March 31, 2005.

54. Yergin, *The Quest*, 163.

55. OPEC in this case refers to the so-called "OPEC 12." Production capacity data are Bloomberg estimates as of June 2013.

56. International Energy Agency, "OPEC on a Roll," *Oil Monthly Report: 10 October 2003* (October 10, 2003), 3.

57. Michael C. Lynch, "Crying Wolf: Warnings about Oil Supply," March 1998, http://sepwww.stanford.edu/sep/jon/world-oil.dir/lynch/worldoil.html.

58. Michael C. Lynch, "The New Pessimism about Petroleum Resources: Debunking the Hubbert Model (and Hubbert Modelers)," *Minerals & Energy—Raw Materials Report* 18, no. 1 (2003).

59. Amy Myers Jaffe, "Not So Cheap," *Foreign Affairs*, May 26, 2004, http://www.foreignaffairs.com/articles/64222/amy-myers-jaffe/not-so-cheap.

60. Jeff Gerth, "Forecast of Rising Oil Demand Challenges Tired Saudi Fields," *New York Times*, February 24, 2004.
61. Matthew R. Simmons, *Twilight in the Desert: The Coming Saudi Oil Shock and the World Economy* (Hoboken, NJ: Wiley, 2005), xvii.
62. Michael T. Klare, "The Saudi Oil Bombshell," Asia Times Online, June 29, 2005, http://www.atimes.com/atimes/Middle_East/GF29Ak01.html.
63. John Vidal, "Analyst Fears Global Oil Crisis in Three Years," *Guardian*, April 26, 2005.
64. Robert L. Hirsch, Roger Bezdek, and Robert Wendling, *Peaking of World Oil Production: Impacts, Mitigation, & Risk Management*, Report prepared by Science Applications International Corporation for the National Energy Technology Laboratory, U.S. Department of Energy (February 2005).
65. Padraic Cassidy, "Goldman Sees Oil Price 'Super Spike,'" MarketWatch, *Wall Street Journal*, March 31, 2005, http://www.marketwatch.com/story/goldman-sees-oil-super-spike-others-are-skeptical.
66. Shira Ovide, "A Career 'Super Spike' for Goldman's Infamous Oil Analyst," Deal Journal, *Wall Street Journal*, February 1, 2011, http://blogs.wsj.com/deals/2011/02/01/a-career-super-spike-for-goldmans-infamous-oil-analyst/.
67. Cassidy, "Goldman Sees Oil Price 'Super Spike.'"
68. Mark Shenk, "Oil Jumps to Record $58.60 as Demand May Outpace Production," *Bloomberg*, June 17, 2005.
69. "Oil 'Peak' Not Seen Coming Any Time Soon," Associated Press, June 21, 2005.
70. Joseph Nocera, "On Oil Supply, Opinions Aren't Scarce," *New York Times*, September 10, 2005.
71. Jad Mouawad, "With Oil Prices off their Peak, are Supplies Assured?," *New York Times*, December 5, 2005.
72. Michael J. Deslauriers, "Famed Oil Tycoon Sounds off on Peak Oil," *Resource Investor*, June 23, 2005, http://www.resourceinvestor.com/2005/06/23/famed-oil-tycoon-sounds-off-on-peak-oil.
73. Nocera, "On Oil Supply, Opinions Aren't Scarce."
74. John Mintz, "Outcome Grim at Oil War Game," *Washington Post*, June 24, 2005.
75. Katie Benner, "Lawmakers: Will We Run Out of Oil?," CNNMoney.com, December 7, 2005, http://money.cnn.com/2005/12/07/markets/peak_oil/.
76. Joe Carroll, "Global Oil Output Won't Peak until 2030, Yergin Says (Update1)," *Bloomberg*, November 14, 2006.
77. SF Informatics, "Technology Won't Solve America's Oil Addiction, Experts Say," Press Release, PRWeb, February 2, 2006, http://www.prweb.com/releases/200614/2/prweb341058.htm.
78. Bill Steigerwald, "Pickens: We Can't Become Energy Independent," *Pittsburgh Tribune-Review*, February 12, 2006.
79. Michael Hirsch, "The Energy Wars," *Newsweek*, May 3, 2006.
80. Stephen Voss, "Saudi, U.S. Officials Confident Technology will Boost Reserves," *Bloomberg*, September 13, 2006.
81. Kristen Hays, "Peak Oil Debate Crackles Anew," *Houston Chronicle*, November 15, 2006.
82. Joe Carroll, "Global Oil Output Won't Peak until 2030, Yergin Says (Update1)," *Bloomberg*, November 14, 2006.
83. International Energy Agency, *Oil Market Report*, October 11, 2007, 4.
84. William Patalon III, "Goldman Sachs Follows Money Morning Prediction That Oil Prices Could Approach $200 a Barrel," Money Morning, March 17, 2008, http://money-morning.com/2008/03/17/goldman-sachs-follows-money-morning-prediction-that-oil-prices-could-approach-200-a-barrel/.
85. Dylan Bowman, "Crude to hit $175, says Goldman Sachs," arabianbusiness.com, March 15, 2008, http://www.arabianbusiness.com/crude-hit-175-says-goldman-sachs-52,406.html.
86. Lawrence C. Strauss, "What Mr. Crude Oil Sees Ahead," *Barron's*, June 9, 2008, http://online.barrons.com/article/SB121279317214553377.html#articleTabs_article%3D1.
87. Jad Mouawad, "Oil Price Rise Fails to Open Tap," *New York Times*, April 29, 2008.

88. Edward Morse and Michael Waldron, "Oil Dot-com," Lehman Brothers Energy Special Report, May 29, 2008.

89. Steve Hargreaves, "Why $120 Oil is Good," CNNMoney.com, May 8 2008, http://money.cnn.com/2008/05/07/news/economy/120_oil/.

90. Jad Mouawad, "The Big Thirst," *New York Times*, April 20, 2008.

91. Looking back at the epic round trip prices took in 2007 and 2008, some experts saw the hallmarks of a classic speculative bubble, though others were not so sure. For two excellent discussions of the question drawing on the econometric evidence, see James L. Smith, "World Oil: Market or Mayhem?" *Journal of Economic Perspectives* 23, no. 3 (Summer 2009), 145–164; and James D. Hamilton, "Cause and Consequences of the Oil Shock of 2007–08," Brookings Papers on Economic Activity (Spring 2009), 215–261.

92. Deborah Zabarenko, "Oil Running Out as Prime Energy Source: World Poll," *Reuters*, April 20, 2008.

93. See Google Zeitgeist 2008, "Top of Mind," http://www.google.com/intl/en/press/zeitgeist2008/mind.html.

94. "Paulson: 'No Quick Fix' to Oil Prices," *USA Today*, June 1, 2008.

95. Jad Mouawad, "Big Oil Projects Put in Jeopardy by Fall in Prices," *New York Times*, December 15, 2008.

96. Barclays Research Estimates. See Blake Clayton, "Drilling into the American Energy Boom, in Four Charts," Energy, Security, and Climate, CFR.org, January 8, 2013, http://blogs.cfr.org/levi/2013/01/08/drilling-into-the-american-energy-boom-in-4-charts/.

97. Brian O'Keefe, "Exxon's Big Bet on Shale Gas," CNNMoney.com, April 16, 2012, http://tech.fortune.cnn.com/2012/04/16/exxon-shale-gas-fracking/.

98. Clifford Krauss, "Shale Boom in Texas Could Increase U.S. Oil Output," *New York Times*, May 27, 2011.

99. Sheila McNulty, "Oil Back in Favor with US Drillers after Years of Targeting Gas," Energy Source, *Financial Times*, July 14, 2010, http://blogs.ft.com/energy-source/2010/07/14/oil-back-in-favor-with-us-drillers-after-years-of-targeting-gas/#axzz2ZFR6ZkAf.

100. U.S. Energy Information Administration, "EIA Tracks U.S. Tight Oil Production as Volumes Soar," *This Week in Petroleum,* Release Date March 14, 2012.

101. Clifford Krauss, "There will be Fuel," *New York Times*, November 16, 2010.

102. Amy Myers Jaffe, "The Americas, Not the Middle East, will be the World Capital of Energy," *Foreign Policy*, no. 188 (September/October 2011), 1–3.

103. Daniel Yergin, "There will be Oil," *Wall Street Journal*, September 27, 2011.

104. Amanda Scott, "Obama Talks Energy at the State of the Union 2013," Energy.Gov. http://energy.gov/articles/president-obama-talks-energy-state-union-2013.

105. See the IEA's 2013 Medium Term Oil Market Report, as well as the supplementary materials (including Maria van der Hoeven's remarks) referenced in the following online IEA press release: International Energy Agency, "Supply Shock from North American Oil Rippling through Global Markets," Press Release, May 14, 2013, http://www.iea.org/newsroomandevents/pressreleases/2013/may/name,38,080,en.html.

106. Colin Sullivan, "Has 'Peak Oil' Gone the Way of the Flat Earth Society," EnergyWire, March 22, 2013.

107. Charles C. Mann, "What If We Never Run Out of Oil?," *The Atlantic*, April 24, 2013.

第六章

1. See Niels Jensen, "The Case for Human Ingenuity," *Credit Writedowns*, May 3, 2011, http://www.creditwritedowns.com/.

2. Alex Trembath, Jesse Jenkins, Ted Nordhaus, and Michael Shellenberger, *Where the Shale Gas Revolution Came From: Government's Role in the Development of Hydraulic Fracturing in Shale*, Breakthrough Institute, May 2012, http://thebreakthrough.org/.

3. Matthew R. Simmons, "Revisiting the Limits to Growth: Could the Club of Rome Have Been Correct, After All?" An Energy White Paper, Simmons & Company International, October 2000, 4–5. Available on Simmons & Company website, as of August 2014: http://www.simmonsco-intl.com/About-Us/Our-Founder/Legacy-Presentations/.

4. James D. Hamilton, "Understanding Crude Oil Prices," Working paper, May 22, 2008 (Revised December 6, 2008), 2–4, http://dss.ucsd.edu/~jhamilto/understand_oil.pdf.
5. Carmen M. Reinhart and Kenneth S. Rogoff, *This Time is Different: Eight Centuries of Financial Folly* (Princeton, NJ: Princeton University Press, 2009), 77.
6. Jimmy Carter, "The President's Proposed Energy Policy," April 18, 1977, http://www.pbs.org/wgbh/americanexperience/features/primary-resources/carter-energy.
7. For an excellent overview of policy measures for improving world energy markets, see Daniel P. Ahn, "Improving Energy Market Regulation: Domestic and International Issues," CGS/IIGG Working Paper, Council on Foreign Relations (February 2011). These policy recommendations are based on many of those presented in that paper as they relate to transparency in the physical and financial markets for oil.
8. Mary Fagan, "Sheikh Yamani Predicts Price Crash as Age of Oil Ends," *Telegraph*, June 25, 2000.

参考文献

Acheson, Edward G. "Why Coal and Oil Conservation." *The Forum*. May 1919.

Adelman, M. A. "Mineral Depletion, with Special Reference to Petroleum." *Review of Economics and Statistics* 72, no. 1 (February 1990): 1–10.

Adelman, M. A. "The World Oil Market: Past and Future." *The Energy Journal* 15, Special Issue (1994): 1–11.

Adelman, Morris A. *The Genie out of the Bottle: World Oil since 1970*. Cambridge, MA: MIT Press, 1995.

Adelman, M. A., and G. C. Watkins. "Reserve Asset Values and the Hotelling Valuation Principle: Further Evidence." *Southern Economic Journal* 61, no. 3 (January 1995): 664–673.

Advisory Commission to the Council of National Defense. *Defense* 2, no. 13. Official Weekly Bulletin of the Office of Emergency Management (March–April 1941).

Ahn, Daniel P. "Improving Energy Market Regulation: Domestic and International Issues." CGS/IIGG Working Paper. Council on Foreign Relations (February 2011).

Akerlof, George A., and Robert J. Shiller. *Animal Spirits: How Human Psychology Drives the Economy and Why it Matters for Global Capitalism*. Princeton, NJ: Princeton University Press, 2010.

Akin, James E. "The Oil Crisis: This Time the Wolf Is Here." *Foreign Affairs* 51, no. 3 (April 1973): 462–490.

American Petroleum Institute. *Petroleum Facts and Figures: Centennial Edition*. New York: American Petroleum Institute, 1959.

Andrews, Steve, and Randy Udall. "Peak Oil: It's the Flows, Stupid." Resilience.org, May 12, 2008. http://www.resilience.org.

"Arabian Oil Plan Defended by Knox." *New York Times*, March 22, 1944.

"Areas of Growth." Petroleum Press Service (July 1969).

Arlington Institute, The. "The Oil Depletion Analysis Centre." http://www.arlingtoninstitute.org/oil-depletion-analysis-centre.

Arnold, Ralph. "The Petroleum Resources of the United States." *Economic Geology* 10, no. 8 (December 1915): 695–712. Reprinted in *Annual Report of Board of Regents of the Smithsonian Institution Showing the Operations, Expenditures, and Condition of the Institution for the Year Ending June 30, 1916*. Washington, DC: Government Printing Office, 1917.

Bartlett, Albert A. "Sustained Availability: A Management Program for Non-renewable Resources." *American Journal of Physics* 54, no. 5 (May 1986): 398–402.

Bartlett, Albert A. "Reflections on Sustainability, Population Growth, and the Environment." *Population & Environment* 16, no. 1 (September 1994): 5–35.

Beckerman, Wilfred. "Economists, Scientists, and Environmental Catastrophe." *Oxford Economic Papers* 24, no. 3 (November 1972): 327–344.

Beckerman, Wilfred. *In Defence of Economic Growth*. London: J. Cape, 1974.

Benner, Katie. "Lawmakers: Will We Run Out of oil?" CNNMoney.com, December 7, 2005.

Bennett, Oliver. *Cultural Pessimism: Narratives of Decline in the Postmodern World*. Edinburgh: Edinburgh University Press, 2001.

Black, Brian. *Petrolia: The Landscape of America's First Oil Boom*. Baltimore, MD: Johns Hopkins University Press, 2000.

Bloch, Harry, and David Sapsford. "Innovation, Real Primary Commodity Prices and Business Cycles." Paper presented at the 13th conference of the International Joseph A. Schumpeter Society, Aalborg, Denmark, June 21–24, 2010.

Board of Governors of the Federal Reserve System. "Trade-Weighted U.S. Dollar Index." http://research.stlouisfed.org/.

Bowers, Tom. *Oil: Money, Politics, and Power in the 21st Century*. New York: Grand Central Publishing, 2010.

Bowman, Dylan. "Crude to Hit $175, Says Goldman Sachs." http://arabianbusiness.com, March 15, 2008.

BP. *BP Statistical Review of World Energy June 2010*. London, 2010. http://www.bp.com/statisticalreview.

BP. *BP Statistical Review of World Energy June 2011*. London, 2011. http://www.bp.com/statisticalreview.

BP. *BP Statistical Review of World Energy June 2012*. London, 2012. http://www.bp.com/statisticalreview.

Bradley, P. G., and G. C. Watkins. "Detecting Resource Scarcity: The Case of Petroleum." Proceedings of the IAEE 17th International Energy Conference, Stavanger, Norway, May 25–27. Volume 2, 1994.

Bradsher, Keith. "Vehicles to Vie for King of Hill." New York Times News Service. *Sarasota Herald Tribune*, June 17, 1997.

Brands, H. W. *T.R.: The Last Romantic*. New York: Basic Books, 1997.

Brinkley, Douglas. *Wheels for the World: Henry Ford, his Company, and a Century of Progress, 1903–2003*. New York: Penguin, 2003.

Campbell, Colin J. *The Golden Century of Oil 1950–2050: The Depletion of a Resource*. New York: Springer, 1991.

Campbell, Colin J. "The Twenty First Century: The World's Endowment of Conventional Oil and its Depletion." January 1996. http://www.oilcrisis.com/campbell/camfull.htm.

Campbell, Colin J. "The Coming Oil Crisis." *Quarterly Review of Economics and Finance* 42(1997): 373–389.

Campbell, Colin J. *Oil Crisis*. Essex: Multi-Science Publishing Co., 2005.

Campbell, Colin J. "About Peak Oil: Understanding Peak Oil." APSO International. http://www.peakoil.net/about-peak-oil.

Campbell, Colin J., and Jean H. Laherrère. "The End of Cheap Oil," *Scientific American*. March 1998.

"Careful Investigation Shows Gasoline Shortage Does Not Exist." *Los Angeles Times*, January 20, 1918.

Carnegie, Andrew. *The Autobiography of Andrew Carnegie and the Gospel of Wealth*. Digireads.com Publishing, 2009.

Carnegie, Andrew. *The Autobiography of Andrew Carnegie*. New York: PublicAffairs, 2011.

Carroll, Joe. "Global Oil Output Won't Peak until 2030, Yergin Says (Update1)." *Bloomberg*, November 14, 2006.

Carson, Rachel. *Silent Spring*. Boston: Houghton Mifflin, 1962.

Carter, Jimmy. "The President's Proposed Energy Policy." April 18, 1977. http://www.pbs.org/.

Cashin, Paul, and C. John McDermott. "The Long-Run Behavior of Commodity Prices: Small Trends and Big Variability." *IMF Staff Papers* 49, no. 2. International Monetary Fund, 2002.

Cashin, Paul, C. John McDermott, and Alasdair Scott. "Characteristics of the Current Commodity Boom." In *Global Economic Prospects 2009: Commodities at the Crossroads*. Washington, DC: The World Bank, 2009.

Cassidy, Padraic. "Goldman Sees Oil Price 'Super Spike.'" MarketWatch.com. *Wall Street Journal*, March 31, 2005.

"Charge of the Large." News Service Detroit, *New York Times*, June 26, 1997.

"The CIA Reassess the Geopolitics of Oil." Special Supplement. *Petroleum Intelligence Weekly*, May 19, 1980.

Clayton, Blake. "Drilling into the American Energy Boom, in Four Charts." Energy, Security, and Climate. CFR.org, January 8, 2013. http://blogs.cfr.org/levi/.

"Commodities: Crowded Out." *Economist.com*, September 24, 2011.

"Coolidge Appoints 4 Cabinet Members an Oil-Saving Board." *New York Times*, December 20, 1924.

CSP Daily News. "S.O.S. Poll: 67% of Americans Want New Oil Market Regulations." CSPnet.com, July 17, 2008.

Cuddington, John T. "Calculating Long-Term Trends in the Real Prices of Primary Commodities: Deflator Adjustment and the Prebisch-Singer Hypothesis." Working Paper. August 29, 2007 (updated September 14, 2007).

Dahl, Erik J. "Naval Innovation: From Coal to Oil." *North American Shale Quarterly. E&P Magazine* (July 4, 2006).

Daly, Herman E. "Steady-State Economics." In *Thinking about the Environment: Readings on Politics, Property, and the Physical World*, edited by Matthew Alan Cahn and Rory O'Brien. New York: M. E. Sharpe, 1996.

"Davies Depicts Gasoline Crisis." *New York Times*, August 29, 1941.

Day, David T. "The Petroleum Resources of the United States." In U.S. Geological Survey. *Papers on the Conservation of Mineral Resources*. Bulletin 394. Washington, DC: Government Printing Office, 1909.

Day, David T. "The Petroleum Resources of the United States." In *The American Review of Reviews* 39 (January–June 1909). Edited by Albert Shaw.

Deffeyes, Kenneth S. *Hubbert's Peak: The Impending World Oil Shortage*. Princeton, NJ: Princeton University Press, 2001.

DeNovo, John A. "The Movement for an Aggressive American Oil Policy Abroad, 1918–1920." *American Historical Review* 61, no. 4 (July 1956): 854–876.

Deslauriers, Michael J. "Famed Oil Tycoon Sounds Off on Peak Oil." *Resource Investor*, June 23, 2005.

Dvir, Eyal, and Kenneth S. Rogoff. "Three Epochs of Oil." NBER Working Paper No. 14927. National Bureau of Economic Research: April 2009.

Dwoskin, Elizabeth. "Poll: Obama Dodges Blame for Gas Prices." *Bloomberg Businessweek*, March 13, 2012.

"Earth Day: The History of a Movement." Earth Day Network. http://www.earthday.org/earth-day-history-movement.

"Economist Commodity Price Index: Weights in the Index." *Economist*. http://media.economist.com/media/pdf/Weights2005.pdf.

Edwards, John D. "Crude Oil and Alternate Energy Production Forecasts for the Twenty-First Century: The End of the Hydrocarbon Era." *American Association of Petroleum Geologists Bulletin* 81, no. 8 (1997): 1292–1305.

"Energy Risks and Energy Futures." *Wall Street Journal*, August 23, 1979.

"Epithets of the Week." *Life* 9, no. 10 (September, 2, 1940): 22.

"Executive Sees No Danger of Oil Shortage." *Christian Science Monitor*, July 17, 1947.

Exxon Corporation. *1979 Annual Report*. 1979.

Fagan, Mary. "Sheikh Yamani Predicts Price Crash as Age of Oil Ends." *Telegraph*, June 25, 2000.

Fanning, Leonard M., editor. *Our Oil Resources*. 2nd ed. New York: McGraw-Hill, 1950.

Farnsworth, Clyde H. "Trading Bloc Told Oil Dearth Looms." *New York Times*, May 26, 1972.

Fattouh, Bassam. "An Anatomy of the Crude Oil Pricing System." WPM 40. Oxford Institute for Energy Studies: January 2011.

Fattouh, Bassam, Lutz Kilian, and Lavan Mahadeva. "The Role of Speculation in Oil Markets: What Have We Learned So Far?" Working Paper (June 30, 2012).

"Fears of Petroleum Shortage Held Greatly Exaggerated." *Science News Letter*, August 31, 1935.

Frey, John W., and H. Chandler Ide. *A History of the Petroleum Administration for War, 1941–1945*. Washington, DC: United States Government Printing Office, 1946.

"Fuel Scarcity." *Wall Street Journal*, October 27, 1920.

"The Gasoline Anti-Climax." *Hartford Courant*, October 24, 1941.

"Gas, Fuel Oil Pinch Looms, Krug Says." *New York Times*, June 18, 1947.

"Gasoline Famine Panic Exploded by U.S. Reports." *Chicago Daily Tribune*, June 27, 1920.

"Gasoline for Farmers." *Indiana Farmer's Guide*, March 9, 1918.

"Gasoline Prices May Rise with Demand." *The Hartford Courant*, July 14, 1910.

"Gasoline Scarcity Rumor Questioned." *Christian Science Monitor*, September 18, 1918.

"Gasoline to Jump Seven Cents Gallon on First Day of Year." *Christian Science Monitor*, December 16, 1912.

"General Outlook for Oil." *Oil and Gas Journal*, October 10, 1912.

Georgesçu-Roegen, Nicholas. *The Entropy Law and the Economic Process*. Cambridge, MA: Harvard University Press, 1971.

Georgesçu-Roegen, Nicholas. "Energy and Economic Myths." *Southern Economic Journal* 41, no. 3 (January 1975): 247–381.

Gerth, Jeff. "Forecast of Rising Oil Demand Challenges Tired Saudi Fields." *New York Times*, February 24, 2004.

Gilbert, Chester G., and Joseph E. Pogue. "Petroleum: A Resource Interpretation." Bulletin 102, Part 6 PL. 1. Smithsonian Institution. United States National Museum. Washington, DC: Government Printing Office, 1918.

Glennie, K. W. *Introduction to the Petroleum Geology of the North Sea*. Oxford: Blackwell Scientific Publications, 1984.

"Global Reserves of Crude Oil Could Peak by Year 2010, Say Int'l Experts," Associated Press, May 26, 2002.

Goldman Sachs. "Underinvestment in Commodities Means Markets Will Be Tighter, Sooner." CEO Confidential, Issue 2002/05 (April 2002).

Google Books NGram Viewer. http://books.google.com/ngrams.

Google Zeitgeist. "Top of Mind," 2008, http://www.google.com/intl/en/press/zeitgeist2008/mind.html.

Gordon, Richard L. "IAEE Convention Speech: Energy, Exhaustion, Environmentalism, and Etatism." *Energy Journal* 15, no. 1 (1994): 1–16.

Gorelick, Steven M. *Oil Panic and the Global Crisis: Predictions and Myths*. Oxford: Blackwell, 2009.

Gray, John. *False Dawn*. New York: New Press, 1998.

Grilli, Enzo, and Maw, Cheng Yang. "Primary Commodity Prices, Manufactured Goods Prices, and the Terms of Trade of Developing Countries: What the Long Run Shows." *The World Bank Economic Review 2*, no. 1 (1988): 1–47.

Haber, Stephen, Noel Maurer, and Armando Razo. "When the Law Does Not Matter: The Rise and Decline of the Mexican Oil Industry." *Journal of Economic History* 63, no. 1 (March 2003): 1–31.

Hall, Charles A. S., and Carlos A. Ramirez-Pascualli. *The First Half of the Age of Oil: An Exploration of the Work of Colin Campbell and Jean Laherrère*, Springer Briefs in Energy, Energy Analysis. New York: Springer, 2013

"Hallanan Calls Crude Oil Price Rise Necessary to Avert Shortage." *Wall Street Journal*, May 10, 1943.

Hamilton, James D. "Understanding Crude Oil Prices." Working paper. May 22, 2008 (Revised December 6, 2008). http://dss.ucsd.edu/~jhamilto/understand_oil.pdf.

Hamilton, James D. "Cause and Consequences of the Oil Shock of 2007–08." Brookings Papers on Economic Activity. Brookings Institution (Spring 2009).

Hamilton, James D. "Oil Prices, Exhaustible Resources, and Economic Growth." In *Handbook on Energy and Climate Change*. Edited by Roger Fouquet. Cheltenham, U.K., and Northampton, MA: Edward Elgar Publishing, 2013.

Hargreaves, Steve. "Why $120 Oil Is Good." CNNMoney.com, May 8, 2008.

Harvey, David I., Neil M. Kellard, Jakob B. Madsen, and Mark E. Wohar. "The Prebisch-Singer Hypothesis: Four Centuries of Evidence." *Review of Economics and Statistics* 92, no. 2 (May 2010): 367–377.

Hays, Kristen. "Peak Oil Debate Crackles Anew." *Houston Chronicle*, November 15, 2006.

Hazlitt, A. J. "Tremendous Oil Possibilities of Great Northwest Texas Region." *Oil Trade Journal* 9 (February 1918).

Heap, Alan. *China—The Engine of a Commodities Super Cycle*. Smith Barney, Citigroup Global Markets, March 31, 2005.

Hiemstra, Glen. "Matt Simmons Sees $300 Oil." Futurist.com, http://www.futurist.com/2008/03/10/matt-simmons-sees-300-oil/.

Hirsch, Michael. "The Energy Wars." *Newsweek*, May 3, 2006.

Hirsch, Robert L., Roger Bezdek, and Robert Wendling. *Peaking of World Oil Production: Impacts, Mitigation, & Risk Management*. Report prepared by Science Applications International Corporation for the National Energy Technology Laboratory. U.S. Department of Energy: February 2005.

"Home Front: Oil or No Oil." *Time*, September 15, 1941.

Hotelling, Harold. "The Economics of Exhaustible Resources." *Journal of Political Economy*, 39, no. 2 (April 1931): 137–175.

"How Scarce is Oil." *Economist*, December 15, 1973.

Hubbert, M. K. "Nuclear Energy and the Fossil Fuels." *Drilling and Production Practice*, American Petroleum Institute (1956), http://www.mkinghubbert.com/files/1956.pdf.

Hubbert, M. K. "Nuclear Energy and the Fossil Fuels." Paper presented before the Spring Meeting of the Southern District, Division of Production, American Petroleum Institute, San Antonio, Texas, March 7–9, 1956 (Publication NO. 95, Shell Development Company Exploration and Production Research Division, Houston, Texas, June 1956), http://www.mkinghubbert.com/files/1956.pdf.

Ibrahim, Youssef M. "Falling Oil Prices Pinch Several Producing Nations." *New York Times*, June 23, 1998.

"Ickes 'Gas' Shortage Scare Due to Anxiety over Future." *Christian Science Monitor*, September 19, 1941.

"Ickes Urges National D.S.T.; Power, Oil Shortage Foreseen." *Christian Science Monitor*, May 31, 1941.

International Energy Agency. *World Energy Outlook 1998*. Paris: IEA Publications, 1998.

International Energy Agency. *World Energy Outlook 2000*. Paris: IEA Publications, 2000.

International Energy Agency. *Oil Market Report: 11 June 2000*. 2000. http://www.oilmarketreport.org/.

International Energy Agency. *Oil Market Report: 11 December 2000*. 2000. http://www.oilmarketreport.org/.

International Energy Agency, *Oil Market Report: 11 September 2002*. 2002. http://www.oilmarketreport.org/.

International Energy Agency. *Oil Market Report: 11 December 2002*. 2002. http://www.oilmarketreport.org/.

International Energy Agency. *Oil Market Report: 15 March 2002*. 2002. http://www.oilmarketreport.org/.

International Energy Agency. *Oil Market Report: 17 January 2003*. 2003. http://www.oilmarketreport.org/.

International Energy Agency. *Oil Market Report: 12 March 2003*. 2003. http://www.oilmarketreport.org/.

International Energy Agency. *Oil Monthly Report: 10 October 2003*. 2003. http://www.oilmarketreport.org/.

International Energy Agency. *Oil Market Report: 11 October 2007*. 2007. http://www.oilmarketreport.org/.

International Energy Agency. *Oil Market Report: 12 December 2012*. 2012. http://www.oilmarketreport.org.

International Monetary Fund. World Economic Outlook Database. April 2013. http://www.imf.org/.

International Energy Agency. "Supply Shock from North American Oil Rippling through Global Markets." Press Release, May 14, 2013. http://www.iea.org/.

Investigation of the National Defense Program. *Additional Report: Report of Subcommittee Concerning Investigations Overseas*. Report 10, Part 15, Senate, 78th Congress, Second session. Washington, DC: Government Printing Office, 1944. Reprinted in Investigation of the National Defense Program. *Additional Report of the Special Committee Investigating the National Defense Program*. Report No. 10, Part 16, Senate, 78th Congress, Second session. Washington, DC: Government Printing Office, 1944.

Isser, Steve. *The Economics and Politics of the United States Oil Industry, 1920–1990: Profits, Populism, and Petroleum*. New York: Garland Publishing, Inc., 1996.

Ivanhoe, L. F. "Get Ready for Another Oil Shock!" *The Futurist* 31, no. 1 (January-February 1997).

Jaffe, Amy Myers. "Not So Cheap." *Foreign Affairs*, May 26, 2004.

Jaffe, Amy Myers. "The Americas, Not the Middle East, Will Be the World Capital of Energy." *Foreign Policy*, no. 188 (September/October 2011), 86–87.

Jaffe, Amy Myers, and Robert A. Manning, "The Shocks of a World of Cheap Oil." *Foreign Affairs* 79, no. 1 (January/February 2000), 16–29.

Jense, Niels. "The Case for Human Ingenuity." *Credit Writedowns*, May 3, 2011. http://www.creditwritedowns.com/.

Jevons, William Stanley. *The Coal Question*. 2nd ed. London: Macmillan and Co, 1866.

Johnson, Kir. "From a Woodland Elegy, A Rhapsody in Green; Hunter Mountain Paintings Spurred Recovery." *New York Times*, June 7, 2001. http://www.nytimes.com/.

Kagan, Robert. *The World America Made*. New York: Vintage Books, 2013.

Kissinger, Henry. *Years of Upheaval: The Second Volume of His Classic Memoirs*. New York: Simon & Shuster Paperbacks, 2011.

Klare, Michael T. "The Saudi Oil Bombshell." Asia Times Online, June 29, 2005.

Klare, Michael T. "Tomgram: Michael Klare, Is Washington Out of Gas?," TomDispatch.com, September 15, 2011. http://www.tomdispatch.com/archive/175441/.

Kline, Benjamin. *First along the River: A Brief History of the U.S. Environmental Movement*. 3rd ed. Lanham, MD: Rowman & Littlefield Publishers, Inc., 2007.

Knowlton, Brian. "Gore Urges Use of Oil Reserves to Ease Prices." *New York Times*, September 22, 2000.

Krauss, Clifford. "There Will be Fuel." *New York Times*, November 16, 2010.

Krauss, Clifford. "Shale Boom in Texas Could Increase U.S. Oil Output." *New York Times*, May 27, 2011.

Kronenberg, Tobias. "Should We Worry about the Failure of the Hotelling Rule?" Paper prepared for Monte Verità Conference on Sustainable Resource Use and Economic Dynamics, June 4–9, 2006, Ascona, Switzerland. Center of Economic Research at ETH Zurich.

"Krug Tells Compact Substantial Oil Imports will be Needed." *Oil and Gas Journal*, August 17, 1946.

"Krug Warns Oil Shortage Here to Stay." *Christian Science Monitor*, February 16, 1948.

Kuykendall, Chris. "M. King Hubbert and His Successors: A Half-Bibliography through 2005." March 2006. http://www.mkinghubbert.com/files/HubbertBibliography.20060308.pdf.

"Large Oil Supply Seen." *New York Times*, May 7, 1948.

Levi, Michael. *The Power Surge: Energy, Opportunity, and the Battle for America's Future*. New York: Oxford University Press, 2013.

Levy, Walter J. "Oil Power." *Foreign Affairs*, July 1971.

Lynch, Michael C. "Crying Wolf: Warnings about Oil Supply." March 1998. http://sepwww.stanford.edu/sep/jon/world-oil.dir/lynch/worldoil.html.

Lynch, Michael C. "The New Pessimism about Petroleum Resources: Debunking the Hubbert Model (and Hubbert Modelers)." *Minerals & Energy—Raw Materials Report* 18, no. 1 (2003), 21–32.

Maguire, A. G. *Prices and Marketing Practices Covering the Distribution of Gasoline and Kerosene throughout the United States*. U.S Fuel Administration, Oil Division. Washington, DC: Government Printing Office, 1919.

Malthus, Thomas Robert. *An Essay on the Principle of Population*. 6th ed. London: John Murray, 1826.

Mann, Charles C. "What If We Never Run Out of Oil?" *The Atlantic*, April 24, 2013.

"Markets & Data." *Economist*. http://www.economist.com/.

Maugeri, Leonardo. *The Age of Oil: The Mythology, History, and Future of the World's Most Controversial Resource*. Westport, CT: Praeger, 2006.

"Mayor Warns of Probable Fuel Oil Shortage." *Hartford Courant*, June 4, 1941.

McCabe, P. J. "Energy Resources—Cornucopia or Empty Barrel?" *American Association of Petroleum Geologists Bulletin* 11 (1998): 2110–2134.

McCall, William. "Physicist Warns Global Oil Production Peak Could Bring Economic Disaster." Associated Press, August 13, 2001.

McNulty, Sheila. "Oil Back in Favor with US Drillers after Years of Targeting Gas." *Energy Source. Financial Times*, July 14, 2010. http://blogs.ft.com/energy-source/2010/07/14/oil-back-in-favor-with-us-drillers-after-years-of-targeting-gas/#axzz2ZFR6ZkAf.

Meadows, Donella H., Dennis L. Meadows, Jorgen Randers, and William W. Behrens III. *Limits to Growth*. New York: Universe Books, 1972.

Meadows, Donella H., et al. *Limits to Growth: A Report for the Club of Rome's Project on the Predicament of Mankind*. 2nd ed. New York: Universe Publishing, 1974.

Mejcher, Helmut. *Imperial Quest for Oil: Iraq 1910–1928*. Middle East Centre. St. Antony's College. Oxford, UK: Ithaca Press, 1976.

Melby, Eric D. K. *Oil and the International System: The Case of France, 1918–1969*. New York: Arno Press, 1981.

"Merger Won't Fix Oil-Glut Fallout." *The Florida Times-Union*, December 2, 1998.

Merline, John. "Public Misplaces Blame for High Oil Prices." *Investor's Business Daily*, May 11, 2011.

"Military Oil Needs will Increase; Civilians to Get Less—Ickes." *National Petroleum News*, February 24, 1943.

Mill, John Stuart. *Principles of Political Economy: With Some of Their Applications to Social Philosophy*. 5th ed. London: Parker, Son, and Bourn, 1862.

Miller, Char. *Gifford Pinchot and the Making of Modern Environmentalism*. Washington, DC: Island Press, 2001.

Mintz, John. "Outcome Grim at Oil War Game." *Washington Post*, June 24, 2005.

Mishan, Ezra J. "Growth and Antigrowth: What Are the Issues?" In *The Economic Growth Controversy*, edited by Andrew Weintraub, Eli Schwartz, and Jay Richard Aronson. London: Macmillan, 1974.

Mitchell, Alison. "Senator Promises Investigation into Gasoline Price Rise." *New York Times*, May 30, 2001.

"Model T Ford Production." Compiled by R. E. Houston, Ford Production Department. August 3, 1927. http://www.mtfca.com/encyclo/fdprod.htm.

"Moffett Hints U.S. Control of Oil Motivates Claims Shortage Exists." *Wall Street Journal*, October 4, 1941.

Montague, Gilbert H. *The rise and progress of the Standard Oil Company*. New York: Harper and Brothers, 1903.

Morse, Edward, and Michael Waldron, "Oil Dot-com." Lehman Brothers Energy Special Report, May 29, 2008.

Morse, Edward L., et al. *Energy 2020: Independence Day*. Citi GPS: Global Perspectives and Solutions, February 2013.

Mouawad, Jad. "With Oil Prices Off Their Peak, Are Supplies Assured?" *New York Times*, December 5, 2005.

Mouawad, Jad. "The Big Thirst." *New York Times*, April 20, 2008.

Mouawad, Jad. "Oil Price Rise Fails to Open Tap." *New York Times*, April 29, 2008.

Mouawad, Jad. "Big Oil Projects Put in Jeopardy by Fall in Prices." *New York Times*, December 15, 2008.

Murrell, John H. "Middle East Oil." *Tulsa Geological Society Digest* 14 (1945–1946).

Nasaw, David. *Andrew Carnegie*. New York: Penguin Press, 2006.

Nash, Roderick Frazier. *American Environmentalism: Readings in Conservation History*. 3rd ed. New York: McGraw-Hill, 1990.

"Nation Faces Oil Famine." *Los Angeles Times*, September 23, 1923.

"Nation Warned It Faces Oil and Gas Shortage." *Chicago Daily Tribune*, June 18, 1947.

"A National Report on America's Energy Crisis." Remarks by U.S. Secretary of Energy Spencer Abraham at the U.S. Chamber of Commerce. National Energy Summit, March 19, 2001.

Neumayer, Eric. "Scarce or Abundant? The Economics of Natural Resource Availability." *Journal of Economic Surveys* 14, no. 3 (2000), 307–335.

Newport, Frank. "Americans Rate Computer Industry Best, Oil and Gas Worst." Gallup Economy, August 16, 2012. http://www.gallup.com/poll/156713/americans-rate-computer-industry-best-oil-gas-worst.aspx.

Nixon, Richard. "Address to the Nation about Policies to Deal with the Energy Shortages." November 7, 1973.

Nocera, Joseph. "On Oil Supply, Opinions Aren't Scarce." *New York Times*, September 10, 2005.

Nooten, George A. "Sustainable Development and Nonrenewable Resources—A Multilateral Perspective." *Proceedings of the Workshop on Deposit Modeling, Mineral Resource Assessment, and Sustainable Development*. 2007.

Nordhaus, William D. "Resources as a Constraint on Growth." *American Economic Review* 64, no. 2 (May 1974): 22–26.

O'Connor, John, and David Ormond. "The Recent Rise in Commodity Prices: A Long-Run Perspective," *Reserve Bank of Australia Bulletin* (April 2007).

"Oil Burning in the Ships." *Oil and Gas Journal* 17, no. 29 (December 20, 1918).

"Oil: Cold Comfort." *Time*, February 2, 1948.

"Oil Companies Discount Reports of Gas Shortage." *Christian Science Monitor*, October 14, 1947.

"Oil Curbs Seen Prolonging Shortage." *Christian Science Monitor*, January 29, 1948.

"Oil Demand Is Exceeding the Rate of Production." *Christian Science Monitor*, March 14, 1913.

"*Oil Depletion: Sunset for the Oil Business?*" *Economist*, November 1, 2001.

"Oil Famine Alarmists." *Los Angeles Times*, March 6, 1926.

"Oil: Famine Closer." *Time* 38, no. 4 (July 28, 1941).

"Oil Men Face Dilemma in Meeting Shortages." *Christian Science Monitor*, February 25, 1948.

"Oil 'Peak' Not Seen Coming Any Time Soon." Associated Press, June 21, 2005.

"Oil: Petroleum Economy." *Time*, February 16, 1948.

"Oil Shocked." *Economist*, March 26, 1998.

"Oil Shortage has Arrived, U.S. Aid Warns." *Chicago Tribune*, August 21, 1941.

"Oil Shortage Seen for United States." *Christian Science Monitor*, March 15, 1918.

"Oil Shortages in the East Phony, Says Rep. Fish." *Chicago Daily Tribune*, August 26, 1941.

"Oil: Summer Shortage." *Time* 50, no. 1 (July 7, 1947).

"Oil: Quick Change." *Time* 56, no. 4 (July 24, 1950).

O'Keefe, Brian. "Exxon's Big Bet on Shale Gas." CNNMoney.com, April 16, 2012.

Olien, Diana Davids, and Roger M. Olien. "Running Out of Oil: Discourse and Public Policy 1909–1929." *Business and Economic History* 22, no. 2 (Winter 1993): 36–66.

"OPEC Nations Seen Lifting Ceiling on Oil Production." *New York Times*, November 27, 1997.

"Out of Gas?" *Time* 42, no. 1 (July 5, 1943).

Ovide, Shira. "A Career 'Super Spike' for Goldman's Infamous Oil Analyst." Deal Journal. *Wall Street Journal*, February 1, 2011. http://blogs.wsj.com/deals/.

Painter, David S. *Oil and the American Century: The Political Economy of US Foreign Oil Policy, 1941–1954*. Baltimore: Johns Hopkins University Press, 1986.

Parra, Francisco. *Oil Politics: A Modern History of Petroleum*. New York: I. B. Taurus and Co., 2010.

Patalon III, William. "Goldman Sachs Follows Money Morning Prediction That Oil Prices Could Approach $200 a Barrel." Money Morning, March 17, 2008. http:// moneymorning.com/.

"Paulson: 'No Quick Fix' to Oil Prices." *USA Today*, June 1, 2008.

Petroleum Intelligence Weekly. August 13, 1973.

Petroleum Intelligence Weekly. September 10, 1973.

Pew Research Center for the People & the Press. "From News Interest to Lifestyles, Energy Takes Hold." May 24, 2001.

"Pinchot is for Conservation." *Oil and Gas Journal*, March 2, 1916.

"Plymouth Oil President Warns of Crude Shortages." *Wall Street Journal*, March 26, 1943.

"Pointing to our Need for Foreign Oil Supply Places Industry at Fork of Road to Control." *National Petroleum News*, August 21, 1946.

Prebisch, Raúl. *The Economic Development of Latin America and Its Principal Problems*. New York: United Nations Department of Economic Affairs, 1950.

"Prebisch-Singer Hypothesis." *International Encyclopedia of the Social Sciences* (2008).

"Present Gasoline Supply Ample for All." *Motor Age*, July 18, 1918.

"President Orders Federal Heat Cut and Autos Slowed." *New York Times*, January 18, 1948.

"Probe Sought in Bay State Oil Shortage." *Christian Science Monitor*, January 13, 1948.

Radetzki, Marian. *A Handbook of Primary Commodities in the Global Economy*. Cambridge, MA: Cambridge University Press, 2008.

Radetzki, Marian. *Handbook of Primary Commodities in the Global Economy*. Reissue edition. New York: Cambridge University Press, 2010.

Reinhart, Carmen M., and Kenneth S. Rogoff. *This Time is Different: Eight Centuries of Financial Folly*. Princeton, NJ: Princeton University Press, 2009.

Report of the National Conservation Commission. Volume I. Senate Document No. 676, 60th Congress, Second session. Washington, DC: Government Printing Office, 1909.

Requa, M. L. "An Article on the Exhaustion of the Petroleum Resources of the United States, Showing the Present and Future Supply and Demand, Also the Production of the Principal Oil Fields of the United States." *Petroleum Resources of the United States*. U.S. Senate Document No. 363, 64th Congress, First session. Washington, DC: Government Printing Office, 1916.

"Responses to Daniel Yergin's Attack on Peak Oil." www.resilience.org. September 19, 2011.

Ricardo, David. *On the Principles of Political Economy and Taxation*. 3rd ed. London: John Murray, 1821.

Robinson, Albert G. "The Fuel of the Future." *Outlook*. July 21, 1920.

Rockefeller Foundation. *Working Paper on International Energy Supply: An Industrial World Perspective*. New York: Rockefeller Foundation, 1978.

"Roosevelt Links Pipeline to Needs." *New York Times*, March 4, 1944.

Roosevelt, Theodore. "Seventh Annual Message to Congress." December 3, 1907. http:// www.pbs.org/weta/thewest/resources/archives/eight/trconserv.htm.

Salpukas, Agis. "Oil's Numbers Game." *New York Times*, December 1, 1997.

Salpukas, Agis. "Challenges Inside and Out Confront OPEC." *New York Times*, June 23, 1998.

Sanger, David E. "Singing the Cartel Blues." *New York Times*, March 29, 1998.

"Save Coal to Meet Industry's Greatest Peace Demand." *Power* 48, no. 22 (November 26, 1918).

"Says Oil Men Seek to Frighten Buyers." *New York Times*, June 15, 1941.

"Scarcity of Gas Oil Threatened." *Los Angeles Times*, December 27, 1914.

Scherer, Rob. "High Oil Prices Siphon Profits from US Firms." *Christian Science Monitor*, September 21, 2000.

Schlesinger, James R. "Energy Risks and Energy Futures: Some Farewell Observations." Supplement. *Petroleum Intelligence Weekly*, August 27, 1979.

"Schlesinger Warns West U.S. Energy Plan Is Vital; Program to Ease Reliance on Imported Oil Adopted by Ministers of I.E.A." *New York Times*, October 6, 1977.

Scott, Amanda. "Obama Talks Energy at the State of the Union 2013." Energy.Gov. http://energy.gov/articles/president-obama-talks-energy-state-union-2013.

"Self-Sufficiency Stressed in Senate Oil Policy Report." *National Petroleum News*, February 5, 1947.

"Senate Committee Finds No Gasoline Shortage." *Los Angeles Times*, September 12, 1941.

"Serious Petroleum Shortage Predicted in Near Future." *Science News Letter*, August 31, 1935.

SF Informatics. "Technology Won't Solve America's Oil Addiction, Experts Say." Press Release. PRWeb, February 2, 2006. http://www.prweb.com/releases/200614/2/prweb341058.htm.

"Shah of Iran Explains Latest Oil Price Increase." Supplement. *Middle East Economic Survey* 17 no. 10 (December 28, 1973).

Shenk, Mark. "Oil Jumps to Record $58.60 as Demand May Outpace Production." *Bloomberg*, June 17, 2005.

Shiller, Robert. *Irrational Exuberance*. 1st and 2nd ed. Princeton: Princeton University Press, 2000 and 2005.

Shiller, Robert. *Irrational Exuberance*, 2nd ed. (paperback). New York: Crown Business, 2006.

Shiller. Robert J. "Online Data Robert Shiller," Homepage. http://www.econ.yale.edu/~shiller/data.htm.

"A Shortage, But Not of Gas." *Chicago Tribune*, August 25, 1941.

"Shortage Expected to Last Five Years." *Christian Science Monitor*, February 20, 1948.

"Shortages of Oil Disappear—Stocks on Hand Accumulate." *Christian Science Monitor*, January 3, 1949.

Simmons, Matthew R. "Revisiting the Limits to Growth: Could the Club of Rome Have Been Correct, After All?" An Energy White Paper. Simmons & Company International (October 2000). Available on Simmons & Company website.

Simmons, Matthew R. *Twilight in the Desert: The Coming Saudi Oil Shock and the World Economy*. Hoboken, NJ: Wiley, 2005.

Simon, Julian L. "Resources, Population, Environment: An Over-supply of False Bad News." *Science* 208, no. 4451 (June 1980): 1431–1437.

Simon, Julian L. "False Bad News Is Truly Bad News." *The Public Interest*, no. 65 (1981): 80–90.

Singer, Hans. "The Distribution of Gains between Investing and Borrowing Countries." *American Economic Review* 40, no. 2 (1950).

Skeet, Ian. *OPEC: Twenty-Five Years of Prices and Politics*. Cambridge, UK: Cambridge University Press, 1988.

Smil, Vaclav. *Energy at the Crossroads*. Cambridge, MA: MIT Press, 2003.

Smith, G.O. "Our Mineral Resources." *Annals of the American Academy of Political and Social Science*. Philadelphia: American Academy of Political and Social Science, 1909.

Smith, James L. "World Oil: Market or Mayhem?" *Journal of Economic Perspectives* 23, no. 3 (Summer 2009): 145–164.

"Standard oil (Ind.) Rationing Gas in Midwest." *Chicago Tribune*, June 25, 1947.

Steigerwald, Bill. "Pickens: We can't Become Energy Independent." *Pittsburgh Tribune-Review*, February 12, 2006.

Stern, Roger. "Oil Scarcity Ideology in US National Security Policy, 1909–1980." Working Paper on the Oil, Energy & the Middle East Program. Princeton University, 2012.

Stevens, Paul J. "The Future Price of Crude Oil." *Middle East Economic Survey* 47, no. 37 (September 2004), http://web.archive.org/web/20041216111616/http://www.mees.com/postedarticles/oped/a47n37d01.htm.

Stevens, Paul J. "Oil Markets." *Oxford Review of Economic Policy* 21, no. 1 (2005): 19–42.

Stiglitz, Joseph. "Growth with Exhaustible Natural Resources: Efficient and Optimal Growth Paths." *Review of Economic Studies* 41, Symposium on the Economics of Exhaustible Resources (1974): 123–137.

Strauss, Lawrence C. "What Mr. Crude Oil Sees Ahead." *Barron's*, June 9, 2008. http://online.barrons.com/.

Sullivan, Colin. "Has 'Peak Oil' Gone the Way of the Flat Earth Society." EnergyWire, March 22, 2013.

"Supply Picture Unchanged Despite 'Scare' Headlines." *National Petroleum News*, June 25, 1947.

Swartz, Mimi. "The Gospel According to Matthew." *Texas Monthly*. February 2008.

Taylor, Jerry and Peter Van Doren. "An Oil Embargo Won't Work." *Wall Street Journal*, April 10, 2002.

Tilton, John E. *On Borrowed Time?: Assessing the Threat of Mineral Depletion*. Resources for the Future, 2003.

Tower. Samuel A. "Oil Running Short, House Body Warns." *New York Times*, May 7, 1948.

Trembath, Alex, Jesse Jenkins, Ted Nordhaus, and Michael Shellenberger. *Where the Shale Gas Revolution Came From: Government's Role in the Development of Hydraulic Fracturing in Shale*. Breakthrough Institute, May 2012. http://thebreakthrough.org/.

"U.S. and Europe Face Oil Shortage." *New York Times*, November 16, 1947.

"U.S. as an Oil-Importing Nation is Forecast by Technologist." *New York Times*, July 15, 1943.

U.S. Bureau of Labor Statistics. "Consumer Price Index." http://www.bls.gov/cpi/.

U.S. Central Intelligence Agency. *The International Energy Situation: Outlook to 1985*. Washington, DC: Government Printing Office, 1977.

U.S. Central Intelligence Agency. *The World Oil Market in the Years Ahead*. Washington, DC: Government Printing Office, 1979.

U.S. Department of State. "The International Oil Industry through 1980." December 1971. In Muslim Students Following the Line of the Imam. *Documents from the U.S. Espionage Den*, volume 57. Tehran: Center for the Publication of the U.S. Espionage Den's Documents, 1986.

U.S. Energy Information Administration, "Real Prices Viewer." http://www.eia.gov.

U.S. Energy Information Administration. "International Energy Statistics." http://www.eia.gov.

U.S. Energy Information Administration. "Long Term World Oil Supply: A Resource Base/Production Path Analysis." Presentation by Jay Hakes to the American Association of Petroleum Geologists on April 18, 2000, New Orleans, Louisiana. http://www.eia.gov/pub/oil_gas/petroleum/presentations/2000/long_term_supply/sld001.htm.

U.S. Energy Information Administration. "EIA Tracks U.S. Tight Oil Production as Volumes Soar." This Week in Petroleum, Release Date March 14, 2012.

U.S. Energy Information Administration. "Table 4.2 Crude Oil and Natural Gas Cumulative Production and Proved Reserves, 1977–2010." Annual Energy Review. Release date: September 27, 2012.

U.S. Energy Information Administration. "U.S. Ending Stocks Excluding SPR of Crude Oil." Release date March 15, 2013.

U.S. Energy Information Administration. "U.S. Field Production of Crude Oil." Release date: March 15, 2013.

U.S. Energy Information Administration. "U.S. Ending Stocks of Total Gasoline (Thousand Barrels)." Release date: May 30, 2013.

U.S. Energy Information Administration. "U.S. Ending Stocks of Distillate Fuel Oil (Thousand Barrels)." Release date: May 30, 2013.

U.S. Energy Information Administration. *Short-Term Energy Outlook*. Release Date June 11, 2013.

U.S. Federal Trade Commission. *Report of the Federal Trade Commission on the Pacific Coast Petroleum Industry: Part II Prices and Competitive Conditions*. Washington, DC: Government Printing Office, 1922.

U.S. Forest Service. "Gifford Pinchot (1865–1946)." Historical Information. http://www.fs.fed.us/gt/local-links/historical-info/gifford/gifford.shtml.

U.S. Geological Survey. *An Estimate of Undiscovered Conventional Oil and Gas Resources of the World 2012*. Fact Sheet 2012–2013 (March 2012). http://pubs.usgs.gov/fs/2012/3042/fs2012-3042.pdf.

U.S. Geological Survey World Assessment Team. "U.S. Geological Survey World Petroleum Assessment 2000—Description and Results." U.S. Geological Survey Digital Data Series—DDS-60. U.S. Department of the Interior. http://pubs.usgs.gov/dds/dds-060/.

U.S. House of Representatives. *Hearings before a subcommittee of the Committee on Interstate and Foreign Commerce*. House of Representatives, 77th Congress, Second session. Washington, DC: U.S. Government Printing Office, 1942.

U.S. House of Representatives. Hearings before the Committee on Foreign Affairs on H.R. 2362 A Bill to Amend the Economic Cooperation Act of 1948, Part 1. 81st Congress, First session. Washington, DC: United States Government Printing Office, 1949.

"U.S. Official Warns of Imports Danger." *Oil and Gas Journal*, May 15, 1972, 50.

U.S. Senate Committee on Energy and National Resources. "Part I—The Gathering Energy Crisis." *The Geopolitics of Oil*. Staff Report, 96th Congress, Second session. Washington, Government Printing Office, December 1980.

U.S. Senate. *Report of the Senate Select Committee on Interstate Commerce*. Senate Report 46 Part 1, 49th Congress, First session. Washington, DC: Government Printing Office, 1886.

U.S. Senate. Hearing before the Committee on Foreign Relations on the Nomination of Dean G. Acheson to be Secretary of State. 81st Congress, First session. Washington, DC: United States Government Printing Office, 1949.

U.S. Tariff Commission. *Petroleum: Prepared in Response to Requests from the Committee on Finance of the United States and the Committee on Ways and Means of the House of Representatives*. War Changes in Industry Series No. 17. Washington, DC: United States Government Printing Office, 1946.

"U.S. Urges Allied Unity on Oil Crisis." *The Spokesman-Review*, December 13, 1973.

"US View of OPEC-West Relations." *Petroleum Economist*, December 1979.

Vidal, John. "Analyst Fears Global Oil Crisis in Three Years." *Guardian*, April 26, 2005.

Voss, Stephen. "Saudi, U.S. Officials Confident Technology will Boost Reserves." *Bloomberg*, September, 13 2006.

"War Hits Nearer while Oil Fuel Famine Impends." *The Hartford Courant*, May 22, 1918.

Weintraub, Bernard. "Iran Keeps Oil Flowing Despite Reported Pressure from Arabs." *New York Times*, December 18, 1973.

"When the Wells Run Dry." *Oil and Gas Journal*, February 24, 1916.

White, David. "The Petroleum Resources of the World." *The Annals of the American Academy of Political and Social Science* 89 Prices (May 1920): 111–134.

Wildavsky, Aaron, and Ellen Tenenbaum. *The Politics of Mistrust: Estimating American Oil and Gas Resources*. Beverly Hills, CA: Sage Publications, 1981.

Williamson, Harold F. "Prophecies of Scarcity or Exhaustion of Natural Resources in the United States." *American Economic Review* 35, no. 2 (May 1945): 97–109.

Williamson, Harold F., Ralph L. Andreano, Arnold R. Daum, and Gilbert C. Klose. *The American Petroleum Industry: 1899–1959, the Age of Energy*. Evanston, IL: Northwestern University Press, 1963.

WorldPublicOpinion.org. "World Publics Say Oil Needs to Be Replaced as Energy Source." Press Release. April 20, 2008. http://www.worldpublicopinion.org/.

Yamni, Sheikh Ahmed Zaki. "Debate at the Oxford Energy Seminar, 13 September 1985." In *OPEC and the World Market: The Genesis of the 1986 Price Crisis*. Edited by Robert Mabro. Oxford: Oxford University Press—Oxford Institute for Energy Studies, 1986.

"300-Year Oil Supply Believed in America." *New York Times*, September 26, 1943.

Yergin, Daniel. *The Prize: The Epic Quest for Oil, Money, and Power*. New York: Simon & Schuster, 1992.

Yergin, Daniel. "It's Not the End of the Oil Age." *Washington Post*, July 31, 2005.

Yergin, Daniel. *The Quest: Energy, Security, and the Remaking of the Modern World*. New York: Penguin Press, 2011.

Yergin, Daniel. "There Will Be Oil." *Wall Street Journal*, September 27, 2011.

Yergin, Daniel, and Joseph Stanislaw. "How OPEC Lost Control of Oil." *Time* 151, no. 13 (April 6, 1998).

Zabarenko, Deborah. "Oil Running Out as Prime Energy Source: World Poll." Reuters, April 20, 2008.

Zook, Ralph. *The Proposed Arabian Pipeline: A Threat to Our National Security*. Tulsa, OK: Independent Petroleum Association of America, 1944.

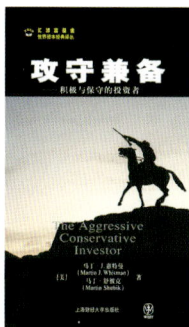

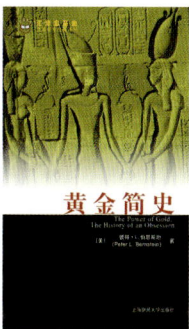

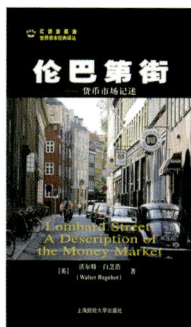

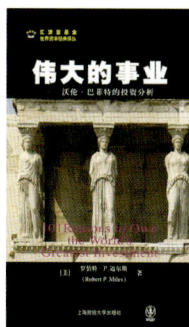

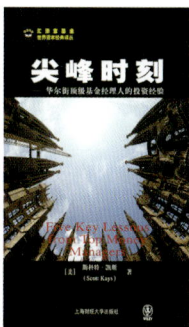

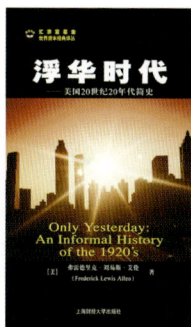

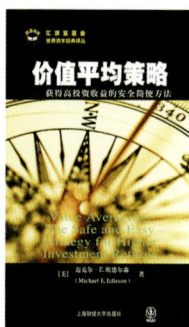

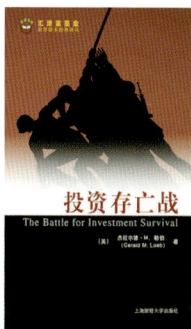

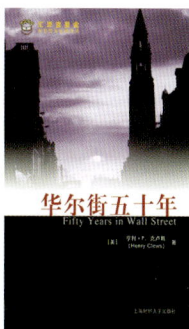

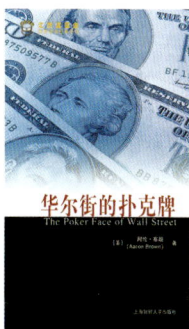

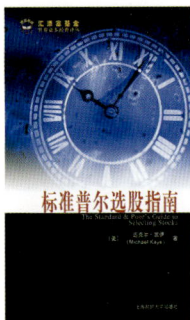

《标准普尔选股指南》
定价：31.00元

《铁血并购——从失败
中总结出来的教训》
定价：42.00元

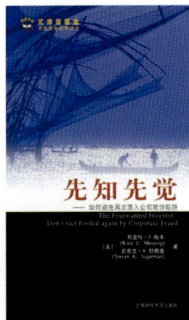

《先知先觉——如何避免
再次落入公司欺诈陷阱》
定价：29.00元

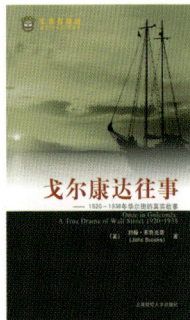

《戈尔康达往事——1920~
1938年华尔街的真实故事》
定价：33.00元

第三辑

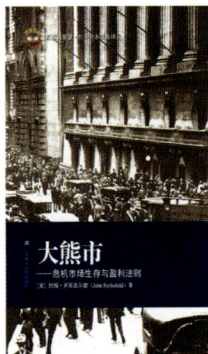

《大熊市——危机市场
生存与盈利法则》
定价：28.00元

《共同基金必胜法则——
聪明投资者的新策略》
定价：42.00元

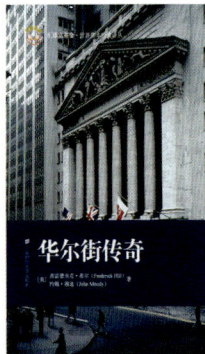

《华尔街传奇》
定价：26.00元

《智慧——菲利普·
凯睿的投机艺术》
定价：28.00元

《投资游戏——一位
散户的投资之旅》
定价：30.00元

《孤注一掷——罗伯特·
康波并购风云录》
定价：32.00元

第四辑

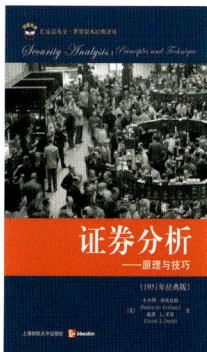

《证券分析——原理
与技巧》（全二卷）
定价：92.00元

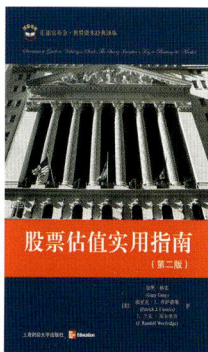

《股票估值实用指南》
定价：36.00元

《点津——来自大师
的精彩篇章》
定价：36.00元

《策略——决胜
全球股市》
定价：31.00元

《福布斯英雄》
定价：24.00元

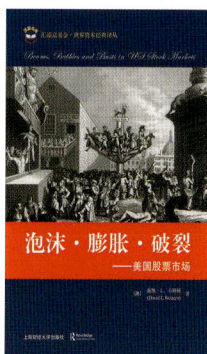

《泡沫·膨胀·破裂
——美国股票市场》
定价：39.00元

第五辑

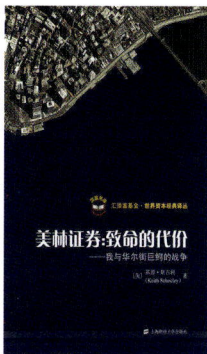

《美林证券：致命的代价——
我与华尔街巨鳄的战争》
定价：29.00元

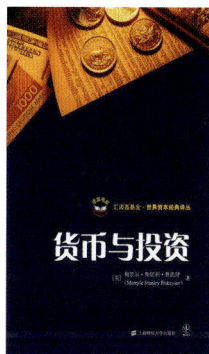

《货币与投资》
定价：30.00元

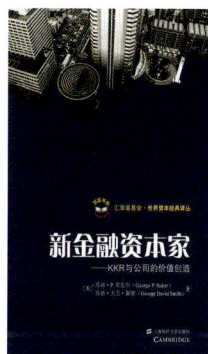

《新金融资本家——KKR
与公司的价值创造》
定价：30.00元

《美国豪门巨富史》
定价：65.00元

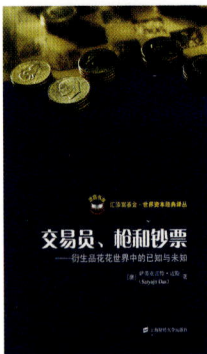

《交易员、枪和钞票——
衍生品花花世界中的
已知与未知》
定价：42.00元

《货币简史》
定价：25.00元

第六辑

《银行家》
定价：36.00元

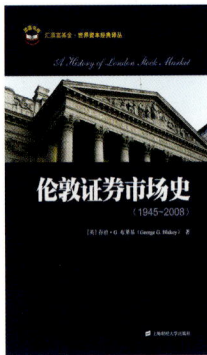

《伦敦证券市场史
（1945～2008）》
定价：68.00元

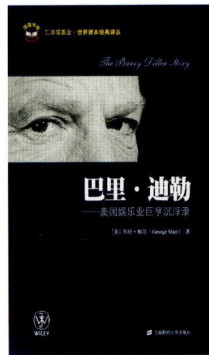

《巴里·迪勒——美国
娱乐业巨亨沉浮录》
定价：36.00元

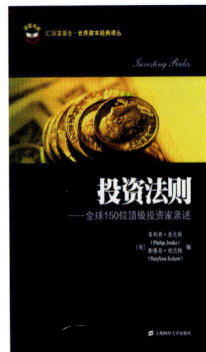

《投资法则——全球
150位顶级投资家亲述》
定价：52.00元

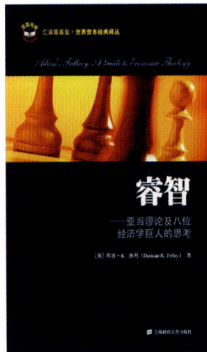

《睿智——亚当谬论及
八位经济学巨人的思考》
定价：34.00元

《伯纳德·巴鲁克——一位
天才的华尔街投资大师》
定价：42.00元

第七辑

板块与风格投资
定价：35.00元

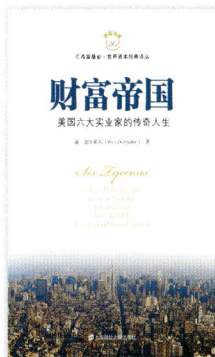

财富帝国
定价：35.00元

股票市场超级明星
定价：48.00元

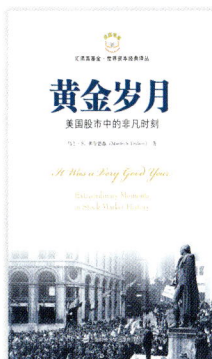

黄金岁月
定价：45.00元

失算的市场先生
定价：47.00元

英美中央银行史
定价：49.00元

第八辑

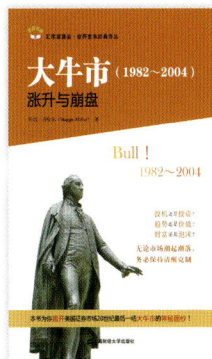

大牛市
定价：56.00元

秘密黄金政策
定价：42.00元

通货膨胀来了
定价：37.00元

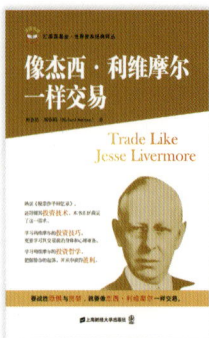

像杰西·利维摩尔
一样交易
定价: 37.00元

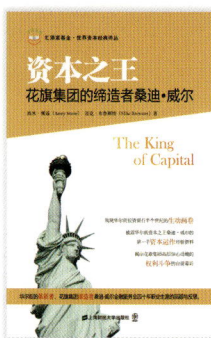

资本之王
定价: 45.00元

第九辑

矿业投资指南
定价: 43.00元

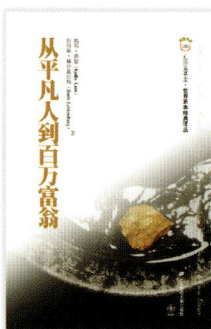

从平凡人到百万富翁
定价: 45.00元

交易大趋势
定价: 42.00元

像欧奈尔信徒一样交易
定价: 48.00元

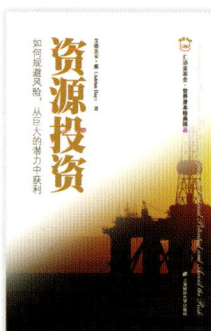

资源投资
定价: 43.00元

第十辑

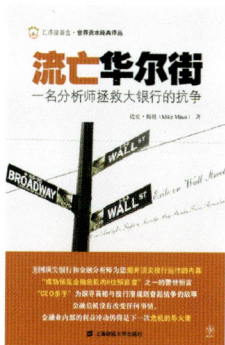

流亡华尔街
定价：37.00元

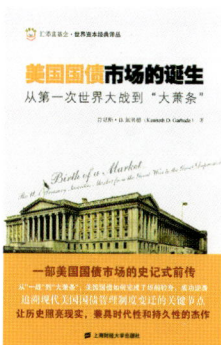

美国国债市场的诞生
定价：58.00元

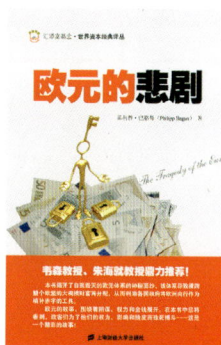

欧元的悲剧
定价：39.00元

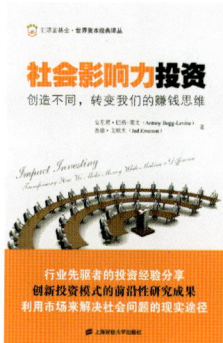

社会影响力投资
定价：42.00元

安东尼·波顿教你选股
定价：39.00元

第十一辑

缺陷的繁荣
定价：39.00元

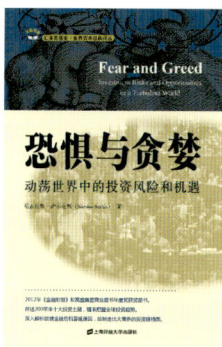

恐惧与贪婪
定价：40.00元

大交易
定价：38.00元

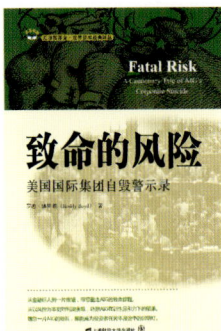

致命的风险
定价：52.00元

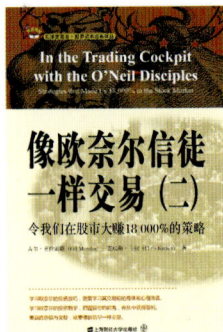

像欧奈尔信徒一样交易(二)
定价：55.00元

第十二辑

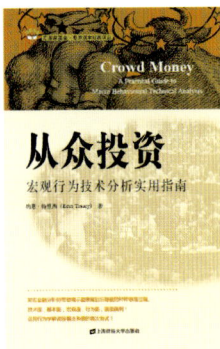

从众投资
定价：58.00元

评级机构的秘密权力
定价：38.00元

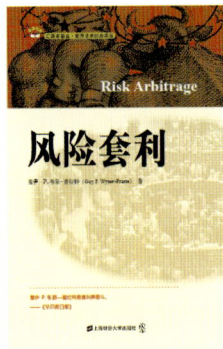

风险套利
定价：52.00元

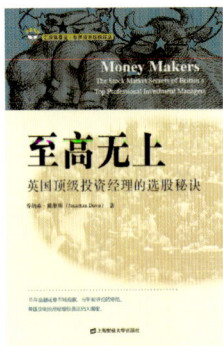

至高无上
定价：54.00元

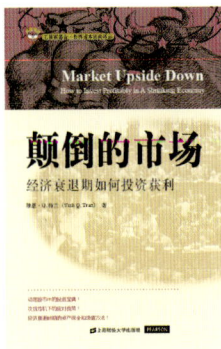

颠倒的市场
定价：52.00元

第十三辑

培恩之路
定价：40.00元

至高无上(二)
定价：48.00元

海龟交易心经
定价：40.00元

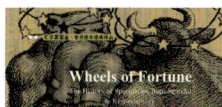

财富之轮
定价：55.00元

1907年金融大恐慌
定价：55.00元

基金会和捐赠基金投资
定价：58.00元

上海财经大学出版社有限公司
地址：上海市武东路321号乙　　　　邮编：200434　　　　网址：www.sufep.com
电话：021-65904895　021-65903798　021-65904705　　　传真：021-65361973
汇添富基金管理有限公司
地址：上海市富城路99号震旦国际大厦21层　　　　　　　　邮编：200120
网址：www.99fund.com　　电话：021-28932888（总机）　　传真：021-28932949